U0871752

同济大学高质量发展系列丛书

百舸竞渡

同济大学教师思想政治工作案例集

（2018—2023）

主　编 / 冯身洪
副主编 / 李博峰　周宏武

同济大学出版社
TONGJI UNIVERSITY PRESS
· 上海 ·

图书在版编目（CIP）数据

百舸竞渡：同济大学教师思想政治工作案例集：2018—2023 / 冯身洪主编 . -- 上海：同济大学出版社，2023.10

（同济大学高质量发展系列丛书）

ISBN 978-7-5765-0679-2

Ⅰ . ①百… Ⅱ . ①冯… Ⅲ . ①高等学校 — 教师 — 思想政治教育 — 案例 — 汇编 — 上海 — 2018-2023 Ⅳ . ① G645.16

中国国家版本馆 CIP 数据核字（2023）第 177814 号

百舸竞渡

——同济大学教师思想政治工作案例集（2018—2023）

主　编：冯身洪

副主编：李博峰　周宏武

责任编辑　熊磊丽

助理编辑　孙铭蔚

责任校对　徐春莲

封面设计　王　翔

出版发行　同济大学出版社　www.tongjipress.com.cn

（地址：上海市四平路 1239 号　邮编：200092　电话：021-65985622）

经　　销　全国各地新华书店、网络书店

印　　刷　上海安枫印务有限公司

开　　本　787mm × 1092mm　1/16

印　　张　20

字　　数　499 000

版　　次　2023 年 10 月第 1 版

印　　次　2023 年 10 月第 1 次印刷

书　　号　ISBN 978-7-5765-0679-2

定　　价　98.00 元

本书若有印装质量问题，请向本社发行部调换　　版权所有　　侵权必究

同济大学高质量发展

系 列 丛 书

编 委 会

主 任 方守恩 郑庆华

编 委 冯身洪 吕培明 吴广明 顾祥林 方 平 雷星晖

陈义汉 彭震伟 童小华 娄永琪 赵宪忠

百舸竞渡

同济大学教师思想政治工作案例集

（*2018—2023*）

编 委 会

主 编 冯身洪

副主编 李博峰 周宏武

编 委 郑沁露 孙 萌 徐 洁 鞠明晖 伦海姣

总　序

同济大学始终与中华民族命运休戚与共、与祖国科教事业心手相牵、与上海城市发展相濡以沫。

2018 年第十一次党代会召开以来，同济大学坚持以习近平新时代中国特色社会主义思想为指导，全面贯彻落实党的二十大精神，坚持同济天下，不断追求卓越，在高质量推进建设具有全球影响力的中国特色世界一流大学和一流学科方面取得显著进展和可喜成绩，书写了新时代以中国式现代化全面推进中华民族伟大复兴的同济篇章。

在中国共产党同济大学第十二次代表大会即将召开之际，学校党委全面总结了学校过去五年在党的建设、人才培养、学科建设、队伍建设、科学研究、社会服务、国际合作和文化建设等方面的经验和成效，编撰了“同济大学高质量发展系列丛书”。丛书共六册，包括《奋楫争先——同济大学发展报告（2018—2023）》《本固枝荣——同济大学党建示范创建和质量创优工作典型案例集（2018—2023）》《文成于思——同济大学党建研究成果集（2018—2023）》《百舸竞渡——同济大学教师思想政治工作案例集（2018—2023）》《芳华绽放——新时代同济文化建设案例集（2018—2023）》《阅水成川——同济大学“三全育人”综合改革案例集（2018—2023）》。

丛书既是向所有关心、支持和帮助同济大学的师生校友和社会各界人士所做的汇报，也是对中国特色世界一流大学建设经验的总结，可为新时代扎根中国大地建设世界一流大学提供参考，推动更好更快建设中国特色世界一流大学。

前　言

百年大计，教育为本。教育大计，教师为本。“师者，所以传道受业解惑也。”教师肩负着传播知识、传播思想、传播真理的历史使命，肩负着塑造灵魂、塑造生命、塑造人的时代重任。正如习近平总书记指出：“培养社会主义建设者和接班人，迫切需要我们的教师既精通专业知识、做好‘经师’，又涵养德行、成为‘人师’，努力做精于‘传道授业解惑’的‘经师’和‘人师’的统一者”“老师应该有言为士则、行为世范的自觉，不断提高自身道德修养，以模范行为影响和带动学生，做学生为学、为事、为人的大先生，成为被社会尊重的楷模，成为世人效法的榜样”。在推进中华民族伟大复兴、建设世界一流大学的进程中，高校教师应该形成价值取向的最大同心圆、发展前进的最强向心力，同频共振，奏出华美的时代乐章。

思想政治工作是教师工作的灵魂。习近平总书记强调：“高校教师要坚持教育者先受教育，努力成为先进思想文化的传播者、党执政的坚定支持者，更好担起学生健康成长指导者和引路人的责任。”同济大学一贯重视教师思想政治工作，党的十八大以来，始终坚持以习近平新时代中国特色社会主义思想为指导，扎实推进全国高校思想政治工作会议和全国教育大会精神落实，牢牢把握社会主义办学方向，落实立德树人根本任务，以“四有”好老师、“四个引路人”、“四个相统一”为标准，持续强化教师思想政治引领和师德师风建设，引导教师坚定理想信念、锤炼高尚品格、练就过硬本领，推动学校“双一流”建设。

百舸争流，千帆竞发。同济大学在教师思想政治工作方面作了一些探索，先后实施“同心筑梦”“同行致远”“育才济人”“奉献济世”四项工程，从机制建设、内容供给、保障支持、方式转化、形式优化等方面着手，努力提升教师工作的针对性、实效性，形成了一批内容丰富、主题鲜明的建设成果。为全面展示 2018—2023

年在教师思想政治工作领域所取得的实践成果，学校征集并遴选出34个教师思想政治工作典型案例汇编成书，主题涉及多个方面，包括思想政治教育、师德师风建设、课程思政育人、能力素质提升、文化浸润涵养等，这些教师工作上的经验和做法，有助于推动教师思想政治工作质量和水平全面提升。

“学必求其心得，业必贵其专精。”教师是立校之本、兴校之源，一流大学，需要一流的师资。在未来的工作中，我们将继续深入学习贯彻党的二十大精神，进一步学习贯彻习近平总书记关于教育的重要论述，学思践悟，着眼新时代学校教师思想政治工作中面临的新情况、新任务、新要求，踔厉奋发、勇毅前行，持续推进教师思想政治工作的探索与实践，激励广大教师心怀“国之大者”，争做“大国良师”，不断开启中国特色世界一流大学建设的新局面。

本书编委会

2023年10月

目　录

致力于培养一大批精于“传道授业解惑”的“经师”和“人师”

数学科学学院

一、案例背景

党的二十大报告明确提出“教育、科技、人才是全面建设社会主义现代化国家的基础性、战略性支撑”，明确指出教育在社会主义现代化强国建设和中华民族伟大复兴征程中的重要使命。近年来，国家高度重视高校教师队伍建设，努力提升育人队伍的思想政治水平。2022年习近平总书记考察中国人民大学时发表重要讲话指出：“培养社会主义建设者和接班人，迫切需要我们的教师既精通专业知识、做好‘经师’，又涵养德行、成为‘人师’，努力做精于‘传道授业解惑’的‘经师’和‘人师’的统一者。”使教师成为“‘经师’与‘人师’的统一者”，思想政治工作是一条重要途径。习近平总书记的重要论述为新时代新征程高校教师思想政治工作高质量推进指明了方向，提供了根本遵循。

面对新时代新征程的新形势与新要求，数学科学学院高度重视加强教师队伍思想政治工作，并以教师思想政治教育工作能力提升与质量保障为抓手，切实提升教师队伍育人水平。

二、具体做法

做好教师的思想政治工作，是建设高水平师资队伍的重要基础。数学科学学院将教师思政工作作为师资队伍建设的一项极为重要的工作常抓不懈，积极拓宽思路，围绕坚定理想信念、推进“两结合”、立足学科特色形成了一套具有鲜明学院特色与学科特点的教师思政工作模式。

1. 坚定理想信念，以习近平新时代中国特色社会主义思想重塑高校教师立德树人的责任感和使命感

党的十八大以来，党中央提出了“把立德树人作为教育的根本任务”，将立德树人定位于“全面发展”之上，进一步凸显了教育为社会培养人的战略性。这是以习近平同志为核心的党中央继承、丰富、发展党的教育方针的集中体现，也是马克思主义教育理论创新的最新成果。

数学科学学院通过落实教职工理论学习制度，不断强化教职工理论武装，增强教职工理想信念，深植“为党育人、为国育才”的责任感和使命感。理论学习以“四个一”（一次全员集中学习，一次“在场式”学习，一次业务提升研讨，一次主题党日活动或支部生活）的模式集中开展，全集中学习以理论宣讲、文件学习、政策精神解读等为主，重点学习习近平总书记重要讲话精神及重要指示批示精神、习近平总书记关于教育的重要论述，及时解读有关高等教育的重要政策、制度、文件，使全体教师不断增强“四个意识”、坚定“四个自信”、做到“两个维护”。“在场式”学习通过沉浸式的实践体验设计让理论学习内容“可视化”“可感知”，学习形式鲜活生动、感染力强、接受度高，切身体验更能让理论学习入脑入心。业务提升研讨是从理论学习到工作实践的自然过渡，树牢理想信念、提升理论道德修养必须落实到增强育人本领、提高业务水平上，

必须体现在人才培养、科学研究等中心工作上。党建引领是教师思政的重要抓手和平台，让每个党员成为一面旗帜、每个支部发挥战斗堡垒作用，以点带面、从局部到整体地深入推进教师思政建设。

以 2021 年度为例，学院组织教职工学习 31 次，其中集中理论学习 13 次、指定主题自学 6 次、实践活动 8 次、业务培训 4 次。教职工党支部每月至少开展一次主题党日或支部生活。举办了“百舸争流、勇立潮头”数学科学学院教师龙舟赛、“上好党史第一课——新教师牢记新时代使命担当”巴士课堂教师节特别活动、“忆峥嵘岁月，颂建党百年”行走上海滩党团学习实践、“奋斗百年路　启航新征程”迎七一学院党建成果展等“在场式”学习活动，与党史学习教育相结合，与上海城市发展相结合，与教师责

“百舸争流、勇立潮头”数学科学学院教师龙舟赛

“上好党史第一课——新教师牢记新时代使命担当“巴士课堂教师节特别活动

“忆峥嵘岁月，颂建党百年”行走上海滩党团学习实践

“奋斗百年路　启航新征程”迎七一学院党建成果展

任使命相结合，增强了教师思想工作实效，并为教师进一步提高育人本领、积累课程思政素材提供支撑。

2. 推进“两结合”，以课程思政为纽带充分调动教师主动学习的自觉性与积极性

当前，高校教师思政工作还存在一定的短板，突出的问题是空泛抽象、流于形式，高校缺乏载体和手段，教师缺少自觉性和积极性。究其原因，最主要的还是高校教师思政工作与具体工作脱节。

以课程思政为纽带，努力推动高校教师思政工作与业务工作紧密结合（以下简称“两结合”）。一是系统学习研讨《高等学校课程思政建设指导纲要》（以下简称《纲要》），学院党委书记通过教工支部党课、教职工政治理论学习等 3 次宣讲解读《纲要》，分析为什么要开展课程思政，与教师共同探讨在数学课上什么内容可以成为课程思政元素、如何在课堂中实施等问题，动员全体党员带头，鼓励骨干教师示范，在学院掀起思考、探讨和参与建设课程思政的热潮。二是鼓励教学研究，经常性分享研究课程思政的论文，启发教师运用马克思主义基本原理、观点、方法等在各自开设课程中挖掘思政育人的元素和角度，从教学研究与课程设计入手，完成课程思政理念到研究、研究到实践的落地过程。学院组织教师开展课程思政案例设计工作，计划分课程建设课程思政案例库，截至 2023 年 5 月已收集案例数十项。同时学院还为教师购买相关参考书籍，引导教师结合学科文化和前沿问题，在专业课教学中探索思政育人切入点，进而营造学院教师自觉提高思想政治素养、修养与涵养的凝聚力与向心力。三是与马克思主义学院联合，获得理论指导，促进课程思政与思政课程同向同行。学院教工第二党支部与马克思主义学院教工第二党支部开展共建，就“深入学习和融入中国共产党人精神谱系之伟大科学家精神进课堂”开展探讨，碰撞出思想火花，为后续课程思政工作的深入推进提供了新思路，开辟了新路径。四是组织教师开展课程思政建设交流。学院举办年度“课程思政”阶段性推进成果展示会，6 名课程思政骨干教师分三组进行了课程思政课堂展示与说课，全院教师观摩并讨论。教师立足数学学科特点，从教学目标、教学设计、教学方法、教学

数学科学学院教工第二党支部与马克思主义学院教工第二党支部开展共建活动

数学科学学院举办年度“课程思政”阶段性推进成果展示会

内容等方面着手，深入挖掘数学专业课程中蕴含的思政元素，精准提炼育人切入点，实现专业教学与思政教育有机融合。

3. 立足学科特色，营造良好的思政工作氛围感与凝聚力

在强化教师思想政治教育的同时，学院也立足教师群体特点与学科特色，着力打造彰显教师主体地位的学院文化，在提升教师对学院的参与感、归属感与获得感中营造良好的思政工作氛围。新冠疫情期间学院组织女教师开展“扮美我的直播教室”活动，以春季插花竞技赛的形式鼓励女教师在教学直播环境美化上下功夫；9 月开学迎新季正逢一年一度教师节，学院为全院教师定制了印有师德师风标语的帆布袋，编印了师德师风学习文件汇编，购买并发放了《师说》一书，让教师在教室—办公室两点一线的奔波中感悟学院的育人理念；在研究生开学典礼上，学院举办研究生新生与导师见面会，开启融洽和谐的导学关系；学院组织教研团队拍摄集体照，在照片定格、笑容绽放的瞬间，

数学科学学院举办 2021 年度大学数学骨干教师高级研修班

邀请土木工程学院刘曙光作“如何让学生喜欢听我的课——课程思政”专题报告

教研团队的凝聚力进一步加强；学院还进一步发挥院级青年联谊会的作用，通过组织广大青年教师参与学术沙龙、院外共建、参观实践等活动，将青年教师紧紧团结在一起。走心的活动设计、暖心的组织形式，让全院师生浸润其中，深切感受到学院的育人温度。

三、建设成效

数学科学学院将教师思政工作作为师资队伍建设的一项极为重要的工作常抓不懈，积极拓宽思路，夯实实践基础，锚定发展目标，逐步形成了坚定理想信念、推进“两结合”、立足学科特色三位一体的教师思政工作新模式，开创了一系列学院发展、学科建设、专业建设、队伍建设、课程建设、学术对话的新成果与新增长点。2018—2023 年，学院教师思想政治素质及业务水平逐年提升，师资队伍整体发展向好。2020—2023 年，学院教师累计获评上海市育才奖、上海市教卫工作党委系统优秀共产党员、优秀党务工作者、宝钢优秀教师奖等省部级奖项 6 人次，同济大学师德师风优秀教师、同济大学育才奖、同济大学名课优师、同济大学优秀共产党员、优秀党务工作者等校级奖项10人次，学院2门课程获同济大学立德树人示范课程称号等。学院课程思政建设蔚然成风，2021年累计立项5项课程思政项目（1项省部级课题、4项校级课题），1门课程申报学校立德树人示范课程，学院教工第二党支部获批学校支部书记“双带头人”工作室，学院教师在学术期刊《大学数学》上发表一篇课程思政教研论文。全院教师精神面貌得到显著提振，并以良好的师德师风持续在人才培养中发挥积极作用。

四、工作启示

高校教师思政工作作为高校教师队伍建设的首要任务和高校立德树人的基础性工程，具有重要的战略意义。习近平总书记指出：“好的思想政治工作应该像盐，但不能光吃盐，最好的方式是将盐溶解到各种食物中自然而然吸收。”高校思想政治工作犹如人精神上的“盐”，对于教师队伍而言，是队伍成长中塑造灵魂的工具和滋养精神的源泉。学院以润物无声的方式，将教师思政的养分添加到各项工作要求之中，潜移默化、细水长流，对强化和推进学院师资队伍建设产生重要而深远的影响。

（1）努力提升教师思政工作实效，必须立足高校教师的使命角色，必须着眼学院文化、学科特色与专业特点，根据高校教师从事学术研究与教书育人的职业特点采取适切的有效方式。

（2）教师的思政工作有别于对其他群体的思政工作，应建立在理性和逻辑之上。不仅要通过政治理论学习等形式讲清中国特色社会主义道路的“道理”，也要从学术层面阐明“学理”，增强高校教师“四个自信”，还要在更高层次上深入阐述马克思主义哲学的“哲理”，引领教师掌握马克思主义的世界观和方法论。

（3）破解高校教师思政工作现存的短板与困境，关键在于需要努力推动高校教师将思政工作与业务工作紧密结合。既要立足教学科研工作，增强高校教师思政工作的针对性；也要有意识地加强思政工作对学科专业的引领，将教师思政工作与学科专业建设结合起来。

四驱并进，文艺浸润，在著写育人“大文章”中志做“大先生”

艺术与传媒学院

一、案例背景

“善之本在教，教之本在师。”在贯彻落实立德树人这一根本任务过程中，艺术与传媒学院认真学习贯彻习近平总书记关于教育的重要论述，特别是关于教师队伍建设的重要指示批示精神，高度重视教师思想政治和师德师风建设，在学校党委统一领导和统筹部署下，紧密围绕学校发展和学院建设中心工作，不断健全教师思想政治工作机制，拓展教师修养全方位提升的平台载体，朝向“深修内功、拓展外延”两大主线方向重点发力，通过以“强化理论指引、突出实践体悟、强调共学互鉴、深入宣传示范”为内容的“四驱”路径革新教师思想政治工作模式，立足文艺精品创作和传播场域彰显学院办学特色，浸润式涵养强认同、暖人心的集体奋进文化，教育引导广大教师在教书育人实践中增强“四个意识”、坚定“四个自信”、做到“两个维护”，不忘立德树人初心，牢记为党育人、为国育才的初心使命，努力打造出一支政治素质过硬、业务能力精湛、热忱投入志业、育人水平高超的高素质教师队伍，以师之兴盛襄举育人大业。

二、具体做法

艺术与传媒学院坚持全方位谋篇布局、系统化协同推进，以高站位将教师思想政治建设作为学院发展和育人事业的重要引擎工程，对标落实以“强化理论指引、突出实践体悟、强调共学互鉴、深入宣传示范”为内容的“四驱”路径举措，以“咬定青山不放松”的劲头狠抓作风，以“行百里者半九十”的清醒意识稳步推进，推动教师思想政治工作与学生思想政治工作齐步迈进、同频共振，着力以教师思想政治建设为核心牵引发动育人全局。

1. 强化思想内驱，将党的领导融入工作全局，加强教师队伍建设理论武装

认真贯彻落实学校关于教师思想政治工作的各项工作要求，结合学校党建示范工作创建全局，有力地将党的领导贯彻在教师思想政治建设全过程，发挥学院党委在学院建设发展中的政治核心作用，将师德师风建设等重大议题纳入党政联席会讨论范畴，将教师思想理论学习部署列为“第一议题”，将统筹计划自学、领导带头促学、交流研讨互学、谈心谈话导学、多方联动广学等相结合，推动教师理论学习和思想教育行在日常、用在经常。制定年度学习计划，每月传达学校教职工政治理论学习指导意见，推动教育者先受教，筑牢全体教师思想共识。发挥学院党政领导班子的模范带动作用，紧抓重大时间节点和主题教育契机，先后结合“不忘初心、牢记使命”主题教育、“四史”学习教育、学习贯彻习近平新时代中国特色社会主义思想主题教育等推动班子成员先学一步、深学一层，同时走上讲台，为全院教师开讲党课。

精心组织好系列理论学习和思想教育活动，善用教职工周二理论学习、教职工大会、专业科室会议等常态化制度，依托党委理论学习中心组研讨、支部“三会一课”、联合主题党日、专题党课辅导报告等多种形式落实好学习工作，推动党委班子走访调研、现场观摩、专项督查、学习讨论和列席专题组织生活会。联系邀请校领导、学校巡回巡视

校领导和专家为学院教师作专题学习报告

与同济大学出版社开展党委中心组联组学习

与政治与国际关系学院联合开展主题党日活动

指导组、知名专家学者等讲授党课。定期开展警示案例教育，由学院党委副书记、纪委书记专项领学师德师风警示教育案例和党风廉政建设警示教育案例，深入学习贯彻《新时代高校教师职业行为十项准则》《研究生导师指导行为准则》等文件精神。依托文艺精品创作，展演师生团队建立临时党支部，发挥党组织带动作用；常抓不懈做好研究生导学团队思想教育工作，全时全员激发红色动能，由此以点成线、以线促面，去除“思想软肋”、克服“本领恐慌”，不断拓展学习纵深、提高学习实效，逐渐将其转化为行动强力。

2. 强化实践驱动，以文艺浸润砥砺使命担当，促进教师发展提升自觉自为

积极拓展教师发展实践路径，通过健全培养体系、辅助青年教师成才、打造专业互助集群、建设团队工作室等方式，强调浸入课堂内外、回归育人实践促进教师能力全方位提升。推动专任教师踊跃投入课程思政实践，立足专业课堂连通思政教育，发挥课堂教学“主渠道”作用，制定《课程思政实施方案》《课程思政领航计划任务书》等，建立“制度引领、团队聚力、教学互嵌”的工作体系，推进综合素养课程、专业课程及实践课程“三课合一”，实现教师在课程教学中自觉引领。开展面向全校的示范党课、思政大课等实景化、沉浸式主题课程，以教师主导参与、幕后创作、现场观看等多元方式在生动可及的艺术教育中实现“学思践悟贯通、知情意行一体”。

彰显学院办学优势和特色，延展专业教学应用场域，参与打造“同济大学艺术节”、新生教育周、红色艺术教育季等校园精品艺术系列活动，承办上海大学生公益广告大赛等优质赛事，开展《同舟共济》《国之英豪》《铸诗成剑》“同济校史剧三部曲”和《志丹，志丹》《江姐》等剧目汇演，开办“惟新讲坛”“惟新艺术讲坛”等特色品牌活动，在办好高质量学术讲座和高水平文艺演出的一线、“热线”发挥教师“主心骨”作用。吸纳优秀青年人才壮大教师队伍，关怀帮助青年教师发展成才，依托设立的学科、专业

学院教师指导开展的各类实践活动

学院教师指导的各类特色文艺演出

责任岗建设“传帮带”，实现以老带新、以新促优，依托全媒体研究院开设教师领衔的各类主题工作室，形成集群式教研团队，有效激励教师学习提升的自觉自为和互助共进。

3. 强化共鉴外驱，以师生相长传递关怀，推动教师队伍提质见行见效

以促进师生教学相长、互学共鉴为导向，贴近教书育人实际，把握教师思想政治工作的针对面和关切点，提供外驱“破题解困”动力。构建师生共进平台，在汇演活动、学术协同和科研创新等各方面做到师生共生共在、共助共为，促进正向价值观交融相持。在文艺创作和传播活动中引导教师拿好“指挥棒”，学生成为积极行动者，激励师生共同参与精品呈现；为专业技能提升提供实训场域，为专业教学开展提供生动范例。在课堂教研中，推动项目教学、课外实践、专业实习等成为师生共研的重要场域，围绕“厚德、致知、笃行、尚和”主动培育卓越研究生导学团队；遴选专业教师担任班主任，推动学院党政领导、辅导员和班主任等经常性走访学生社区，围绕教师节等节日开展关怀慰问活动，在互相关怀中强化教师自我认同感和幸福感。连续2年联动党支部和专业发起“中国精神”系列动画短片绘创活动，制作形成16部特色动画短片，与青年学子携手共学党史、汲取历史智慧和力量。组织教师和支部学生依托剧目演出赴中小学开讲情景党课，探索“戏剧+党课”新模式，助力大中小学思想政治教育一体化建设。大力延伸第二课堂实践，导入专业师资做好创新创业实践等的逐层孵化培育工作；用好上海大学生公益广告大赛、“上海之春”音乐节等赛演平台，由教师带动专业学子参与赛事竞评、筹备服务等

“中国精神”系列动画短片

师生参访“南京路上好八连”事迹展览馆、中国人民志愿军纪念馆和中共一大会址纪念馆

师生赴杨浦高级中学献演情景党课

各项工作，以赛促学、以赛创优，联动师生砥砺公益服务初心，推动师生共同在丰富的实践中增进学习体悟、厚植家国情怀，在实践大课堂中共同撰写经世致用的“大文章”。

4. 强化示范驱领，以全媒宣传涵养生态，壮大教师创先争优能量磁场

扎实开展师德师风建设系列活动，择优选树师德典范，积极推荐学院教师参评宝钢教育奖、同济大学“师德师风优秀教师”“我心目中的好导师”等各层级荣誉，开展四届院级师德师风建设活动；建立院内表彰制度，为新进教师和获奖教师举办欢迎仪式和表彰活动，提升教师仪式感、荣誉感和使命感。

在学院场馆内开辟师德师风宣传专区专栏，以移动展板、悬挂画报等形式定点展示优秀教师先进事迹，开展“不忘初心 师道传承”教师人生格言展示活动和“师德师风及社会主义核心价值观”主题作品展，营造学师爱师的荣誉氛围。发挥传播系办学优势，大力建设以“同济大学艺术与传媒学院”微信公众平台为主体的“两微一端”融媒体平台，以资讯传达、专栏展示、师生寄语等多种形式做好温情日常记录和先进事迹宣发，先后打造形成“师德师风展示”“惟新者语”“网课手记”等精品系列内容，展现师生齐心坚守的动人瞬间，壮大弘扬师德师风的能量场，引导广大教师学先进、做先进、争当师德楷模。

钱正老师（左五）荣获同济大学“师德师风优秀教师”提名奖

开展节日特别活动和师德师风特色展示活动

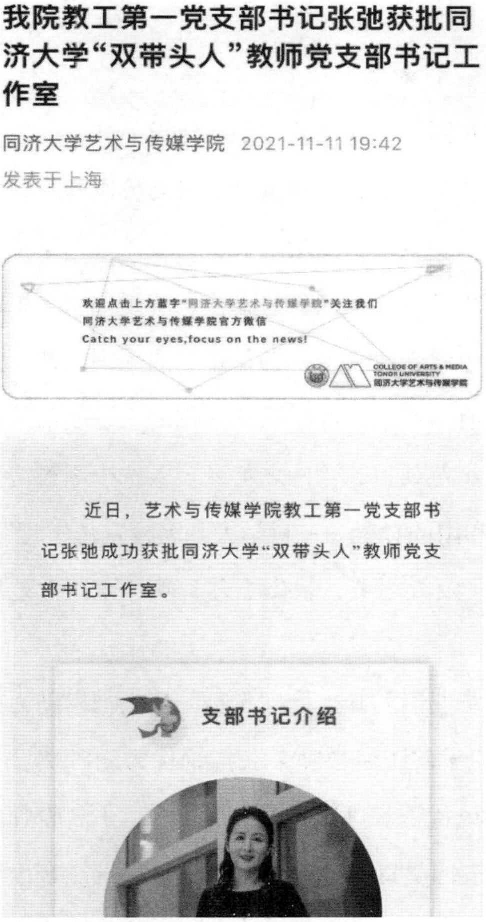

我院教工第一党支部书记张弛获批同济大学“双带头人”教师党支部书记工作室

同济大学艺术与传媒学院 2021-11-11 19:42
发表于上海

欢迎点击上方蓝字“同济大学艺术与传媒学院”关注我们
同济大学艺术与传媒学院官方微信
Catch your eyes,focus on the news!
COLLEGE OF ARTS & MEDIA TONGJI UNIVERSITY 同济大学艺术与传媒学院

近日，艺术与传媒学院教工第一党支部书记张弛成功获批同济大学“双带头人”教师党支部书记工作室。

支部书记介绍

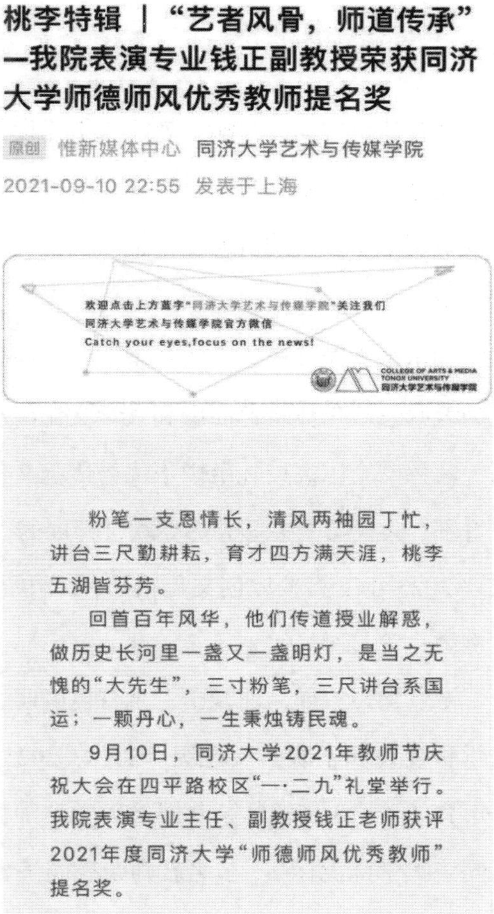

桃李特辑 | “艺者风骨，师道传承”—我院表演专业钱正副教授荣获同济大学师德师风优秀教师提名奖

原创 惟新媒体中心 同济大学艺术与传媒学院
2021-09-10 22:55 发表于上海

欢迎点击上方蓝字“同济大学艺术与传媒学院”关注我们
同济大学艺术与传媒学院官方微信
Catch your eyes,focus on the news!
COLLEGE OF ARTS & MEDIA TONGJI UNIVERSITY 同济大学艺术与传媒学院

粉笔一支恩情长，清风两袖园丁忙，讲台三尺勤耕耘，育才四方满天涯，桃李五湖皆芬芳。

回首百年风华，他们传道授业解惑，做历史长河里一盏又一盏明灯，是当之无愧的“大先生”，三寸粉笔，三尺讲台系国运；一颗丹心，一生秉烛铸民魂。

9月10日，同济大学2021年教师节庆祝大会在四平路校区“一·二九”礼堂举行。我院表演专业主任、副教授钱正老师获评2021年度同济大学“师德师风优秀教师”提名奖。

依托学院微信公众平台宣传优秀教师事迹

学院举行欢迎新进教师仪式、荣誉退休仪式

三、建设成效

平台建设方面，打响了教师队伍建设与思政同频、与文艺相融的建设品牌，助力营造争先进位的优良态势。学院先后获批中国科协学风涵养工作室、上海高校课程思政整体改革领航学院、同济大学首批“三全育人”综合改革试点学院、“三全育人”示范学院建设单位等。聚力打造的“上海之春”、新生教育周、红色艺术季、沉浸式“大思政课”和示范党课等成为学校乃至上海市的重要思政教育平台；创作排演的系列文艺精品成为教师思政工作特色品牌和大学文化传承的有力承载，师生领衔共创的主题剧目《江姐》获评“全国高校礼敬中华优秀传统文化”示范项目，《国之英豪》入选中国科协、教育部、共青团中央等五部委联合开展的“共和国的脊梁——科学大师名校宣传工程”，获评2023年度高校原创文化精品；工作案例《及人之美，教化于艺》获评全国大艺展案例类一等奖。

专业建设方面，涌现出一批特色鲜明、成绩斐然的师生榜样人物，师生携手助力提升学科建设和学院发展能级。2018—2023年，学院1名教师荣获宝钢优秀教师奖、上海市育才奖，3名教师荣获同济大学“师德师风优秀教师”称号和提名奖，1名教师获评同济大学师德标兵，1名教师荣获同济青年五四奖章，多名青年教师在讲课竞赛中屡创佳绩；创建1支同济大学卓越研究生导学团队，1个党支部书记工作室获批同济大学“双带头人”教师党支部书记工作室。依托优势学科资源打造形成2个国家级一流本科专业，新闻传播学学科发展取得长足进步；建成专业课程链集群，2支团队获批上海高校课程思政整体改革领航团队，10余门专业课程获批市级领航课程、重点示范课程等。指导学生参与各类学科竞赛1500余项，获奖约3500人次，学生获得国内外各类奖项，在专业赛事中屡获佳绩。

服务社会方面，为涵养新时代同济文化和服务城市建设汇智聚力，以教师思想政治建设时效增强正能量话语创造力和感召力。学院教师受聘教育部中小学生人文素养及影视戏剧教育专委会首批专家等；“伟大工程”示范党课在“学习强国”平台播出并被评为上海市优秀党课；上海音乐家协会专程致信感谢学院为“上海之春”构建文教结合的融合机制作出的重要贡献；“中国精神”系列动画短片在“学习强国”平台和澎湃新闻“视界”栏目上线发布；教师指导开办的公益广告大赛中的专属“公益广告专列”在上海地铁10号线和15号线运行，大赛专题片在东方明珠移动电视上同期展播，成为上海城市建设中一道传播正能量的亮丽风景线。汇演实践和育人成果获人民网、新华网等主流媒体报道上百次，《光明日报》《中国青年报》等专栏报道学校红色艺术精品育人成效。

四、工作启示

要始终坚持党的领导，以“一盘棋”理念统筹建设全局，为教师思政全局点亮“启明星”。将党的领导贯穿教师思想政治工作开展的全过程，做好全盘规划和顶层设计，把教师思政工作开展纳入党政联席会经常性讨论事项，坚持“一张蓝图绘到底”，凝聚全院教职工共识，明晰落细落小教师队伍发展规划的分工和推进路径。

要充分注重学科依托，以要素充分挖掘拓展培育场域，为教师思政全局稳好“定心盘”。集聚多方人力和资源要素，以平台化思维开展教师思政工作特色实践，彰显办学特色，在浸润式参与动员、浸润式环境营造和浸润式传承教育三方面下功夫，利用平台优势稳步推动基础提升、制度牵引和服务强化，将教师自身发展导入构建高质量育人体系大局。

要强化激励教师主体，以自觉自为劲头彰显建设实效，为教师思政全局找准“掌舵手”。坚持学院建设“搭台”、教师主体“唱戏”，积极发挥优秀榜样人物的示范带动作用；贯彻落实以师生为本的理念，把教师实现自我发展的获得感和满足感作为教师思想政治建设实效评价的重要指标；对教师急难愁盼的问题予以重点解决，建立相配套的激励和奖惩机制，切实发挥教师在落实立德树人中的“主心骨”作用。

新时代“三全育人”视域下高校教师思想政治建设路径探究

马克思主义学院

一、案例背景

习近平总书记在全国教育大会上强调，思想政治工作是学校各项工作的生命线，“要把立德树人融入思想道德教育、文化知识教育、社会实践教育各环节，贯穿基础教育、职业教育、高等教育各领域，学科体系、教学体系、教材体系、管理体系要围绕这个目标来设计，教师要围绕这个目标来教，学生要围绕这个目标来学。”“三全育人”作为新时代高校推进立德树人综合改革的要求，既是习近平新时代中国特色社会主义思想和习近平总书记关于教育的重要论述的重要内容，也是实现高校立德树人根本任务、推进高校思想政治工作的现实需要。

立德树人是高校的根本任务，教师是育人的主体，高校教师对思想政治教育的认知水平直接关系到教学质量和教学效果，关系到育人成效。新时代对高等教育提出新的发展要求，高校思想政治教育应当坚持问题导向，促使教师思想政治建设和学生思想政治教育同向同行，形成合力，推动高校思政工作迈上新的台阶。

二、具体做法

为进一步落实立德树人根本任务，服务学校“双一流”建设中心工作，马克思主义学院着力加强教师思想政治建设这一工作重点，围绕“顶层设计优化”“基层党建创新”“师德师风建设”“专业能力提升”“师生互动成长”五大板块，依托“理论宣讲中心”“经典研读中心”“社会实践中心”三大中心，积极构建体系协同、机制健全、氛围良好的教师思政工作新格局。

1. 优化顶层设计，加强机制保障

谋定而后动，加强顶层设计是加强教师思想政治建设的重要支撑和前提。根据学校教师思想政治工作推进的总体要求，在学校党委的指导支持下，马克思主义学院充分调动各部门、教研室、党员干部等力量组成教师思政建设队伍，初步建立起包括优化全过程考评与激励制度的系列保障机制。第一，制定教师思政建设规范，出台《马克思主义学院每周二下午集中学习实施办法》，提高教师对思想政治建设重要意义的认识，将政治理论学习作为教师教育的重要内容，贯穿培训、管理全过程。第二，制定科学、合理、高效的考核指标体系，完善激励监督考评机制，将思想政治表现作为教师职务聘任、职称晋升、出国进修、评优奖励、绩效工资等的首要标准，规范教师言行，进而提高教师师德修养。第三，完善监督机制，拓展教师评价的覆盖面，形成学院、教师、学生“三位一体”的教师思政动态监督体系，开展教师互评、学生评教，实现教师思政建设常态化、规范化。

2. 加强教师党建工作，打造战斗堡垒

加强基层党组织建设，筑牢思想政治教育根基。学院将党的基层组织建设与教师队伍建设、思想政治建设紧密结合在一起，以党建为引领，带动教师队伍建设和思政建设，

学院教师党员开展实践研修、国情调研

提高教师思政育人工作的科学化水平。一是以党建带动思想政治建设，组织党政班子成员和干部教师参加学校专题研修班，通过集中学习和研讨将理论学习与学校学院发展面临的机遇与挑战结合起来，共同研究谋划发展思路。二是高度重视“三会一课”制度在提高党支部组织力、战斗力、凝聚力中的作用，规范各项制度落实，认真落实每月党组织生活会，发挥党组织生活会的作用，提高党员民主评议质量，引导教师党员在党内政治生活中经常接受政治体检，提高政治免疫力。三是认真落实全体教职工政治理论学习，将周二下午的政治理论学习和集中备课相结合，严格考勤管理。四是学院纪委开展政治理论学习专项监督。为强化教师政治理论学习落实，学院纪委定期检查教师政治理论学习和考勤情况，确保思政理论学习落地生效。

充分发挥“双带头人”党支部书记作用，打造坚强战斗堡垒。“支部强不强，关键在头羊”。学院全面实施教师党支部书记“双带头人”培育工程，着力发挥“头雁效应”，引导发挥先进典型示范引领作用，实现“头雁”领航，“雁阵”齐飞。增强价值认同，积极营造“双带头人”培育的有利环境。结合学院育人机制体系与发展规划，落实符合自身实际的教师党支部书记“双带头人”培育计划，为该工程的实施创造良好的政策环境。促进党建与业务深度融合。把党的建设和学术工作相结合，通过增强党支部团结协作的凝聚力有效推动教学科研工作的发展。建立科学选任制度，确保“双带头人”能力素养。学院以“双高双强”为选任标准，高要求选拔出一批政治素质高、师生威信高、党务能力强、业务能力强的教师担任党支部书记。

3. 加强师德师风建设，注重以德化人

加强教师思想政治教育的关键在于师德师风建设。马克思主义学院坚持严管与厚爱结合、激励与约束并重的原则，建立健全师德师风建设长效机制，引导教师把教书育人与自我修养相结合，以培养政治素质过硬、业务能力精湛、育人水平高超的高素质教师队伍。

建立激励机制，宣传先进典型。科学的内部激励和良性的教育生态环境是师德师风建设的关键。从外部环境来看，良好的舆论激励机制是促进师德师风建设的有效途径。学院结合评奖评优工作契机，在学院媒体平台开展“头雁风采”“先锋模范”等系列展示宣传，其中“头雁风采”主要展示教师支部育人风采，“先锋模范”充分发挥典型引领和辐射带动作用，突出展现了学院党建引领下的良好的师德师风建设。

开展警示教育，树立底线思维。在完善激励机制、树立典型的同时，学院也注重定期通报校内外意识形态典型警示案例，加强警示教育。通过召开全院大会和分组学习研讨的方式对师德师风失范案例进行评析，进一步增强教师师德师风意识。

规范网络言行，规避思想风险。学院将教师规范网络言行与师德师风建设密切结合，加强对教师自媒体和网络言行的日常监督，发现问题后及时予以教育提醒，扬正气、抑歪风。在全院范围内开展网络言行规范专题教育。每学期党委会专题研究意识形态领域风险，对教师自媒体和网络言行等潜在风险进行研判。对师生个人持有管理权限的微信公众号等公共媒体账号进行摸排和登记，做好备案。指定专人定期监管（至少每月一次），教师个人备案自媒体由其所在支部的支部书记负责日常监管。

4. 立足专业学科属性，提升教师素养

坚定正确政治方向。让有信仰的人讲信仰，讲信仰者自己要有信仰。习近平总书记在学校思想政治理论课教师座谈会上特别指出，思想政治理论课教师“政治要强”。学院坚持把思想政治建设摆在首位，旗帜鲜明讲政治，教育引导广大思政课教师把稳思想之舵、补足精神之钙，积极组织思政课教师深入学习领会习近平总书记关于教育、关于思政课和思政课教师队伍建设的重要讲话精神，提高思政课教师的荣誉感、责任感和使

命感，增强思政课教师参与教学改革创新的积极性和上好思政课的决心。

立足学科特性。一是坚持集中研讨提问题。以教研室和思政课程为单位，学院通过线上学习、线下研讨的方式把思政课教师集中起来，集体研讨确定问题，找准教学难题，增强教学针对性。各教研室负责人及思政课程负责人以教学实例为切入点，以教学难点为重心，集中带领思政课教师开展教学改革探索与创新。二是坚持集中培训提素质。“且夫水之积也不厚，则其负大舟也无力”，传道者自己首先要明道、信道，育人者要先受教育。学院以培育一大批优秀马克思主义理论教育家为目标，遵循教育培训立体化与多样化的理念，推进思政课教师培训“融合式发展”，推出“综合培训与专题培训”“入职培训与择优培训”“在岗培训与脱产培训”“教学研究培训与教学技能培训”相结合的培训模式，以促进思政课教师专业化发展，如定期组织开展面向思政课教师的“四史”和“形势与政策”专题研修培训；办好“周末理论大讲堂”、骨干教师脱产研修班等活动。通过针对性教师培训，推动思政课教师在专业理论学习中汲取养分、丰富思想，全面提升教师的专业理论功底、知识素养，及时将党的创新理论最新成果融入教育教学，并鼓励教师以此为契机深入开展前沿理论问题研究，推动高水平科研创新成果产出，以学科科研成果支撑和推动教育教学认知思维深化、教学能力提升、教学改革发展。三是坚持集中备课提质量。学院积极组织思政课教师与专业教师对党的十八大以来特别是党的二十大的理论创新、实践创新、制度创新成果和教学重点难点问题等进行深入研究，在思政课教师与专业教师协同育人教研体系的基础上，推动思政课教师思维纵深发展，以宽广视野积淀专业理论素养，真正实现思政课教师政治性和学理性的统一。在马克思主义理论体系底色的基础上，学院通过集体备课的方式，积极助推思政课教师理论思维更新和教学思维创新的路径耦合，并取得显著成效。学院教工第一支部书记杨小勇老师所授课程“马克思主义基本原理”被教育部授予“国家级精品资源共享课”称号，2021年又入选上海高校思想政治理论课“金课”、教育部组织的“七一”重要讲话精神进思政课示范“金课”，充分彰显了新时代思政课教师的鲜活风采。

5. 依托三大中心建设，促进“教”“学”相长

围绕“三全育人”综合改革要求，马克思主义学院立足自身学科优势、充分利用雄厚的师资力量、浓厚的思政教育环境和政策支持，积极打造“三个中心”（经典研读中心、理论宣讲中心、社会实践中心），助力学生思想政治教育和教师思想政治建设协同发展，取得新成果。

以理论宣讲深化教师思政思维。“贤者以其昭昭使人昭昭”，做好理论输出指导的前提在于教师真正做到对理论了然于胸。这就要求教师夯实专业学术研究根基，进行常态化的理论革新，深度把握所宣讲的理论。此外，教师也把针对学生宣讲项目开展指导专项培训、全流程指导定向答疑等确有实效的思政教育工作作为提高系统思维、理论创新能力的有效途径，在双向互动的动态教学模式中，实现学理研究到实践运用的有机统一，对于提升自身思想政治思维水平、学术研究能力，丰富自身实践经验等具有重要意义。

以经典研读检验教师理论功底。要想给学生“一碗水”，教师必须是“长流水”，

理论宣讲中心教师兼“理论+”宣讲团指导教师（部分）聘任大会

理论宣讲中心教师参与“博学笃行”理论宣讲课件开发计划答辩会

理论宣讲中心青年教师许家烨领学“七一讲话”精神，教育部副部长翁铁慧现场指导

而经典研读恰恰为教师提供了展示、检查、反思和完善自己学问研究的契机。“大家经典”读书会与驻楼导师工作站相结合，将知识体系教育与思想政治教育综合引入学生教育的“最后一公里”，促使思政课教师深入了解学生困惑，在与学生的思维互动中考量自身的学术能力、教学能力，从而检验自身，推进内修。

以社会实践引导教师科研融创。教师不能坐而论道，而是要着眼国家大政方针，贴近社会现实问题。学院积极为教师创造实践机会，要求教师在社会实践中全程参与指导，面向社会，扎根人民需求，促进教师在社会实践中“教”“学”相长，激发科研灵感，将问题转化为成果，提升教师的问题提炼水平和学术转化水平。

三、建设成效

1. 坚持以政治理论学习武装头脑，教师思想政治和师德师风建设取得成效

学院全体教师始终坚持“六要”（政治要强、情怀要深、思维要新、视野要广、自律要严、人格要正）要求，守好三尺讲台，学院全体教师承担传播马克思主义真理、弘扬党的最新理论成果的光荣使命和政治责任，学院教师连续两年获得同济大学“师德师风优秀教师”称号。

2. 坚持以党建引领学科建设，培养一流人才，党建工作与教学科研工作相互结合、有机融入取得新的成效

学院 3 名教工党支部书记获同济大学“双带头人”党支部书记培育计划支持，其中教工第四党支部获得了“上海市教卫工作党委系统先进基层党组织”和“同济大学先进基层党组织”称号，2021 年获评上海市教卫工作党委“党支部建设示范点”，教工第三党支部获批上海市高校“攀登”计划党建工作样板支部。同时，学院科研成果数量显著增长，2022 年科研项目立项数量创历史新高。

3. 坚持教师思政建设和学生思政教育相互融合、相互促进的工作机制取得成效

通过组织骨干教师和青年教师担任三个中心的指导教师，一方面加强了立德树人的成效，另一方面提高了教师对思政教育工作的认识，育人先育己的效果得到显现，青年教师纷纷申请担任班主任、本科生导师、三大中心指导教师，教师参与“三全育人”工作的积极性大大提高。

四、工作启示

作为全国重点马克思主义学院，在“三全育人”理念指引下，学院坚持立德树人根本任务，以党建为引领，提升学科建设和人才培养能力，坚持立足“三大中心”等平台促进师生教学相长，从而在加强高校教师思想政治建设的现实经验中探索出了一条兼具学科特色、现实成效和应用前景的道路。

1. 加强统一领导

推动教师思想政治建设常态化和长效化，要不断完善党委统一领导、党政齐抓共管、部门分工合作、教师和学生教学相长，齐心协力推进立德树人的工作格局。根据教师思想政治建设的总体要求，要注重各大育人主体、育人要素之间的互通互联，探索内部各组织间职能的划分和机制外部功能的协调配合，形成网格化、立体化布局，向构建多层

次、结构化的教师思政建设体系迈进。

2. 紧扣两大目标

政治性和学术性是马克思主义理论学科的两重基础属性，学院在推进“三全育人”事业中要实现“立德树人”和“学术科研”同步、均衡发展的目标，学院教师思想政治建设必须始终坚持和深入贯彻“用学术讲政治”的基本理念，在“真学真懂真信真用”上下功夫。

一方面，要提高政治站位，做到“真信真用”。要依据教师队伍的政治面貌分门别类地开展思政教育。对于党员教师，应注重发挥党组织的政治核心作用，主动做好教师思想政治工作，积极开展“创先争优”活动，构建起新老教师“传帮带”机制和全周期教师职业发展体系，从而以坚定的政治信仰、良好的工作作风和高尚的道德情怀影响、感召青年教师和党外教师。对于党外教师，党组织要主动承担起培养、教育的责任，通过思想教育和理论学习，使党外教师切实增强对党的全面领导的情感认同，从而自觉把才智和精力集中到立德树人这一根本任务上来。

另一方面，要提升学术能力，做到“真学真懂”。巧妇难为无米之炊，“讲政治”的基本前提是“懂政治”。马院教师不仅要深刻领会习近平总书记系列重要讲话精神，系统掌握习近平新时代中国特色社会主义思想的理论体系，更重要的是要潜心研究，突出问题导向、找准学术接口、构建学理框架，从学理的角度，以经验和理性为基础，揭示当下政治生活中的因果联系，形成理性认知和科学阐释。只有从学术框架及其学理逻辑“讲政治”，才能增强政治思想、政治主张、政治要求的逻辑性和真理性，才能把理论讲透彻，讲出理论的高度、思想的力量，从而真正实现“在马言马，懂马信马”，增强马院教师的思想归属感。

教职工政治理论学习“党建 +”模式探索

汽车学院

一、案例背景

教职工政治理论学习是我国高校在长期建设过程中形成的优秀传统，是落实立德树人根本任务的应有之义，也是高校教职工接受中国特色社会主义理论教育、学习党和国家方针政策的重要途径。2016 年，习近平总书记在全国高校思想政治工作会议上强调：“教师是人类灵魂的工程师，承担着神圣使命。传道者自己首先要明道、信道。”为进一步贯彻落实新时代高校思想政治工作的要求，学校于 2017 年发布《关于周二下午集中开展学习和思想政治教育活动的通知》，制定了《中共同济大学委员会关于加强和改进教职工政治理论学习的意见》，明确了教职工参与政治理论学习的具体要求，以期推动全校教职工政治理论学习再上新台阶。汽车学院于 2018 年搭建并不断完善“同车行”立体式学习平台，以党建为引领，抓好教职工政治理论学习“点线面体”，构筑学习结构、突出学习路径、打造学习平台、探索学习保障体系，建立健全教职工政治理论学习“党建 +”模式，推动习近平新时代中国特色社会主义思想在广大教师心中落地生根，为建设一支高素质教师队伍提供方向指引和力量支撑。

二、具体做法

汽车学院教职工政治理论学习以优化学习组织设置为基础，以制度建设为保障，紧抓学习重点内容，制定学习计划，以政治理论学习师生共同参与“全面学”、党委特邀报告专家要点解读“重点学”、专业大师讲堂行业前瞻“深度学”为主要内容，结合实践参观学习和网络平台线上学习，构建全覆盖、多角度、立体式平台，以支部带动全体教职工开展政治理论学习，立足汽车学院“一个核心，二座堡垒，三大工程”党建工作机制，进一步构建并形成“1+1+3”的“党建 +”政治理论学习模式，即 1 次支部书记例会领学，1 次组织生活党员学，3 次政治理论大家学，有效落实党委领着支书学、支部带着教研室 / 科研机构 / 试验平台学、党员带着群众学的学习架构，使得学习开展得更规范、更有效，切实做到“因事而化、因时而进、因势而新”。

1. 找准政治理论学习与业务工作的结合点，构筑“党支部 + 教研室 / 科研机构 / 试验平台”多平台联动互通的学习结构

汽车学院坚持以党的政治建设为统领，紧密结合业务工作，将教工党支部建在教研室、科研机构与试验平台上。同时，以领导班子、教工支部书记、教研室主任为学习带头人，以党支部为学习联结点和核心承载体，联动协同学院教研室、科研机构与试验平台，设置 6 个政治理论学习小组，实现教职工政治理论学习全员覆盖。各政治理论小组以组内教职工学科相似性为切入点，将理论学习与业务工作相结合，有针对性地设计、推进各项学习工作和任务，使广大教师切实感受政治理论学习的过程就是革新工作理念、推进工作进展的过程，有效防止理论学习与业务工作“两张皮”的现象。

2. 抓好政治理论学习内容的基本主线，突出“党的政治理论 + 专业 / 业务专题”规定与自选内容相互支撑的学习路径

学院党委按照学校的整体部署，围绕校院中心工作，结合学院各类学习平台及资源，形成每学期 17 周学习规划，使政治理论学习有计划、有安排。在院党委统一部署下，教职工政治理论学习小组每月开展 4 次政治理论学习，以“2+2”规定加自选的方式落实。同时，学院党委根据学校下发的指导意见拟定学习计划，每月统一制作组织生活和政治理论学习课件，组织支部书记在教工支部书记例会上集体备课，要求支部落实规定学习任务，即每月至少开展一次全体教职工集中理论学习和至少开展一次党员组织生活。规定学习任务紧密结合习近平新时代中国特色社会主义思想、形势政策、法纪教育、廉洁教育、社会主义核心价值观教育、师德师风教育等内容，为教职工开展日常工作提供思想基础和精神动力。同时，学院坚持“贴近教师、贴近实际、贴近需求”的原则，为各支部和政治理论学习小组提供丰富的专业、业务专题学习和实践机会，如国家自然科学基金申报经验交流、教研室教学方法研讨、专业学术前沿分享等，各支部可以在专题中自主选择安排 2 次学习。“2+2”的学习路径赋予了政治理论学习小组更大的自主权，实现了学习的双向选择与双向互动。

3. 拓宽政治理论学习形式的延伸面，打造“线下理论学习 + 实践探索 + 线上网络学习”多形式共同推进的“同车行”学习平台

充分利用每周二固定学习时间，“同车行”学习平台从政治理论学习“全面学”、党委特邀报告“重点学”、专业大师讲堂“深度学”三个层面精准开展线下政治理论学习活动。

政治理论学习师生共同参与“全面学”。倡导教工党支部与学生党支部结对共建，促进各专业教工党员及党支部在教学科研中有针对性地参与大学生的培养和思想政治教育工作。学院每周二中午在“科技 · 艺术 · 人文”风采展示厅组织师生联合开展“同车行”政治理论学习。学习针对不同阶段的理论学习要点，组织师生联合选题，党员骨干主讲，全体参与者互动讨论，运用视频、案例等多样化展示手段，促进师生碰撞思想。

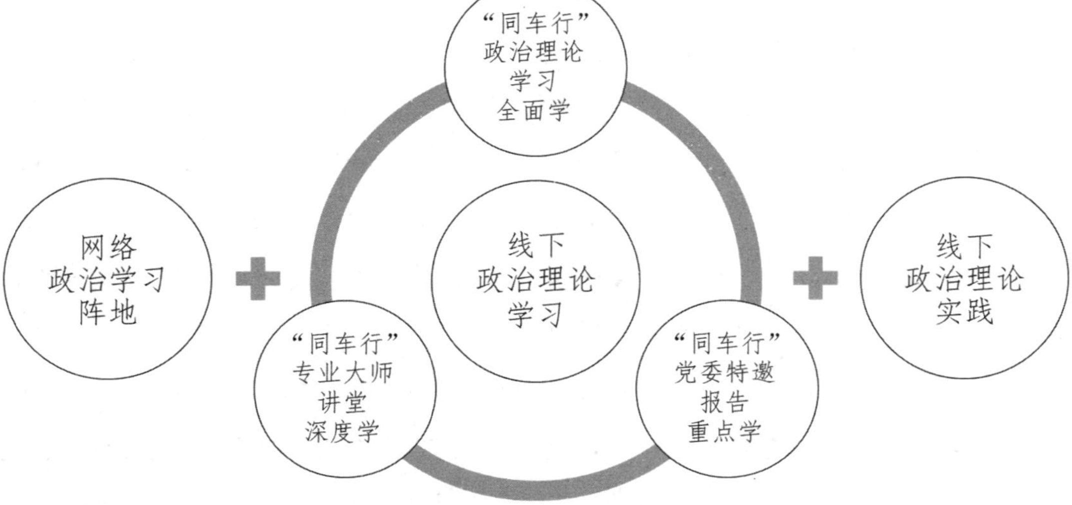

"同车行"学习平台

"同车行"政治理论学习现场

截至 2023 年 6 月，"同车行"思想理论学习已开展 103 期，内容既包括学习党的二十大精神、《中国共产党章程》等内容，也包括燃料电池汽车空气供应系统前沿分享、新能源汽车分布式驱动技术简析、汽车再生制动技术简述等科技前沿类分享。专业教师与学生共学共建、感悟初心，厚植理想信念，在交流与互动中提升专业素养与思想理论水平，做到教师带领学、学生主导学、师生共同参与"全面学"。

党委特邀报告专家要点解读"重点学"。结合国内外形势与时事热点，学院每年邀请专家学者开展至少 4 次"同车行"报告，截至 2023 年 5 月已举办 51 期，曾邀请中国井冈山干部学院原副院长、井冈山大学原校长张泰城，上海东方讲坛讲师陈荣武，上海市委党校机关党委副书记李敦瑞，上海戏剧学院院长黄昌勇等专家学者围绕党的十九大

部分“同车行”党委特邀报告宣传海报及现场照

精神、党的二十大精神、“四史”、文化自信内容作主题报告，使理论学习更深入、更透彻、更全面。

专业大师讲堂行业前瞻“深度学”。大师讲堂由学生和教师共同参与、共同学习，作为教职工政治理论学习的“选修课”，各学习小组可根据讲座内容和方向安排老师参加学习，确保政治理论学习与业务学习并举。活用专业资源，学院每学期邀请10余名企业、学会、行业大师开展学术前沿讲座，实现理论学习和生产实践的高度结合。截至2023年6月，学院已开展77场次专业大师讲堂，为学院师生作学术前沿报告，实现思

部分“同车行”专业大师讲堂宣传海报及现场照

“同车行”线下政治理论实践平台

想引领与专业教育相结合、课堂知识与行业前沿相结合。

基于“同车行”线下政治理论实践平台，学院组织多场爱国主义教育主题观影活动，开展赴井冈山等地的学习教育实践活动，组织教职工走出校门，参观红色景点、寻访时代发展成果，在参观访学中加深对理论知识的认知和理解。巧用、用好网络平台，学院打造“同车行”网上理论学习阵地，打破时空限制，达到“学习内容推送及时、学习方式灵活多样”的效果。

“同车行”学习平台的建设让教职工在参与和互动中提高了理论学习兴趣，使教职工实现了由“被动学”向“主动学”“乐于学”的转变，做到“真学”“真懂”“真信”“真用”。

4. 探索政治理论学习的保障体系，形成“制度 + 示范”的学习管理体系

根据学校要求，学院先后制定了《中共同济大学汽车学院委员会关于加强教职工政治理论学习的实施办法》《同济大学汽车学院党支部考核办法》《同济大学汽车学院博士后管理办法（试行）》等文件，明确了教职工参与政治理论学习的频次要求和请假制度。办法规定，教师请假后要按照要求及时提交学习心得和体会，确保教师理论学习全覆盖、不掉队；政治理论学习情况纳入个人、支部年度考核和评奖评优体系，用制度保障学习教育，体现约束寓于平常。学院每月教工党支部例会通报教职工政治理论学习参与情况，学院党委以支部自查自纠、支部间座谈交流、纪委记录检查等方式进行促学、督查，使学习有指导、有管理、有反馈。此外，通过《同济大学汽车学院领导干部管理

投入情况考核办法》规范学院领导参与党支部学习、上党课制度，积极发挥党员领导干部在理论学习方面的示范带头作用。

三、建设成效

“党建+”教职工政治理论学习模式理顺了教职工政治理论学习的机制，明确了学习的负责人、实施人，在一定程度上避免了“学校发通知，学院难落实”现象。同时，“党支部+教研室/科研机构/试验平台”的模式可以迅速抓住教职工群体的“最大公约数”，找准学习内容的关键点，确保学习的精准性，提升学习实效。

“党建+”教职工政治理论学习模式实现了学习方式从“务虚”到“务实”的转变，有效解决了学习流于形式、走过场的问题，突出了学习互动，理论与实务的结合让教职工对政治理论“知其然”，更“知其所以然”，让政治理论学习变成教职工的一种内在需求，成为教职工与学习内容的双向选择。

“党建+”教职工政治理论学习模式实现了学习平台从“星罗棋布”到“思则有备”的转变，整合了学院内学习平台和资源，形成了学院“同车行”系列学习的品牌典型。以类别丰富、层次清晰的特色活动增强了学习教育的感染力、吸引力，变“被动式学习”为“主动想学习”。

“党建+”教职工政治理论学习模式实现了学习制度从“抽象笼统”到“发力管用”的转变。严格实行教职工学习考勤制度，支部书记作为责任人做好学习记录，确保学习时间、内容、人员、效果“四落实”。将教职工参与学习情况纳入年度考核和评奖评优体系，让制度转为政治理论学习的效能。发挥好“关键少数”的示范带头作用，推动学院领导干部带头遵规、守规，模范参与教职工政治理论学习过程。

四、工作启示

理论坚定是政治坚定的基础，讲政治必须懂政治，懂政治就要学习理论。作为高校教师，只有加强政治理论学习，才能保持政治上的清醒和坚定，才能适应新情况，解决新问题，从根本上提高自身素质。教职工政治理论学习是教职工接受思想政治教育的过程，对推进高校思想政治工作具有现实而长远的意义。

二级学院需要就从机制、方式、平台、制度等各个角度提升教职工政治理论学习效果进行深入思考，充分发挥教工党支部、学院各级平台资源、制度建设的优势，坚持党建引领，切实提高教职工的政治理论素养，增强“四个认同”、坚定“四个自信”，推进新时代高校思想政治工作。

多措并举，着力提升高校教师政治理论水平

航空航天与力学学院

一、案例背景

党的十八大以来，以习近平同志为核心的党中央高度重视教育事业在坚持和发展中国特色社会主义战略全局的地位和作用，把教育摆在优先发展的战略位置，习近平总书记强调，要学以立德、学以增智、学以创业。教师作为教育者，承担着教书育人、立德树人的神圣使命和责任，只有通过学习不断坚定理想信念，成为先进思想文化的传播者、党执政的坚定支持者，才能更好肩负起新时代学生健康成长指导者和引路人的责任。完善党员教师理论学习机制和吸引高知群体青年教师入党已成为高校党建工作的重要任务，这对党巩固执政地位、扩大群众基础，学校长远发展具有重要意义。

二、具体做法

1. 教师政治理论学习教育制度化设计

航空航天与力学学院党委按照校党委的统一安排和部署，通过建立规章制度、建立教学团队、精心组织学习、严格检查考核，形成了以《关于加强师德师风建设实施办法》《教职工理论业务学习管理办法》为主体的制度体系；以全院教师集中学习与教学团队、党支部分组学习相结合，每周一次学习、每学期一次研判、每季度一次检查为主体的学习教育组织体系；以支部评议、党委考核为主体的考核体系。

（1）夯实政治理论学习与业务学习融会贯通。根据学校教职工政治理论学习要求，学院制定《教职工理论业务学习管理办法》，规定每周二下午为教职工理论业务学习时间。结合学院实际情况和工作需要，每月第一周周二下午进行全院教师集中政治理论业务学习；每月第二周、第四周周二下午进行团队理论业务学习；每月第三周周二下午进行党支部学习，并明确了相应的组织主体、负责人、学习内容、签到请假制度、考核制度等，为教师政治理论学习规范化提供了制度保障。

（2）学院制定《关于加强师德师风建设实施办法》。规定学院党委每学期对教师思想政治和师德师风进行研判；每年年初，学院制定《党委会讨论重大事项计划》，将教职工思想政治和师德师风研判、教职工政治理论业务学习情况纳入党委讨论研究的重大事项固定下来，每学期总结并研判教师思想政治和师德师风状况，每季度向党委会报告教师政治理论业务学习开展情况。

2. 优化学习组织方式，精心设计学习内容

（1）每年初，学院制定《党委理论学习中心组学习细则》《中心组学习计划》，在认真学习习近平新时代中国特色社会主义思想、习近平总书记关于教育的重要论述等内容的同时，还结合工作实际，学习学科规划、交通强国等方面的内容。

（2）每月一次的全体教职工政治理论集中学习，注重提高教师对立德树人根本任务的全面理解，除了学习党的新理论及上级单位的新要求外，还注重发挥校内外专家的

作用，结合学院工作需要，着重开展全面从严治党、党风廉政、意识形态、师德师风、安全生产、“三全育人”等方面的学习教育。如在师德师风方面，邀请专家开展“马克思主义与高校教书育人的使命担当”“加强师德师风建设，落实立德树人根本任务”讲座；在“三全育人”方面，邀请专家开展“坚持立德树人，探索新时代学生成长路径”“凝心聚力，推动学校‘三全育人’试点工作落实”“教学实践体会”“爱岗敬业，勇于创新——成长的思考”等讲座。

（3）每月两次的团队学习一方面参照《教职工政治理论学习指导意见》内容开展学习体会交流，分散学习注重加强教师对新思想学习的交流和业务研讨；另一方面结合业务开展教学、科研工作研讨。如固体与结构力学团队、复合材料结构设计与制造团队、力学实验中心团队等交流线上教学经验。每月一次的支部组织生活一方面参照《同济大学基层党支部组织生活指导意见》内容开展学习体会交流，另一方面研究发挥党组织作用推动中心工作。如学院教工第一党支部组织基础力学部教师参与“给力加油站”，为学生义务补课；学院教工第三党支部和中国商飞开展共建，推动校企协同育人，协同科研。

3. 规范教职工理论学习落实制度

为了把教职工政治理论业务学习落到实处，学院规范了各个层次学习的记录要求，加强了对学习的检查、汇报、总结、反馈、考核，形成理论学习落实闭环。

制作报告表，督促党员领导干部和党支部开展学习教育。规范全院教师集中学习记录。每月全体教职工集中学习实行签到制度，并将签到表、学习课件及时归档。制作《党员领导干部履行党建责任情况报告表》，其中包括领导干部上党课情况、参加所在支部和联系支部组织生活情况、联系高层次人才开展政治引领情况等，提醒督促党员领导干部充分发挥示范带头作用。制作《支部组织生活开展情况报告表》，其中包括党支部每月组织开展政治理论学习情况等，充分发挥支部学习组织作用。学院每季度组织检查团队《教职工理论业务学习记录册》，由分管师德师风的副院长向党委会汇报团队政治理论业务学习情况。学院党委每年向基层单位通报教师政治理论学习参与情况，组织未按规定完成理论学习的教师及时补课。严格开展师德师风考核。教工党支部集体逐一讨论思想政治和教师师德师风情况，并向党委提交书面考核意见，学院师德师风考核小组集体讨论考核结果。

4. 强化教师理想信念教育

强化教师思想政治“必修课”。将党史学习教育作为广大教师思想政治“必修课”，强化党史学习教育，引导广大教师学史明理、学史增信、学史崇德、学史力行。利用周二下午学习时间，组织青年教师开展丰富多彩的学习教育活动，引导教师知史爱党、知史爱国；鼓励教师为学生讲党史、与学生一起学党史，把党史内容作为课程思政的重要素材有机融入课堂教学。组织青年教师参观龙华烈士陵园，开展“缅怀先烈学党史，扬帆前行勇担当”红色诗歌朗诵会；组织广大教师参加“航天强国、航空报国”系列报告，将航天强国、航空报国精神与专业教育相结合；开展“百年伟业，百年树人”系列青年教师讲课比赛，除传统讲课比赛的评价标准外，特别关注课程思政方面的内容。

5. 加强校企联动，“浸入式”党课学习

组织优秀教师到航空航天企业参观交流，如参观中国航发商发梦想展示厅和上海飞机设计研究院，深入了解航空航天企业在党中央决策部署下，推进航空工业体制改革，解决国家“卡脖子”难题，实现航空发动机及燃气轮机自主研发和制造生产。

本着共谋发展、资源共享、优势互补的原则，开展多渠道、多层次、多形式的支部共建活动，加强双方党支部组织能力建设，促进科学研究、技术攻关，推动“联合育人，联合攻关”机制，以支部学习带动理论学习，以党建引领校企联动，更好地服务国家和社会发展大局。

学院教工参观中国航发中国自主研发发动机芯

三、建设成效

2018年以来，学院教师政治素质、精神面貌、师德师风、育人意识、育人能力得到了较大提升，教工第一党支部获评全国样板党支部，1人获“宝钢优秀教师特等奖提名奖”、2人获“全国徐芝纶力学优秀教师奖”、1人获评“全国侨联系统先进个人”、1人获评上海市优秀党务工作者、1人获评同济大学优秀党务工作者、1人获评“上海市教卫工作党委系统优秀共产党员”、1人获评“上海市巾帼建功标兵”、1人获“上海市育才奖”、4人获评“同济大学名课优师”、3人获评“同济大学师德师风优秀教师（及提名奖）”、2人获评“同济大学优秀学生思想政治工作者”。

学院创新教师政治引领工作机制，不断规范教师政治理论学习制度，探索党建工作新举措，充分发挥党委的政治核心作用，做到思想上主动引导、工作上创造条件、生活上关心照顾，持续加强教师思想引领和优秀人才政治吸纳工作，取得了良好成效。2018—2023年，学院有12名优秀教师提交了入党申请书（含1名86岁的退休教师），其中7人已经发展为正式/预备党员。

四、工作启示

新时代背景下，学院承担着对接航空航天国家战略和上海航空航天产业布局及人才培养输出的各项工作，学院以立德树人为根本目标，不断总结提炼，获得以下两方面的启示。

1. 强化制度建设，筑牢教师政治理论学习的保障机制

通过规范制度落实，加强全过程考核，形成政治理论学习闭环管理。让政治理论学习从“软任务”变成“硬约束”，让教师日常学习从“自在”变为“自觉”。把政治理论学习的内容作为主体、形式和考核作为两翼，增强政治理论学习的吸引力和实效性，提高政治理论学习的质量，确保教师在教育教学工作中顺利有效地开展思想政治教育活动。

2. 创新学习形式，提升教师政治理论学习的参与度

将政治理论学习融入“大思政”育人体系之中，融入教师专业学科建设过程之中，融入教师社会实践活动之中，融入理想信念教育活动之中，进而提升教师的参与度，达到“润物细无声”、长期、深入的教育效果，促进教师落实立德树人根本任务，切实把理想信念融入教书育人的全过程、全方位，形成“三全育人”新格局。

以“点线面”实践推动教师思想政治建设

环境科学与工程学院

一、案例背景

2021年是中国共产党成立100周年，习近平总书记在党史学习教育动员大会上发表重要讲话时强调：“在庆祝我们党百年华诞的重大时刻，在‘两个一百年’奋斗目标历史交汇的关键节点，在全党集中开展党史学习教育，正当其时，十分必要。”因此，在高校扎实推进和高质量开展党史学习教育，是高校党委的重要政治任务，也是高校全面贯彻党的战略部署、将立德树人根本任务落在实处的关键抓手。教师团队应该成为高校开展党史学习教育的重要主体，如何将党史学习教育融入高校教师思想政治工作，是当前一项值得深入思考的课题。

同济大学始终把开展党史学习教育作为一项重大政治任务，引导全校师生树立正确党史观，加强党史理论研究和阐释，不断创新党史学习教育的方法手段。环境科学与工程学院以党史学习教育为重点，通过理论与实际相结合（党史学习教育内容与现实相对照）、阅读与思考相结合（将学习成果运用到具体实践）、研究与讨论相结合的主要方式，提高教师队伍的思想理论水平，坚定教师队伍不忘初心、艰苦奋斗的理想信念与为党育人、为国育才的必胜信心。

二、具体做法

环境科学与工程学院党委以庆祝中国共产党建党 100 周年为契机，以党史学习教育为核心，采取“点线面”相结合的学习教育模式，以切实提升专业教师思想政治工作的广泛性、针对性和有效性，将教师队伍思想政治工作落到实处，全面提升教师思想政治素质和职业道德水平。具体做法框架图如图 1 所示。

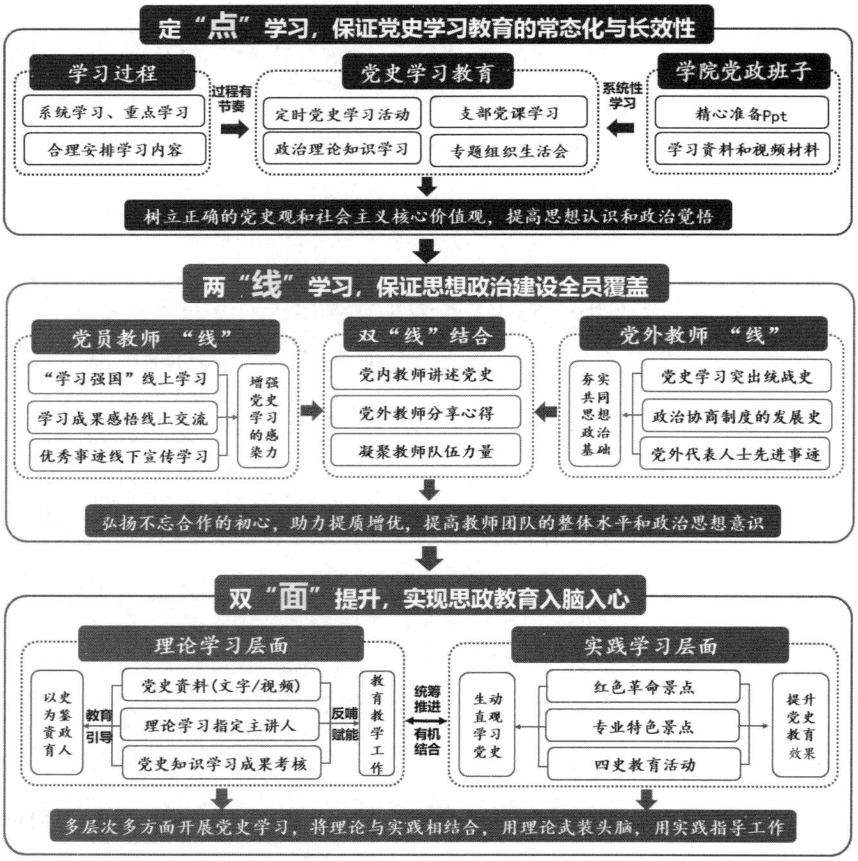

“点线面”结合的学习教育模式

1. 定“点”学习，实现党史学习教育常态化和长效化

历史是最好的教科书，也是最好的清醒剂。习近平总书记在党史学习教育动员大会上指出：“要树立正确党史观。要坚持以我们党关于历史问题的两个决议和党中央有关精神为依据，准确把握党的历史发展的主题主线、主流本质，正确认识和科学评价党史上的重大事件、重要会议、重要人物。”党史学习教育是高校立德树人的重要环节，是教师队伍思想政治工作的重要组成部分，立足正确的党史观并由此加强教师团队思想政治工作是高校党史学习教育需要把握的根本问题。而定“点”学习，才能保证党史学习教育常态化和长效化。

定“点”学习的具体方式主要表现为，学院教师固定周二下午学习时间开展系统性的党史学习教育活动，具体开展形式包括学习党史上的重大事件、会议及人物；进行政治理论知识学习（包括学习党的理论思想及近期党中央的有关决议文件、政策和重要会议精神）；开展党史学习教育专题组织生活会；支部党课学习等。

教师每周提前预留时间，提升学习参与度；党支部精心准备 PPT、学习资料和视频材料，提升教师学习党史的效果。学习过程采用“系统学习”和“重点学习”的方式，合理安排党史学习教育内容，保证学习有节奏地持续进行。

党史学习教育专题生活会

2. 两“线”学习，实现党史学习教育全员覆盖

中国共产党党史是党领导全国各族人民进行革命、建设和改革的发展历程，也是各民主党派、无党派人士团结合作、共同奋斗的史实记载。在教师队伍中开展思想政治工作与党史学习教育，不仅要针对党员教师，也要涉及民主党派教师和普通群众。虽然是两条针对不同学习对象的主线，但是在开展工作中不能孤立地认为这两条“线”完全平行，二者应互有特色和针对性，且存在相通之处。

针对党员教师这条“线”，要用好学习强国平台，这是保证党员教师党性教育的有力抓手和关键一招。首先，学院鼓励党员教师利用碎片化的时间每日学习、每日悟党史，从“线上”和“线下”两个方面增强党史学习教育的感染力。教师党员不定期在党支部微信群交流在学习强国平台学习的成果与感悟，保证学习不流于形式，从而提高学习质量。同时在线下挖掘学院优秀教师事迹，扩大宣传。

针对党外教师这条“线”，在党史学习教育内容方面突出统一战线史，聚焦多党合作和政治协商制度的发展史，从中汲取砥砺前行的力量，帮助党外教师传承好弘扬好老一辈党外人士的政治理念和高尚情操，不断夯实与中国共产党的共同思想政治基础。如集中观看《建国大业》等视频资料，聚焦和了解中华人民共和国成立前后中国共产党在多党合作领域的具体工作和历史事件，同时广泛利用微信公众号等网络信息化宣传手段，加强党史学习教育的宣传，提高党外教师的思想觉悟。

党内党外教师双“线”结合，通过召开党外教师座谈会，倾听和听取党外教师对学院发展的意见建议，促进交流，巩固统一战线。通过组织优秀党员教师代表为党外教师讲党史，提高了党外教师的思想政治理论水平，极大地促进了教师团结，保证了思想政治建设工作的全员覆盖。

3. 双“面”提升，实现思政教育入脑入心

指导教师多层次多方面开展党史学习教育，特别是将理论与实践相结合，用理论武装头脑，用实践指导工作。

（1）选定系统的党史学习教育材料进行理论知识学习

学院党委将《习近平总书记关于党的历史的重要论述》《中国共产党简史》《论中国共产党历史》《习近平新时代中国特色社会主义思想学习问答》和《毛泽东邓小平江泽民胡锦涛关于中国共产党历史论述摘编》等重要文献列为党史必学资料，制定支部相应的配套理论学习方案，每周理论学习提前指定主讲人和学习的具体内容，考核党史知识学习成果等，结合党史知识介绍，教师发表感悟，互相交流，让党史理论学习系统深入不流于形式。

（2）利用丰富的视频资料加强理论学习

在每周固定的政治理论学习时间，学院党支部都会提前针对本周的党史学习教育内容搜集和准备相应的照片和视频学习材料（包括纪录片、影视片在内的各类视频资源），在理论知识的学习交流讨论结束后会集中观看这些流媒体资料，能够更加深入地学习和掌握党史知识，有效还原所学知识的历史背景、历史细节等特征，使得理论知识学习活动更加生动活泼。

（3）参观红色景点，重温红色故事，追寻党的辉煌历程

学院党员教师参观了杨浦滨江党史学习教育党课路线、四行仓库、《新青年》编辑部旧址和中共二大会址纪念馆等红色景点。在杨浦滨江，全体教师党员边看边听边体会，感受百年工业遗存，增强了对杨浦滨江历史的认识，表示要从此次“四史”教育中汲取养分，传承红色力量，在自己的岗位上，争当人民城市建设的标杆。在中共二大会址纪念馆，教师们生动直观地感受到了中国共产党初创时期的艰辛历程，也体会到了共产党人的初心与使命。

（4）开展联合党日活动和专业特色支部交流，将学科交流和党史学习教育有机融合

学院党支部联合嘉兴同济环境研究院党支部、研究生第十四党支部和第二十党支部前往嘉兴同济环境研究院和嘉兴南湖红色教育基地开展主题为“寻红船、忆党史、品初心”的联合党日活动，参观了同济嘉兴环境研究院，了解了研究院从无到有的发展历程及校地合作的发展成果。开展主题党日研讨会和嘉兴南湖中共“一大”会址参观学习，让师生们深刻感悟了老一辈无产阶级革命家的革命精神，纷纷表示要以“红船精神”为

“不忘初心、红色启航，追忆百年杨浦”主题党日活动

赴中共二大会址纪念馆参观学习

指引，不忘初心，艰苦奋斗，踏实工作，为党的百年华诞献礼。

学院党支部和海洋与地球科学学院教工第三党支部开展联合活动，支部党员及部分教师代表前往海洋与地球科学学院临港基地参观交流，参观“国家海底科学观测网”大科学工程项目基地及海洋地质国家重点实验室，并与海洋与地球科学学院临港基地的教

“寻红船、忆党史、品初心”活动

师座谈。海底科学观测系统项目组人员为大家系统介绍了国家海底科学观测网的设计思路和进展，带领教师参观了海底基站装置、仪器压力测试平台、监测数据中心等。随后，海洋与地球科学学院的教师还带领大家参观了海洋地质国家重点实验室，介绍了各类仪器设备的特点及交叉应用前景。来自两个学院的教师围绕长三角环境可持续发展这一主题开展座谈讨论。教师们表示，国家海底科学观测网建成后将成为海岸海洋研究的国之利器，未来将围绕长江三角洲区域及东海生态环境保护，加强跨学科交叉合作，服务我国海洋强国战略和长江大保护战略需求。

环境科学系党支部与海洋与地球科学学院教工第三党支部开展联合党日活动

三、建设成效

通过上述多途径、多角度的党史学习教育，教师充分认识到中国共产党党史是我们党和国家的宝贵财富，强化了理论武装，锤炼了党性修养，提升了能力素质，更加深刻地认识了党，更加明确了扎根祖国大地努力奋斗的目标，更加坚定了永远跟党走的决心。定“点”学习的常态化开展，不仅使教师加强了理论学习、厚实了理论功底，而且使教师从党史中汲取精华，弘扬理论联系实际学风，紧密联系思想和工作实际，把研究解决问题作为学习的着眼点，树立了正确的党史观和社会主义核心价值观，提高了思想认识和政治觉悟。党内党外教师双“线”结合，极大地促进了党内外教师的交流和团结，凝聚了教师队伍力量，弘扬了不忘合作的初心，保证了思想政治建设工作的全员覆盖，进一步筑牢学院的统一战线。

实践是理论的本源，理论的价值在于指导实践。推动理论与实践相互结合，一直是我们党的优良传统。通过理论学习，用党史学习教育内容武装教师头脑，帮助教师从历史中汲取智慧，从而反哺赋能教育教学工作全过程，教育引导教师明白历史真理和科学真理、增强信仰信念信心、崇尚优良传统美德，以史为鉴资政育人。通过实践学习层面，加强党史发生地的实地参观学习，增强党史学习教育对教师的视觉冲击，使得党史学习教育更加生动直观，让教师深切感受到党的光辉历程，从而全方位多角度地提升党史学习教育的成效。联合党日活动和专业特色支部交流活动的开展，将学科交流和党史学习教育有机融合，不仅实现了不同学院在知识和专业上的互联互通，而且极大鼓舞了广大教师扎根中国大地干事创业的决心。

四、工作启示

教师队伍的思想政治建设是高校思想政治建设工作的重要组成部分，是教育健康持续发展的生命线，直接关系到学生培养和健康成长，关系到国家的前途和民族的未来。环境科学与工程学院通过此次党史学习教育的实践，得到以下三点启示。

1. 加强组织领导，形成工作合力

教师思想政治工作需要形成合力，在校院两级党委的统一领导下，形成党政齐抓齐管、部门分工合作、院系具体落实、教师自我约束的工作机制。对教师的工作成绩评价需要设立师风师德与思政教育专项模块，搭建起教师职业全方位发展体系。如将加强和改进教师思想政治工作纳入年度计划、院系评估、党建述职和支部评议等环节，积极推动各部门各基层落实。

2. 常态组织学习，夯实学习成果

理论知识学习是教师思想政治工作的最基本方面，建议制定详细的教职工政治理论学习实施办法，明确各党支部的主体责任，对参加学习的数量和内容提出具体要求并完善监督管理机制，落实责任到人，将每名教师的政治理论学习进度与成果实体化。同时要对不同群体开展针对性的多样化专题培训，组织教师赴革命老区、改革开放前沿（如

浦东新区）等地调研，丰富党的理论知识体系。

3. 创新基层党建，强化支部作用

明确教师党支部在教师队伍建设中的政治把关和师德把关要求，强化党支部团结、带领、教育、服务全体教职工的作用，将党支部政治责任纳入院系党建工作责任体系。要做好对教师党支部书记和支部委员的培养与培育工作，全面提升其综合素质。加强学院党委与各党支部的协同交流与联系，加大对基层党建工作的创新发展的支持力度，为各支部完善发展提供强有力的支撑。

勇担外语学科新使命，开拓教师思政新路径

外国语学院

一、案例背景

习近平总书记在全国高校思想政治会议上指出，“教师是人类灵魂的工程师，承担着神圣使命”“高校立身之本在于立德树人”。为全面加强学院教师思想政治工作，外国语学院党委以习近平总书记关于教育的重要论述和全国高校思想政治工作会议、全国教育大会精神为行动纲领，以《中共中央 国务院关于全面深化新时代教师队伍建设改革的意见》《关于加强和改进新时代师德师风建设的意见》为行动指南，将教师思想政治工作始终贯穿于立德树人、培养人才等核心工作中，铸魂强基、凝心聚力，勇担外语学科使命，开拓教师思政工作新路径。

新时代背景下，外语学科承担着对接国家战略和社会需求的新使命，要求教师将思想政治引领与立德树人紧密结合起来，把服务国家战略、对接社会需求落实到学术研究与教书育人的全过程。外国语学院立足学科优势，打造外国语学院特色，将教学与科研、专业教育与思政育人相结合，搭建多个平台，打造教师思想政治工作新阵地，全面加强

学院教师思想政治工作，基本形成了“服务高素质国际化人才培养的TOP模式：同济大学卓越外语师资培育制度体系”，形成了可复制、可推广的工作机制和典型经验。

二、具体做法

外国语学院在教师思政工作中形成了“学院党委领导，教师党支部、教研室协作”的中心保障、“新老融合的老教师带新教师与师生融合的教学相长”的融合机制、“多个研究中心、‘三全育人’试点学院和特殊人群话语研究”的多维平台抓手。

1. 一个中心保障，承担立德树人首要责任

学院党委全面领导学院各项工作，以立德树人为根本目标，切实承担起师生群体思政工作的主体责任，尤其要抓好教师的思想政治建设工作，形成了“学院党委领导，教师党支部、教研室协作”的中心保障机制。学院高度重视党支部的建设工作，加强对教工党支部工作机制的建设，提高党支部书记的思想政治理论素养。学院通过课程思政建设、教研室集体备课研讨等方式有效提升了教师通过课程思政实现育人的能力，在课堂教学中融入了中国立场、中国情怀及中国素养教育内容，利用课堂教学主渠道实现思想政治工作的契合，创新教师思想政治工作形式，提升教师思想政治工作的时效性。

2. 两个融合机制，勇担外语学科新使命

（1）新老融合的老教师带新教师机制

2018—2023年，学院为使新进教师早日适应岗位，成为学院的中坚力量，建立以老带新、新老融合的新教师培养模式，充分发挥老教师优势，从教学模式、方法、技巧和学生引导等方面指导新教师，从而使教师队伍结构合理、梯队有序，有利于学院优质教育的长期发展，持续培养外语学科专业人才。

（2）师生融合的教学相长机制

学院基于教师专业发展的特殊规律，建立师生融合的教学相长机制，在师生间的交

往互动中，导师汲取学生身上的禀赋特质，进行积极的反思和持续的建构，从而实现在学生自身专业发展的同时促进、推动甚至鞭策教师的专业发展，建构“师生共生”的教师专业发展模式。

3. 多维平台抓手，开拓教师思政新路径

学院立足学科优势，打造外院特色，将教学与科研、专业教育与思政教育相结合，促进教研相长、协同育人。组建“中华文化外译与国际传播”团队，投身国家翻译实践，服务中国文化话语的译介传播，推动跨语言技术传播；成立马克思恩格斯德文原著教学与研究中心，组建以德语、英语教师为主的教研团队，使专业教育与思政育人同向同行；对接“健康中国”的国家战略及老龄社会服务、儿童成长关爱等社会需求，开展健康及认知障碍老年人、自闭症儿童等特殊人群语言能力常模与障碍分类、多模态感知机制与言语交际、认知健康与语言治疗等方面的基础研究、应用研发与社会服务，开拓教师思想政治工作新路径。

（1）依托翻译传播研究平台，推动对外话语体系创新

外国语学院立足外语学科，依托教学及研究开展思政工作，引导教师提升对外话语传播的理论水平与实践能力。学院对接“精心构建对外话语体系”战略，践行“讲好中国故事”时代使命，着力建设中华文化国际传播基地，服务文化对外译介与国际传播，组织教师积极开展相关课题研究，在该过程中深化对国家对外话语战略、习近平新时代中国特色社会主义思想的理解；依托国家社科基金重大项目“中国特色对外话语体系在英语世界的译介与传播研究（1949—2019）”，开展系列对外话语体系构建的研究与实践；与经济日报报业集团共建了“中华文化国际传播基地”，双方合作推进的“中国文字丝路行”获批中宣部“中华传统文化‘走出去’重点项目”，活动被法国第一大报《费加罗报》详细报道，成为中国文化对外传播实现民心相通的实例；组建“中华文化外译与国际传播”团队，投身国家翻译实践，服务中国文化话语的译介传播，2019 年，团队 8 个项目入选国家社科基金中华学术外译项目（立项数量位居全国高校第二）。通过上述研究平台和研究项目相关工作的开展，教师的理论水平显著提升，并充分结合外语学科

学院开展师生红色革命文化国际传播实践活动

特色推动对外外语体系创新。

（2）依托马恩教研中心建设，推动课程思政知行合一

以落实高校立德树人为根本任务，充分履行在学校“双一流”学科建设及国际化人才培养中的责任，学院建立同济大学马克思恩格斯德文原著教学与研究中心，组建以德语、英语教师为主的教研团队，研读《共产党宣言》等马恩经典著作，开设“文学与哲学：《共产党宣言》”等特色思政课程，立足学院学科特点，切实发挥专业优势，依托课程思政建设，使专业教育与思政育人同向同行，促进教研相长、协同育人。该课程已成为高校课程思政标杆，获中央广播电视总台、《解放日报》和《文汇报》等媒体的高度赞誉，相关教师对马克思主义基本理论的理解进一步深入，并自觉将理解融入课堂教学与学术研究。

（3）依托特殊人群语言障碍研究优势，引导教师提供高质量社会服务

对接“健康中国”国家战略及老龄社会服务、儿童成长关爱等社会需求，引领教师结合语言学研究成果，积极对接国家战略与社会需求。学院积极推动产学研一体化建设，在语音障碍与感知机制研究、言语障碍数据库建设、言语障碍康复训练技术研发等方面产出一系列应用产品，包括研发各类特殊人群的语言能力测试与康复产品、修订中国老年人语言认知评估量表、开发方言版听觉口语测试系统、建设听障儿童言语发展语音库及老龄化与老年人话语语料库、开发语言认知自动评估系统等。其中，老龄化与老年语言学团队成立“拾忆”老年人语言认知障碍公益服务团队，定期开展认知障碍知识普及、评估筛查、认知康复等社会服务，荣获第六届中国青年志愿服务项目大赛全国金奖、第八届中国国际“互联网 +”大学生创新创业大赛上海市赛金奖、同济青年五四奖章（集体）、“上海市青年文明号”“上海市志愿服务先进集体”称号等；儿童语言认知障碍团队开展言语病理学和语音技术探索，参与上海养志康复医院、上海市第九人民医院听觉中心部分临床言语康复诊断及治疗工作，并为相关临床医师开展言语康复训练技术培训，与上海特教学校和幼儿园等单位合作，开展言语和语言问题咨询活动等。

三、建设成效

经过长时间的坚持，外国语学院教师思政工作成效显著，标杆榜样的正向激励效应已经形成，以立德树人为根本任务的思想理念深入人心，相关评价制度不断完善，教师思政素养评价体系更为科学。

1. 榜样与标杆建立，优秀教师思政工作正向激励效应已经形成

2018—2023 年，学院思政工作标志性奖项荣誉及建设成果不断涌现，先后有近 20 名教师获得“上海市育才奖”“同济大学师德师风优秀教师”“同济大学卓越研究生导学团队”“同济大学我心中的好导师”提名奖、“同济大学网络育人名师培育计划”等荣誉奖项，建立了标杆榜样的正向激励氛围，优秀教师的榜样示范作用已经形成。

2. 初心与方向明确，立德树人理念全面入脑入心见行

学院通过开展课程思政建设项目、集体备课研讨等方式有效提升了教师通过课程思政实现立德树人的能力，多次获批校级课程思政、名课优师精品项目；通过引导教师正确认识中国特色与国际比较，大力支持在教职工政治理论学习中融入中国立场、中国情怀及中国素养教育内容，专业教师立足外语学科传播中华文化、讲好中国故事的理念与实践已落到实处。学院教师探索以国际传播能力提升为导向的“大外语”实践育人模式，该模式入选同济大学“三全育人”综合改革示范案例，体现了学院教师立德树人理念全面入脑入心见行。

3. 评价制度不断完善，教师思政素养评价框架积极落实

学院凝练制度特色，发挥耦合效应，基本建立了“服务高素质国际化人才培养的TOP 模式：同济大学卓越外语师资培育制度体系”，制定《中共同济大学外国语学院党委师德建设实施细则》，完善教师思政评价框架，构建了学院、教师、学生、家长、校友和社会多方参与的师德师风及思政素养监督机制，充分发挥了各领域、全要素对师德行为的约束和警戒作用、对教师思政素养的提升作用；学院坚持“严管厚爱”，在“守底线”的基础上，不断“抬上线”，积极为教师联络各类能力素质培训、骨干能力培训，签订多个海外研修计划，为教师提供丰富、宽广、多维、多位的发展平台，引导教师在学思践悟中坚守师德、提升素养，在不断成长中弘扬师风，“政治强、业务精、纪律严、作风正”的新时代“四有”好老师评价标准全面落实。

四、工作启示

2018—2023 年，外国语学院围绕立德树人根本任务，立足外语特色，将教师思政和学科建设相结合，开拓教师思政新路径，实现了思政与专业结合，课堂与实践结合，党建与学科融合，全面提升了教师思想政治教育实效。相关工作启示如下。

学院组织开展多种形式的教师思政教育

1. 建立健全党建引领机制

做好教师思政工作的关键在于发挥党委核心作用。学院落实党的建设新要求，发挥党委三大主体责任，以高水平党建引领学科高质量发展；坚持党政领导联系支部制度，加强对高知群体的思想引领和政治吸纳。同时，坚持党建融合专业建设。教工党支部建在专业上，落实“双带头人”支部书记全覆盖；拓展“三会一课”教育内容和形式，加强党的建设和学科建设融合共进。

2. 基于协同育人加强教师思政

加强教师思政工作的最终落脚点是提高育人质量。学院坚持在育人过程中加强教师思政工作，把教师思政与全国“三全育人”综合改革试点工作和首批深化创新创业教育改革示范工作紧密结合起来，凸显相关教师的标杆作用；把教师思政工作融入教师开展的第二课堂教育，在实践中实现教学相长。

3. 完善教师思政工作评价体系与教学督导标准

学院坚持立德树人根本任务，在校院两级教学督导工作中凸显教师思政工作内涵，建立“学科、专业、课程责任岗位”三岗联动教学管理梯队，选拔思想政治素养水平高的教师加入；建立全方位“督”“导”并重的思政多元评价体系，充分发挥各领域、全要素对教师思政素养的引导教育、对教师实践行为的约束和警戒作用，从而提升教师的思政素养。

同济大学
1907
TONGJI UNIVERSITY

以社区为依托，开拓教师思政教育新平台

设计创意学院

一、案例背景

设计创意学院始终坚持为党育人，为国育才，以建设一流学院和学科为目标，落实立德树人根本任务，把思想政治工作贯穿教育教学全过程，面向国家战略需求和世界可持续发展，基于“领异标新、兼容并包、知行相资”理念，探索世界一流创新设计人才培养的中国路径。

2018—2023 年，学院师生走进社区，结合教学、科研、党建活动等与社区联动，持续推进与社区共建，以设计为创新驱动力，以微更新设计激活社区发展，形成了“三区联动”的创新人才培养生态。教师在校园和社区传播知识、思想的同时，带头践行社会主义核心价值观，深入了解党情、国情、社情、民情，在服务社会的实践中强化立德树人的育人理念。学院积极探索高校师德师风建设和思政教育工作新模式，打造新时代下以社区为依托的新兴教师思政教育平台。

二、具体做法

1. 设计落地社区，教师带头贡献同济智慧

新时代为教师的职业价值、社会角色定位赋予了新的内涵，教师肩负着塑造灵魂、塑造生命、塑造人的时代重任，是教育发展的第一资源，是国家富强、民族振兴、人民幸福的重要基石。学以致用，用专业所长服务社会、推动社会发展与变革，是大学的使命之一。学院 2015 年发起的“四平空间创生行动”，是学院推动师生走进社区，用知识反哺社会，用设计服务社区的一个典型，成为教师思政建设和价值引领的有力推手。

“四平空间创生行动”（Open Your Space，OYS）是学院联合四平路街道共同开展的项目，是结合中国城市发展现状，激活设计因子，关注设计如何作用于都市社区建成环境的研究实践。该项目以同济大学周边 3 平方公里的老旧新村和街道为主要服务对象，结合学院课程，积极参与改造、改建老旧公房生活环境，通过创意设计，将大学知识、人才等资源更多地向社区溢出，承担起大学“服务社会、推动社会发展与变革”的历史使命，为共创城市生态友好型社区贡献力量。

每一季的创生行动都是专业教学与社会公共服务结合的一次创新尝试。例如 2018 年的“邻里楼道空间再设计”，便是教师带领环境设计本科生及研究生开展的专业教学课题。这一课题用环境图形设计去激发邻里关系中各方的创意构想、发现邻里空间的痛点所在，提升邻里空间品质，打造集功能性、互动性、趣味性、参与性于一体的综合解决方案，促进社区居民关系更加融合，成为设计驱动社区参与社会创新的新尝试。

2019 年的“设计与协作型社区”教学课题依托“抚顺路社区睦邻中心广场”这一物理空间，使设计创意在这方寸之地发挥了神奇的作用，广场多功能休憩及娱乐设施迅速提升了街道和区域的识别性，更新后的广场把人们带回公共空间，社区中的人因为新的场所而联系在一起，使社区变得活络生动，居民也更有归属感。

项目开展以来，学院十多名教师一百多人次深入社区，用同济智慧贡献创新力量。从社区空间微更新到更多内容的植入，不断深化和升级，师生在社区中不断发现、探索，引发新的思考并进一步付诸行动，大学的知识溢出为社区带来环境变化，同时也激发了

四平空间创生行动第四季——“邻里楼道空间再设计”

四平空间创生行动第五季成果——新落成的抚顺路社区睦邻中心广场

抚顺路社区睦邻中心居民开放日，百余名居民参与，畅谈期待和需求

社区活力。

依托“四平空间创生行动”这一项目，学院教师进一步了解当下城市社区亟待改造升级，感受到城市的更新应从点滴做起、设计的介入能够为美好生活贡献力量，激发了教师以设计应对现实挑战的责任感与使命感，真正践行“人民城市人民建，人民城市为人民”。奉献社会的价值观在学院蔚然成风，教师在服务社区的同时也得到了磨练和成长。

2. 走下讲台走进社区，拓展教师育人新场域

2018 年，学院进一步推动与社区合作，开拓社区、校区、园区“三区联动”新格局，以教师团队为基础的设计课题和服务活动也从课堂走进社区，通过越来越多的设计实践和与社区的互动，对照上海市远景规划，学院提出 NICE2035 社会创新实践项目。NICE 意味着“美好生活”，NICE2035 意为面向 2035 年的“创新、创业、创造”美好三创社区。孵化 NICE2035 项目，孕育基于社区“设计驱动”的新经济，打造“环同济设计升级版”，服务上海科创中心建设，通过一系列扎根社区的“小而互联”的跨学科整合和逆向创新项目，推动大学的知识和资源溢出，创造新模式和新经济，使社区从创新链和产业链的末端走向前端。

四平路 1028 弄的 NICE2035 未来生活原型街经过与四平街道的共同努力，麻辣烫店变身“当代首饰与新文化中心”，垃圾房变身“同济大学—麻省理工学院上海城市科学实验室”。多年来“脏乱差”的街坊弄堂，随着 Neuni 材料实验室、FabO 中国数制工坊、感知机械臂实验室、声音实验室、同济大学阿斯顿·马丁拉共达 NICE2035 创新空间等多个实验室项目的落地，已成为 NICE2035“未来生活”的一个“原型”。在这里，音乐艺术家朱哲琴和学院联合创立的“声音 X 实验室”（Sound X Lab），让科学家和艺术家跨界合作，共同定义以声音为引擎的跨文化研究和社会公共应用实践；办公区域的空间可根据业主需要随时分割，员工坐得久了，桌子也可以跟着“站”起来，和员工一起“歇歇”……高科技、共享、人性化体验都是办公实验室的科学家们聚焦的关键词；在“新材料实验室”，入驻的设计师和工程师将在全球范围内精选超过一万种不同领域的新材料，并推进这些新材料在设计中的使用，为全球设计师提供灵感，继而缩短各领域研发团队的研发周期。

同济设计周期间“当代首饰与新文化中心”面向公众开展讲座

垃圾房改建成的同济大学—麻省理工学院上海城市科学实验室

在同济大学—麻省理工学院上海城市科学实验室里的“头脑风暴”

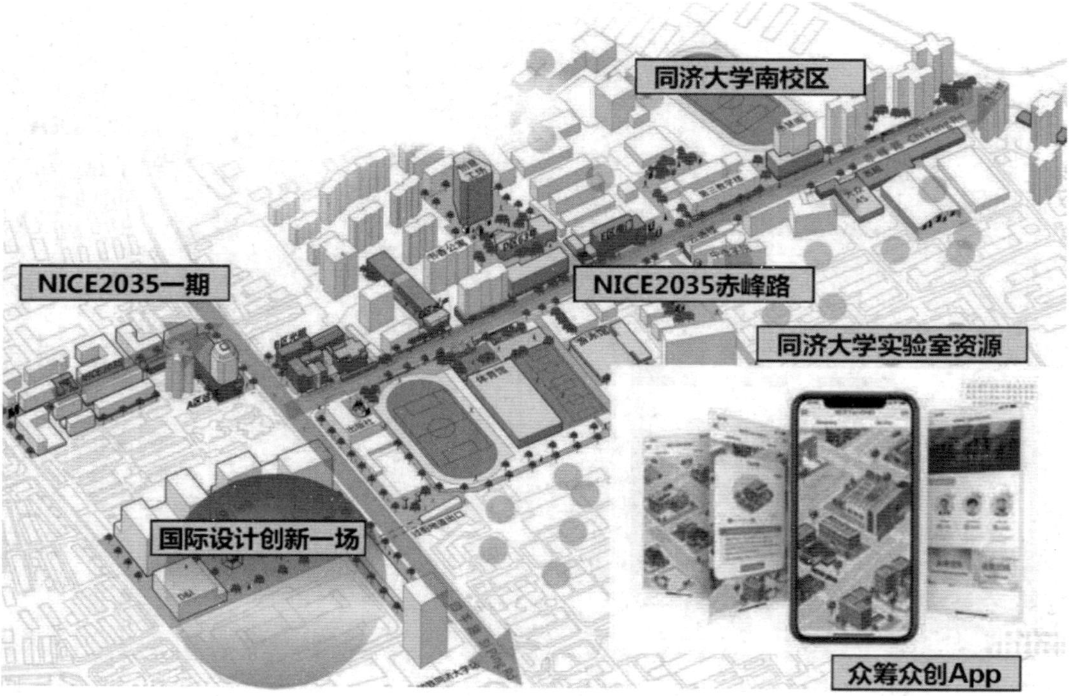

NICE2035 赤峰路段设计概念图

以这一原型为基础，赤峰路段也在2020年年底正式启动改造升级计划。这些与政府、产业共建的新型实验室，吸引了越来越多的科研团队和师生，越来越多的科研项目和创新创业项目也在社区里落地、生根。

学院前院长娄永琪教授一直以来深耕崇明的设计丰收，建立了城市客厅“NICE 好公社”，链接城乡各类资源，通过社群文化，积极推动城乡互动。

NICE2035 的创新模式，为高校与政府和企业的合作提供了新的载体，也激发了教师探索创新式教学的热情——教师们乐于将自己的课题、设计项目纳入新载体中创作、运行。

依托上述社区实践项目与社区新型实验室，教师教书育人的视野变得更加开阔，教学形式上也获得更多创新与创意的灵感，许多教师在教学上不再囿于课本，而是结合当下现实，积极探索符合时代发展的教育教学新模式，真正做到“潜心问道与关注社会相统一”。教师积极参与和推进“立体 T 型”人才培养“三区联动”模式探索，实现社区、

四平路1028弄的NICE2035未来生活原型街与NICE公社

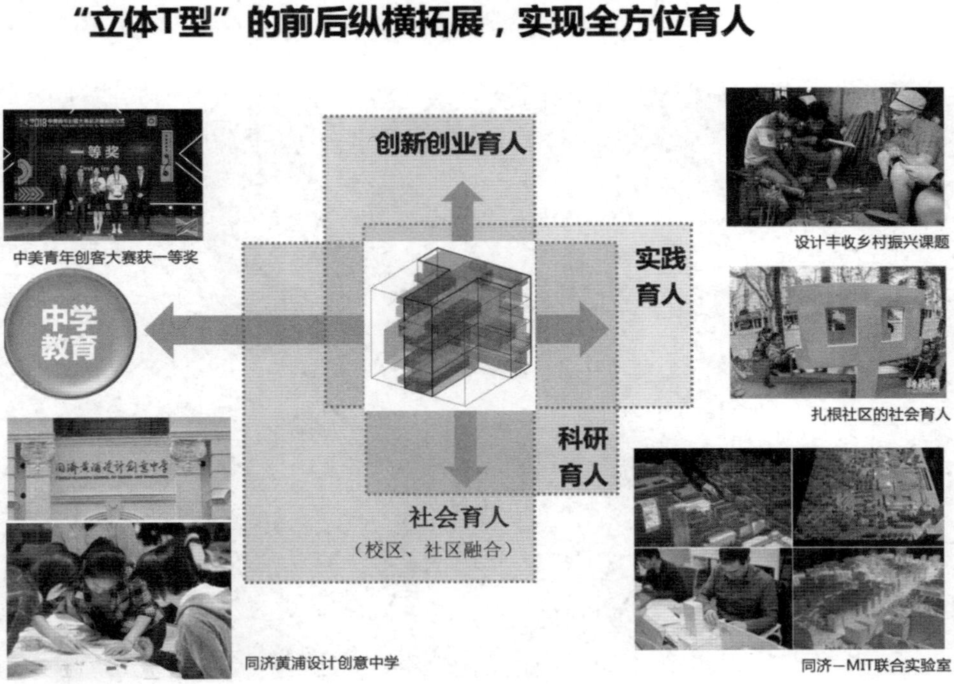

设计驱动的跨学科教学生态体系

园区、校区间的深度融合，培养国际化、跨学科、引领未来的具有创新创业精神和能力的创新人才。教师在用知识反哺社会的同时，也从社区这一创新源头汲取新的营养，自我更新知识的能力与意识不断增强。而深入社区的过程，也强化了教师对自我身份的认同，教师职业具有公共性、多角色性、示范性等特点，教师的影响不局限于教育教学活动，还有一定的社会公共影响。深入社区让教师有更强的意识：课堂内外皆为师，为人师表当在点点滴滴、举手投足之间，真正做到“言传与身教相统一”。

3. 阵地持续开拓，推动教师思政和学生思政相融合

学院坚持将党建引领作为推进教师队伍建设的基础工作，把提高教师思想政治素质和职业道德水平摆在首位，突出党建引领、强化制度保障、丰富建设内涵、画好师德红线，努力建设一支师德高尚的新时代教师队伍。

学院通过开拓社区与高校联合党建基地，让党员教师作为带头人带领学生服务社区，奉献社会。学院制定党员服务管理制度，设计党员社区联合文创课程，同心协力打造一

“口袋花园”四平社区学生党员共建基地

支党员先锋服务队，由党员牵头组织，联动四平社区、校友企业等资源，分别于四平、控江两个临近社区携手共建。建立了“口袋花园”四平社区学生党员共建基地、“同济·控江”联合党建基地，为高校服务街道搭建了平台，为师生党员服务社会提供了载体，也为社区物质文明和精神文明建设明建设注入新鲜血液。

学院教师党支部注重突出设计学专业优势特长，主动承担社会责任，深入推动“三区联动”。由教工党员主持改造后的街道“口袋花园”成为四平路街道党员和同济大学设计创意学院学生党员的共建基地，街道公共空间活力得到释放，街道品质得以提升，形成了具有社区文化特征的弹性社区，也为党建工作的开展提供了新思路和新角度。

2020年6月，由学院党委与控江路街道党工委联合共建的“同济·控江党建教育基地”正式揭牌，为“四史”微党课、抗“疫”交流分享等一系列共建活动拉开序幕。街校联建为学院服务地方搭建了新平台，为教师党员服务社会提供了载体，促进教师将更多的理论知识运用于实际。通过精准对接双向需求，进一步发挥区域化党建枢纽平台和社区

“同济·控江”党建教育基地

实践基地作用；通过丰富共建形式与内容，推动形成“资源共享、优势互补、共同提高”的街校党建新格局；通过做深做实“共建项目”，推动组织联建、队伍联育、实事联做，达到“人才共育、社区共建”的双赢目的。

《中共中央 国务院关于全面深化新时代教师队伍建设改革的意见》指出，教师要成为“先进思想文化的传播者”“党执政的坚定支持者、学生健康成长的指导者”“全心全意做学生锤炼品格、学习知识、创新思维、奉献祖国的引路人”。通过拓展校园与社区之间的联合党建模式，将党员教师与非党员教师的思政工作融合促进，以党员教师带动非党员教师共同进步，争做有理想信念、有道德情操、有扎实学识、有仁爱之心的“四有”好老师。

三、建设成效

1. 优秀人物、事迹不断涌现，敬业立学、崇德尚美育人新场域形成

在设计创意学院党委的带领下，学院积极培育和践行社会主义核心价值观，提高师生思想文化认同感。2017 年，学院与黄浦区联合创立同济黄浦设计创意中学，在全国首次实现了设计创新教育进入中学。学院教师负责的社会创新与可持续设计实验室依托“四平空间创生行动”项目，荣获 2019 年“上海市青年五四奖章集体”称号，其他设计项目也多次获得国际大奖，例如“红楼梯（The Red Stairs）”获得美国体验环境图形协会（The Society for Experiential Graphic Design，SEGD）的全球设计奖，“四平社区新公共空间 80 米口袋花园”（Shanghai Playscape）荣获美国体验环境图形协会 2019 全球设计奖最终提名奖。四平空间创生行动项目里的“口袋花园”“圈圈王国”“马里奥”“鲁班锁”等一系列儿童游戏小模块，将四平社区里的阜新路、抚顺路、苏家屯路等闲置公共空间转化为孩子们家门口的微型自然课堂和互动亲民的玩乐场所，四平路街道因此正式获评“上海市首批儿童友好社区”。该教师团队获评同济大学黄大年式教师团队，团队负责人获上海市青年五四奖章，学院教师获评光华龙腾奖·中国设计业十大杰出青年、上海高校辅导员年度人物、同济大学“研究生教育教学改革与创新先进个人”、“本科

招生先进个人”、同济大学“师德师风优秀教师”，获得同济青年五四奖章、上海高校艺术与设计类青年教师教学竞赛二等奖、“同济大学育才奖励金”、同济大学奖励金等多项荣誉。

2. 特色课程与项目扎根社区和校园，人才培养与服务社会共赢

学院“设计驱动、产学融合、扎根社区、学生为主、协同创新”的学科特点愈发彰显。已经形成包括“开源硬件与编程”“创新创业跨学科课程包”“创新移动课堂”等在内的一系列特色项目，获2022年上海市教学成果特等奖、一等奖、二等奖，校级教学成果奖。学院2门课程获国家级课程建设立项，5门课程获上海市课程建设立项，27门课程获校级建设立项。教改项目入选“2019年第一批教育部产学协同育人项目”，13项教改项目获校级建设立项。校园社区微更新项目得到师生、居民广泛好评；“社区实践导师”的实践探索正成为师生共同成长的交融点。

四、工作启示

学院将高举习近平新时代中国特色社会主义思想伟大旗帜，深入学习宣传贯彻党的二十大精神，全面贯彻党的教育方针，落实立德树人根本任务，加强教师思政工作，建立健全“三全育人”机制，将创新、服务与学生培养相融合，建立良性互动，深化“三区联动教育”模式，让学院教师不仅传授专业知识和技能，更能积极地应对时代需求和可持续发展的挑战，立足中国经济文化和区域发展需求，特别是经济和社会的结构转型、创新驱动对设计创意人才、教育、研究和理论的迫切需求，以先进的学科建设、人才培养、科学研究贡献经济、文化和科技进步，成为以设计创新推进可持续社会变革的积极力量。在“设计思维”驱动的开放式、协作式、拓展式教学活动中，建立课堂内外的思政教育与学习生态；激发多方潜能，实现多元融合、持续激励的创新生态和人才培养共同体。不断引导教师注重科研创新和成果应用、服务价值与社会价值相统一，持续增强教师“济人济事”的使命感、“同济天下”的责任感和“追求卓越”的奋斗精神。

融合学科资源，助推教师思政提质增效

土木工程学院

一、案例背景

习近平总书记在全国高校思想政治工作会议上强调："高校教师要坚持教育者先受教育，努力成为先进思想文化的传播者、党执政的坚定支持者，更好承担起学生健康成长指导者和引路人的责任。"教师是高校思想政治工作的重要依托，承担着传播知识、传播思想、传播真理的历史使命，肩负着塑造灵魂、塑造生命、塑造人的时代重任，在新形势下高校做好教师的思想政治工作事关大局、至关重要，不仅关系到教师自身的成长与发展，更关系到高等学校的社会主义办学方向及立德树人根本任务的完成。然而长期以来，教师思想政治工作作为一项具有强烈现实性和实践性的工作，存在不深不透、与教师综合能力提升融入度不够、具体实施路径有待优化、工作实效性有待提升等问题，因此，亟须精准把握高校教师思想政治工作的特殊规律性，不断优化相关工作路径，从根本上提高教师思想政治工作的质量。基于此背景，土木工程学院结合学院特点，拓展与学科专业深度融合的教师思想政治工作模式，做好教师思政工作，助力学院各项事业高质量发展。

二、具体做法

一方面，高校教师思想政治工作必须旗帜鲜明地开展相关理论学习，这体现出思想政治工作的严肃性及对政治原则的坚守；另一方面，高校教师有着灵活的思维及较强的自主意识，并且能够借助网络渠道及时获取相关权威信息，因此形式单一的学习与会议难以满足高校教师对思想政治工作的期待。将思想政治工作融入高校教师教学、工作及科研活动之中，以“润物细无声”的方式不失时机地对高校教师开展思想政治工作。2020 年，面对新冠疫情的挑战，无数人用行动诠释担当，用奋斗书写奉献，凝成战胜疫情的强大力量。学院以校友杨剑华（同济大学 1987 级结构工程专业硕士研究生）在抗疫过程中的担当为素材，开展了“一讲一课一联动”的教师思政活动，即组织一次讲座、纳入一堂线上学习课程、形成一系列与学生思政的联动。

1. 一讲：融合专业，瞄准教师思政的切入点

学科专业中蕴含着丰富的思想价值和精神内涵，从学科专业涉及的理想信念、家国情怀、文化素养、德法兼修、使命担当等内容中，深度挖掘思想政治元素，科学合理地拓展教师思想政治工作的广度、深度和温度，从而贴近教师的话语体系，增加教师思想政治教育工作的针对性、吸引力和有效性。学院把论文写在祖国大地上，具有显著的专业特色和优势，培养了大批德才兼备的社会栋梁和专业精英，以学科发展、专业精神、重大工程、国家战略、专业人才等为切入点，开展教师思想政治工作。 2020 年新冠疫情暴发后，身在武汉的杨剑华校友担任雷神山医院项目设计总指挥长、中南建筑设计院抗疫抢建项目总指挥长，为建设守护生命的“安全岛”贡献了非凡的智慧。中南建筑设计院无畏逆行、勇挑重担，一个月内完成了 38 项抗疫抢建项目。其中，雷神山项目 12 小时出方案、3 天交付完整施工图、12 天竣工投入使用，彰显了中南建筑设计院的速度和力量，同时彰显了同济人“同舟共济”的家国情怀，彰显了中国速度、中国力量和中

“雷神山背后的故事”讲座海报

“雷神山背后的故事”线上讲座

国精神。

2020 年 5 月 19 日，同济大学 113 周年校庆之际，土木工程学院邀请杨剑华校友带来线上专题讲座“雷神山背后的故事”，特邀中国工程院院士吕西林教授主持，近 500 名师生及校友云聚网络观看交流。杨剑华校友带大家重温了那段艰苦卓绝、难忘的奋斗岁月，深情讲述了“使命必达”背后设计团队的无畏逆行、奋力拼搏，与新冠疫情生死竞速的感人故事，分析了雷神山医院设计与建造的技术难点与特点，展示了中南建筑设计院深厚的技术实力、高效的组织能力和变不可能为可能的精神力量，分享了疫情给建筑设计企业、未来城市规划带来的启示。

2. 一课：融合工作，搭好课堂教学转化连接线

拓宽知识和远见卓识，是教师教书育人之本；培养学生科学精神、匠心精神、创新

精神，是教师思想教育工作的宗旨。加强高校教师思想政治工作，不仅要提升高校教师的政治素养和道德水准，更要有助于实现立德树人的根本任务，因此，开展教师思政工作，要立足提高教师思想政治素质、德行修养和教学能力，进而使教师因工作潜在要求和个人成长发展需求自觉主动地接受思想政治引导，并能够将思政教育所学转化为教书育人工作中的生动教材。

一方面，学院对杨剑华校友的讲座进行了录制，纳入校友会终身学习平台，融入思政工作教育的多媒体资源库，便于开展常态化教育学习，同时丰富思想政治教育媒体资源库，加强网络思政教育，筑牢意识形态阵地，进行价值引航。另一方面，教师主动将思政学习成果转化为教书育人环节中对学生的引领，积极与校友对接，在课堂教学中将案例作为课程思政素材，向学生展示建设过程中的专业知识点、精神情怀等；与校友连线，就课堂中涉及的专业知识点与校友互动，邀请校友参与课堂教学环节，增加学生的直观感受和课堂教学的吸引力。

3. 一联动：融合育人，绘就学生思政共建“同心圆”

高校思想政治工作是一项关联度高的复杂系统工程，教师思想政治工作与学生思想政治工作有着千丝万缕的联系，两者相互交织、相互激发、相互促进，提升教师思政工作质量也是为了更好地推进立德树人的各项工作。思想政治水平高的教师，能够在更高的站位认识国家发展、教育发展，能够发自内心地热爱教育事业，对教育事业充满激情，勇担新时代高校教师的使命和责任。将教师思政和学生思政在人才培养的相应环节巧妙融合，能够发挥两者共建共享、同频共振的良好效应。

例如，在新生入学教育环节，特邀杨剑华校友参与师生迎新见面会，与导师、班主任、辅导员、学生分享交流。杨剑华校友深情地表示，再次来到同济，仿佛回到了课堂，她讲述了当年学在同济、敬在同济、爱在同济、健在同济、乐在同济和吃在同济的难忘经历，期望学生成为正直、正派的人，在有限的时间内多做有意义的事，真正为土木工程事业、为祖国发展作出贡献。再如，在学生就业指导环节，学院召开师生座谈会，邀请校友从自身的专业成长道路、工作经历等方面和学生交流，为学生择业提供参考，并

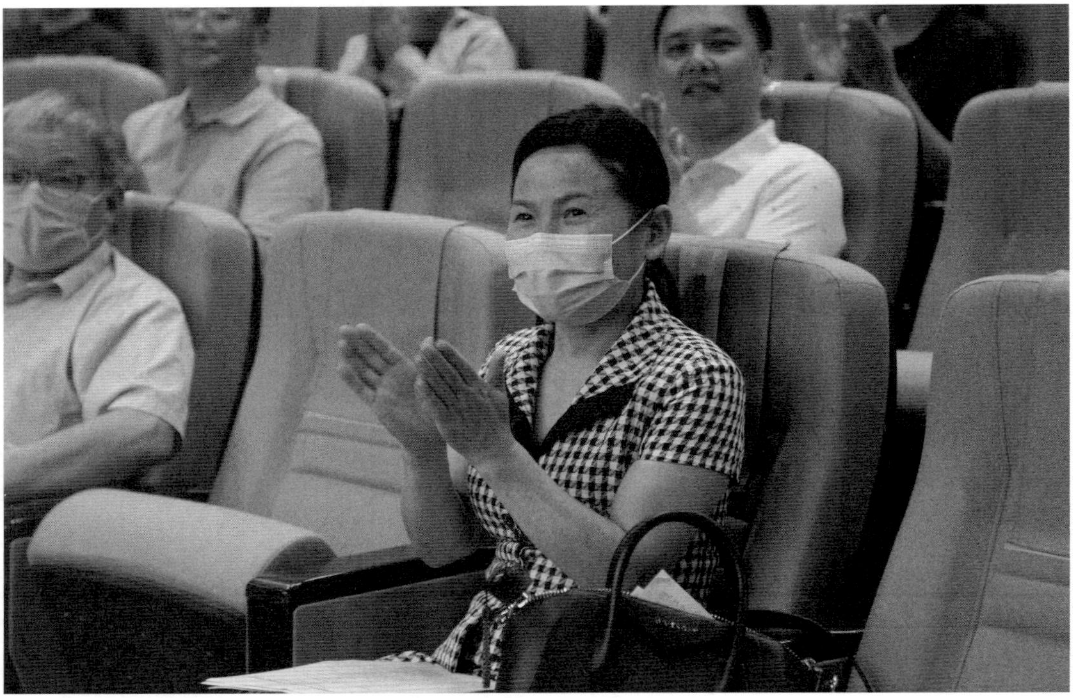

杨剑华校友参加结构防灾减灾工程系迎新教育活动

向学生介绍自己所在企业的岗位需求及用人要求，学院能从中了解目前行业对人才培养的反馈，及时根据国家需求、经济发展等形势在培养环节中聚焦学生综合素养提升和培养方案的调整对接。

三、建设成效

专业共鸣、延展共促、同频共振，开展精准的教师思想政治教育工作，积极提升全员、全方位、全过程育人水平，以丰富的内涵、贴切的内容、灵活的形式、充分的互动，极大提升教师理论学习的积极性、主动性，取得了良好的学习成效和工作反响，切实推动了立德树人提质增效。

1. 专业共鸣：增强了教师思想政治工作的吸引力

一方面，发掘专业背景下的教师思政元素，强化专业与思政的融合，这样的教育感染力强，启迪深刻。另一方面，紧跟时事热点，回应关切，依托具有时效性的思政教育载体，提高了教育的说服力，收到很好的教育效果。“雷神山背后的故事”展现了同济人的情怀与担当，师生在杨剑华校友的精彩演讲中产生共鸣，为其奉献担当、奋力拼搏深深感动。发挥榜样力量，用共同理想信念凝聚民族意志，用中国精神激发中国力量，始终是思想政治工作的主题。学院教师表示要学习其在抗疫抢建中表现出的“雷神山精神”，在人才培养、科学研究、社会服务、国际交流合作等方方面面贡献力量、丰富中国智慧的内涵。

2. 延展共促：提升了教师思想政治工作的实效性

一方面，培育教师强烈的社会责任感和事业成就感，才能使他们具有从事教育事业的精神支柱和持久动力，校友成长成才的事例是教师为党育人、为国育才的生动体现，从一定程度上激发了教师的职业荣誉感，激励了教师在立德树人工作中接续奋斗、奋发有为，内化了对教师的思想政治教育。另一方面，教师在融合专业的思政教育中受到的启发能够有效转化为教育教学工作中的生动素材，提升了教师开展课程思政教学的能力，以及对学生的教育引导能力。

3. 同频共振：激发了师生思想政治工作的双提升

一方面，教师是高等教育活动的执行者，承担着学生思想政治教育的职责，教师思想政治工作的成效直接影响学生的引导工作，通过提高教师思政工作的水平，可更好地反哺学生思想政治工作实践。另一方面，教师思政与学生思政工作的联动，打破了两者之间的隔阂，帮助教师了解学生思想动态及成长需求，学生从教师的学习态度、思想见解中进一步升华所学，在有效的互动中同频共振，相互促进，起到“一加一大于二”的叠合效应。

四、工作启示

发挥优秀校友的榜样作用，抓住时事热点中的思政教育契机，将具有社会正向影响力的人和事淬炼成思政工作的生动“教材”，多方面教育、激励、感染，形成合力，推动教师思想政治工作落到实处。

1. 注重资源拓展，专业元素赋能教师思政工作新维度

结合专业，挖掘专业领域中蕴含的思政内涵与育人逻辑，实现专业特点和思政工作的高度融合和有机统一；拓展资源，把校友等从事专业研究或建设过程中的感人故事搬上讲台，运用教师喜爱并接受的话语体系和活动方式，引起强烈的共鸣，潜移默化地增强教育实效；贴近实际，从身边事、关注事中寻找教师思政工作的切入点，在结合实际中增强感染力，回应关切，提升凝聚力。

2. 加强创新探索，与时俱进回应教师成长发展新关切

线上线下形成闭环效应，拓展教师思想政治工作开展的融合路径，不断拓展思政工作的宽度、广度、深度，全方位推进思想政治元素入耳、入脑、入心；准确把握教师能力提升的现实需求，在助力教师教学育才的同时嵌入思政工作，使得教师更愿意主动接受思想政治工作的引导，在育人育己中凸显人生价值。

3. 完善长效机制，多方融合提升教师思政工作新高度

做好高校教师思想政治工作，要逐渐健全完善教师思想政治工作运行的长效机制，如加强制度建设、坚持常态化学习、注重全方位培训、聚焦典型宣传教育、利用好网络平台、延展师生互动等，服务立德树人中心工作，以应对新时代背景下高校教师思想政治工作中出现的新问题，从根本上提高教师思想政治工作水平。

疫情中坚守初心，防控中担当使命

医学院

一、案例背景

2020年，面对形势严峻的新冠疫情，同济大学各附属医院及医学院各附属社区卫生服务中心先后派出165名医务人员驰援武汉。2022年，医学院在上海疫情防控期间，尤其注重强化教师思想政治教育，为打赢疫情防控阻击战筑牢思想之基。

二、具体做法

1. 抗疫驰援，榜样力量

白衣执甲，对抗病毒，他们是不屈不挠的白衣战士；逆行出征，守护生命，他们是温暖坚强的白衣天使。为了让全体教职工深刻了解疫情防控斗争中践行初心使命的生动事迹，传递医者仁心的情怀与大爱无疆的精神，激励师生砥砺前行，医学院邀请援鄂医务人员为师生作“生命、责任、家国”系列主题报告。援鄂医生分享在武汉的亲身经历

援鄂医护人员线上分享会

与感悟，生动地呈现出一线医护人员的工作、生活图景，让师生更加深入了解疫情前线实况，坚定抗“疫”决心。他们分享的一个个小故事，让师生感受到了团队合作的重要性，以及医护人员舍小家顾大家的无私奉献精神。与会师生与援鄂医生积极互动交流，纷纷用语音和文字表达对逆行者们的敬意。感动之余，教师纷纷表示，面对疫情，医务人员果断选择逆行向前，选择了坚守和担当，将自身置于险地，筑起了抗疫的坚实防线，保护了身处后方的人们，向这些逆行者致敬。通过学习抗疫英雄的光辉事迹，教师思政的榜样力量充分发挥，效果显著。

2. 科学抗疫，宣传保障

新冠疫情暴发后，在学校应对新冠疫情工作领导小组的领导下，医学院迅速响应，成立“医学院防控疫情应急工作小组”，制定《医学院防疫工作办法》。防疫抗疫是每个人的责任，为守护师生身心健康，全体工作人员一直在积极行动。在学校推出师生健康信息管理打卡系统前，医学院以师德师风学习小组为单位，自 2020 年春节前夕开始按组汇总教职工防疫信息，将汇总信息报送组织员，组织员对信息进行核实排查，实现了从主要关注出入重点疫情地区和主要把握是否有相关疫情症状的重点人员信息，到涵盖全体教职工本人及密切接触家人的基本信息、当日所在地、活动轨迹、历史接触史、有无症状、返校情况等信息全覆盖，为学院党委决策和信息工作提供了坚实保障，建立起重大危机即时信息报送反馈机制，走出一条应对危机信息报送工作的新路子。

医学院学生众多、类型复杂、住宿分散，为准确掌握每个学生的情况，落实精细化管理，全体辅导员坚守在工作一线，时刻关注学生的身心健康，让学生填问卷成了每天的例行工作之一，一遍遍地通知、一遍遍地核对，绝不落下一个学生。医学院党委书记微信群、学工办微信群、师德师风学习小组微信群，常常半夜、凌晨还在交接着工作。将关怀送至每个师生，是目标，更是一份责任。

疫情期间，医学院专门设置疫情动态栏，及时发布疫情相关信息。为积极响应党中央对疫情防控作出的重要指示“让党旗在防控疫情斗争第一线高高飘扬”，医学院各支部向全体党员发出“防疫抗疫，有你有我”的倡议，制作了“为武汉加油”的视频，策划开展了形式多样的组织生活。

新冠疫情牵动着每一个人的心，同济大学各附属医院的一批批医护人员驰援武汉，后方的科研工作者们，将论文写在抗击疫情的第一线。学院特别组织推送系列“同医抗疫一线人物访谈”，连线抗疫一线的校友，深挖抗疫一线的动人事迹，他们不忘从医初心，勇担白衣使命，真正践行着“同舟共济”的同济精神和“健康所系，性命相托”的誓言。积极报道医学院左为教授团队、硕士生赵宇、博士生孟通和赵子贤等的科研工作，树立把论文写在抗击疫情第一线的榜样力量。医学院消化研究所联合上海芯片中心，积极开展新冠检测试剂盒的研发，以期快速诊断新冠病毒感染。医学院专家发挥专业特长进行科学抗疫，学院党委积极宣传和提供组织保障，在同心协力的抗疫精神下，教师思政建设水平得到进一步提升。

“同医抗疫一线人物专访”系列推送

3. 众志成城，教学相长

为确保新冠疫情防控期间本科教学工作的秩序和质量，按照教育部“停课不停教，停课不停学”的要求，在学校统一部署下，医学院第一时间组建由院长牵头的“线上教学领导小组”，全面统筹部署学院线上教学工作。自 2020 年 2 月初，医学院便紧锣密鼓地筹备新学期线上教学工作，组织有力、秩序平稳，于 2020 年 3 月 2 日起正式线上授课。

刘中民教授与赵旭东教授分别围绕“从新冠疫情防控到灾难医学体系建设”“在灾难中学习和成长——疫情期间的心理调适”主题为同济学子讲授新冠疫情防控第一课，勉励广大同济青年带着在抗击疫情中真切感受到的责任与担当，怀爱国之情、报国之志，砥砺前行。“同济担当”“同心同德同舟楫”“想看学校的樱花了”……在近 100 分钟的直播中，包括同济大学 3 万余名在读本科生、研究生在内的近 80 万人次在线听课，他们纷纷在同济大学官方微博、抖音、快手、哔哩哔哩等直播平台留言互动，道感慨、送祝福，一条条弹幕铺满屏幕。

医学院本科生有大量临床课程，主要由附属医院各科室骨干医生授课。“呼吸病学”整合课程挑战最大。该课程由附属上海市肺科医院呼吸与危重症医学科主任徐金富担任负责人，授课对象覆盖同济大学医学院2017级全体本科生，由附属上海市肺科医院、附属同济医院、附属第十人民医院、附属东方医院及附属杨浦医院最具代表性的呼吸科专家及骨干，共同为学生授课。在那一特殊时期，许多呼吸科医生已奔赴抗疫一线，留守上海的呼吸科医生也肩负来自上海市公卫及本医院的繁重临床工作。但“呼吸病学”课程的授课教师深知自己肩负时代使命。“此时此刻、此情此景，尤感所讲授内容的重要性。”医学院杨文卓副院长亲自把关在线课程的运转情况，教师克服了重重困难，积极备课：利用空余时间自学在线教学平台的功能；制作与时俱进的授课PPT，并提前将所有PPT交给课程总负责人徐金富主任统一审核，多次修改后形成最终的讲课版本；有条不紊地开展网络集体备课。教师利用下班时间，提前录制好上课视频，上传于各系的在线教学平台（包括智慧树、超星等），在课表指定的上课时间内，利用网络平台展示教学内容，同时在学生微信群内及时回答学生在学习过程中遇到的问题。在特殊时期，“呼吸病学”的教师克服重重困难，师生同聚网络云课堂。学习“呼吸之间”的画面，成为师生难以忘怀的共同记忆，教师医者仁心的言传身教，也成为医学生成长路上最好的教材。

三、建设成效

1. 医学院教师发挥专业优势，发出同济声音，作出同医贡献

在2022年上海疫情防控期间，医学院郑加麟院长带领公共卫生与流行病学12人工作团队，组建普陀区疫情防控专家组，开展社区疫情防控流调工作。奔赴疫情防控基层社区一线，陆续调研走访了普陀区10个街镇，覆盖重点小区20个。进行全方位点线面精准防控现场调研指导和流调数据分析研判工作，创新精准疫情防控工作建议及举措，为上海市疫情防控工作贡献同济大学智慧和力量。医学院赵旭东教授以疫情中如何维护心理健康为主题，开展了9场公益讲座和培训。2022年4月初，赵旭东教授与多位儿

科及儿童精神科医生一道，向上海市教育委员会、上海市卫生健康委员会等紧急提出建议，要求对感染新冠病毒的儿童实行人文关怀，以减少亲子分离导致的心理创伤，该建议得到采纳。同时，与李觉教授团队联合开展关于“疫苗犹豫”现象的研究课题，研究结果提示，在关于疫苗接种的健康教育工作中，应加强心理健康服务，以减少人们对接种疫苗的负面认识和态度，进而减少心理因素导致的不良反应，为上海提高疫苗接种率提出了同济建议。

2. 学生思政工作和防疫工作有效结合，抗疫与育人同行

疫情防控为“思政小课堂”与“社会大课堂”的结合提供了契机，2022 年校园疫情防控中，沪西校区积极挖掘和运用疫情防控鲜活素材，有效提升了思政工作的针对性和实效性。校区把握关键时间节点，结合核酸检测志愿者出征仪式，向学生宣传“生命至上、举国同心、舍生忘死、尊重科学、命运与共”的伟大抗疫精神，将疫情危机转化为开展爱国主义情怀培植、志愿服务实践引领的契机；构建平等互动的对话模式，领导干部深入学生社区与学生骨干面对面交流，消除教育主客体间的话语代沟，潜移默化地引导学生骨干认清疫情防控大局、自觉发挥朋辈引领力量。

3. 发挥新媒体优势，营造良好舆论环境

发挥学院网站平台宣传阵地作用，通过学院网站、微信公众号等渠道，普及疫情防控知识，增强防疫工作的科学性与有效性；强化风险意识，严肃新闻宣传工作纪律，加强舆情动态监测；加强疫情防控期间新媒体的管理，以实际行动共同维护健康有序的网络环境和社会秩序；及时总结经验做法，做好疫情防控工作的对外宣传报道。学院运用各种宣传阵地，开展全方位、多角度的宣传教育引导，为打赢疫情防控阻击战营造了良好的舆论环境。

四、工作启示

1. 疫情防控常态化，立德树人“不忘本”

医学院高度重视教师队伍建设，始终坚持把立德树人作为根本任务，把教师思想政治工作和师德师风建设作为常态性、经常性、日常性基础工作来抓，尤其关注疫情背景下的教育新形势，有针对性地开展思想政治教育，把感人的抗疫案例转化为生动的爱国主义教育，及时补充到原有的师德师风集体学习之中，引导教师通过疫情防控深刻认识社会主义制度的优越性，深刻认识中国共产党领导的凝聚力与号召力，筑牢理想信念，强化责任担当。

2. 疫情防控常态化，思想工作“不缺位”

医学院党委引导全体教职工始终在思想上政治上行动上同以习近平同志为核心的党中央保持高度一致。掌握教师思想动态，定期与教职工谈心谈话，了解教师思想政治状况、教学科研情况、面临的实际困难，及时对其进行有效引导。关注个别重点对象，及时发现问题、解决问题。引导教职工以德立身、以德立学、以德施教。

3. 疫情防控常态化，教学工作“不掉线”

医学院多措并举做好疫情防控常态化下的教学工作。在关注教学内容更新的同时，注重进行新教学方式方法和新媒体教学载体的探索，提升教学质量。

可爱老师育英才，立德树人铸师魂

建筑与城市规划学院

一、案例背景

习近平总书记强调：“培养社会主义接班人，迫切需要我们的教师既精通专业知识、做好‘经师’，又涵养德行、成为‘人师’，努力做精于‘传道授业解惑’的‘经师’和‘人师’的统一者。”这是新时代高校教师发展的根本遵循，是高校教师队伍建设的努力方向。高校是知识的生产地、汇集地、传播地，高校教师承担着传播知识、传播思想、传播真理的历史使命，肩负着塑造灵魂、塑造生命、塑造人的时代重任。“学高为师，身正为范”，高校教师的思想动向和日常工作直接影响莘莘学子的成长和未来。

建筑与城市规划学院坚持用习近平新时代中国特色社会主义思想铸魂育人，始终贯彻党的教育方针，落实立德树人根本任务。2004 年，学院在全校范围内最先开展“可爱老师”评选活动，该活动现已经成为学院的经典品牌活动之一。按照学生心目中“可爱老师”形象，公开投票选出 10 名获奖教师，于学院年度重大活动双年文艺汇演上颁奖。十几年间，逐渐完善的评选机制，更大范围的师生、校友的参与，互联网技术驱动下的创新宣传媒介，都将“可爱老师”评选这栋“大楼”盖得愈发高大牢固。截至2023年，学院已举办了八届“可爱老师”评选活动，活动在加强教师思想引领、营建师生交流平台、提升学院教学质量、营造和谐学院氛围等方面起到重要作用。

二、具体做法

1. 坚定政治方向，传播优秀文化

学院“可爱老师”评选活动坚持以习近平新时代中国特色社会主义思想为指导，着力践行社会主义核心价值观，弘扬真善美，传递师生情谊。“可爱老师”评选活动紧密契合学院“学生是核心，教师是关键，实事是抓手”的精神文明创建思想，构架出新层面上的师生对话桥梁，实现了新时代师生综合评教意识从无到有的飞跃。

学院在“可爱老师”评选活动中，运用中国传统文化元素，设立“可爱老师”评选活动的主题和奖项名称。如2008年第三届“可爱老师”评选活动的主题为“育英才园丁笑傲杏坛，树人杰桃李争奇斗艳”。奖项结合导师品格及特点设置如下：东立——立身、立心、立德、立人，为人正直、涵养深厚的师表；西笃——笃学、笃能、笃才、笃辩，博古通今、学究天人的泰斗；南启——启学、启思、启才、启心，和蔼可亲、育才育德的导师；北率——率言、率行、率情、率性，个性独特、风骨奇傲的奇人；中风流——桃李天下、终身成就的大家。又如2014年第五届“可爱老师”评选活动主题为“五音和鸣颂恩师”，选取“五音”之意，颂恩师华章。《管子·地员篇》记载了“宫、商、角、徵、羽”五个音的科学运算方法。五音取名也体现了“建筑是流动的音乐，音乐是流动的建筑”的寓意。建筑与音乐之间存在着千丝万缕的联系，以五音之名冠名“可爱老师”奖项，遵循传统又不乏新意。2017年第六届“可爱老师”评选的奖项设置为“琴、笙、鼓、钟、磬”，这五种古老的乐器，凝结了千年文明的智慧，即便在浮躁喧嚣的今日，也能激起清越激昂、络绎不绝的回响。在2019年第七届“可爱老师”评选中，奖项以“仁、义、礼、智、信”五德命名，与教师立德树人的根本任务相呼应。在2023年第八届“可爱老师”评选中，选取《园冶》中的造园手法，进行德风品格的演绎，挖掘其中关于教

师和师生关系的内涵，学子如园，我师如造园人，笔墨横姿，作一幅造园百景图，最终得出对学院老师最可爱的评价——“掇山”，即设计假山叠石。园林中假山常以小见大，一如人的德行可以如山般高大，超越人本身的尺度。以此表彰“可爱老师”以德立身，立德树人。“立基”，即为场地中将要修建的亭台楼阁榭打下基础，一如奠定治学格局的学术脊骨。以此表彰“可爱老师”学识渊博，学富五车。“相地”，即考察并分析场地，对整体布局有一个大致规划。于物，因地制宜；于人，因材施教。以此表彰“可爱老师”深耕育人，润物无声。“理水”，即设计场地中的水景，刚柔相济，应变自如，与时俱进。以此表彰“可爱老师”才思敏捷，敢于创新。“装折”，指装修设备。身体力行饰装折，躬亲实践出真知。以此表彰“可爱老师”勤于实践，身体力行。

2. 学生民主投票，构建互动平台

“可爱老师”评选活动广泛征集学生意见，倾听学生心声，以轻松幽默、活泼生动的形式增强师生间的互动与沟通，融洽师生关系，帮助教师了解学生身心健康发展动态，同时也让学生对教师的工作多一分理解与支持。“可爱老师”评选的都是学生心目中潜心教书育人，关心爱护学生的老师。

为搭建公平、公正、现代化的评选平台，宣传与投票打破海报、传单、问卷等传统媒介方式，采用与数字网络自动计票相结合的手段。活动吸引了学院2000多名本科生、硕士研究生及博士研究生参与投票，具有较高的参与度，全程公平、公正、公开，提高了评选活动的科学性、合理性、可操作性，获得了具有参考性的评选结果，对下一步师生工作的开展有一定帮助。

发挥群众基础，发掘身边教师的先进事迹，充分了解学生与教师交流的意愿和需求，挖掘学生与教师互动的潜力。通过采访、问卷等形式，进一步了解身边具有先进性、典型性的教师，由参与学生通过投票共同选出心目中有代表性的若干名教师。结合专业领域、教师先进事迹、学生成长需求等，就学生所关注的内容对教师进行访谈，对参与同学进行采访，并将访谈内容制作成推文，借助微信公众号，向各专业学生开放互动交流的平台，营造前期氛围。

建筑与城市规划学院第七届“我心目中最可爱老师”评选活动颁奖典礼

3. 推行仪式育人，实现教师思政

“可爱老师”的颁奖典礼分章节进行，每段首先播放提名教师风采短片，一展教师个人魅力，树立榜样教师形象，引领时代教育工作者的风向标。通过新颖的形式使思想政治教育内容多样化，对高校教师思政工作的开展、高校学生思政活动的参与度提升都有一定促进作用。

“可爱老师”的颁奖典礼是师生最为期待的环节。隆重而亲切的仪式，进一步增强了教师的责任感、使命感、荣誉感，规范职业行为，树立榜样，鼓励广大教师努力成为有理想信念、有道德情操、有扎实学识、有仁爱之心的好老师，着力培养德智体美劳全面发展的社会主义建设者和接班人。当学生熟悉的老师名字及照片出现在大屏幕上时，台下不断发出欢呼声。获奖老师从颁奖学生手中领取的奖状是一块刻有自己名字的精心制作的铜板。在台上，获奖老师发表获奖感言，表达了内心的感动之情，这份荣耀体现的是学生对老师的肯定与崇敬。

同时评选组委会对提名老师进行访谈，挖掘感人事迹，拍摄上课片段、生活点滴和教学体会，采集学生对老师的真情话语，精心制作成视频，以影像记录的特殊方式留存温馨印迹，拉近师生距离，鼓励教师对待学生从心做起，构建良好的教育生态，促进教书育人良性循环。

4. 推出“靠谱师说”，树立优秀典型

为充分发挥优秀典型在广大教师中的示范带动作用，同时有效推动教师思政与学生思政相融合，学院本科生第四党支部开展“寻师忆，与师行”主题活动，活动依托“感动同济”“可爱老师”等评选活动，成立采访小组，寻师忆，与师行，面对面听老师讲故事。活动第一期有幸采访到“感动同济十大人物”之一、建筑与城市规划学院的创始人之一的董鉴泓先生。支部以“笔书城建史，人行数座城”为主题，于“青春 CAUP”微信公众号推出专题推送，将采访成果和感悟分享给所有师生，促进推广先进教师典型，丰富思想政治教育内容与形式，避免照本宣科、一成不变的教育方式，保障思想政治教育的有效性和针对性，同时有利于规范教师职业行为，增强教师社会责任感。CAUP 全媒体中心、本科生第二党支部、学院团委宣传部在学院官方微信公众号上联合打造“CAUP 可爱老师”专栏，分期展示教师访谈内容，真实记录“可爱老师”的学习、教学、科研、生活等方面，全方位展示教师的成长经历和“可爱”之处。

此外，学院以“可爱老师”评选为契机，推出《济・筑 CAUP 的可爱老师们》一书。通过学生的视角，记录历年来莘莘学子心目中的“可爱老师”的教学初心、行为世范、道德文章、科学精神及人格魅力，真实记录了坚守建筑学教育一线的优秀教师们对求学与事业的选择与回望、对建筑学教育的探索与经验、对建筑行业的反思与总结、对建筑学学生的厚爱与期望。帮助广大学子了解相关学科发展概况、感悟“人民建筑师”的初心，拉近师生间的距离，激发学生探索钻研的热情。《济・筑 CAUP 的可爱老师们》是学院广大学子心目中“最可爱老师”的真实记录，更是学院不断弘扬师德风尚的重要载体。“可爱老师”的宝贵经验和谆谆教诲是书中最真情流露、最为珍贵的部分。

三、建设成效

1. 提升了教师思政工作的实效性

“可爱老师”评选活动是教师思政的一项重要举措，丰富了思政教育形式，也使得教师走出“唯论文、唯职称、唯学历、唯奖项”的评价机制，树立正确的政治观和义利观，将社会主义核心价值观自觉贯穿于教书育人全过程。通过发现身边有影响力、有典型性的先进教师，加强师德师风宣传，增进了学生对教师的了解，促进了学生和教师的交流，开创了以师生对话为基础的师德师风宣传新方式。

2. 增强了教师队伍的职业认同感

一个人遇到好老师是人生的幸运，一个学校拥有好老师是学校的光荣，一个民族源源不断涌现出一批又一批好老师则是民族的希望。“可爱老师”评选活动突出教师的主体地位，维护教师职业尊严，增强教师的荣誉感和职业认同。同时也构建了师生交流的良性互动平台，拉近师生距离，活跃师生关系，加强师生联系，凝聚师生情感，活跃教学氛围。真正做到以师德为引领，晓以理、聚人心、凝以情，增强教师队伍的职业认同感，让教师真正成为最受尊重和令人羡慕的职业，营造尊师重教的良好风尚。

3. 开启了立德树人典型引领的新范式

随着“可爱老师”评选活动的持续开展，其品牌影响力也日益凸显。校内兄弟院系效仿举办，新浪网、东方网、《文汇报》《新民晚报》及《建筑时报》等多家媒体单位对评选活动进行采访报道，并引发社会各界对于“什么样的大学老师最可爱”的广泛讨论：评选结果颠覆了以往对“严师”的界定，严格其实是一种宽容与责任，严师出高徒，经由严师真正掌握的知识是学生一辈子的财富。诸如此类的社会探讨仍在继续。作为学院精神文明创建品牌项目的“可爱老师”评选活动为学院的思想政治工作注入活力元素，打开全新视角，使学院精神文明创建与时俱进、永葆生机，也开启了立德树人典型引领的新范式。

四、工作启示

1. 创新弘扬师德师风的载体

通过真实语录，描摹优秀教师画像，树立“可爱老师”榜样，宣传优秀教师的先进事迹；通过将单方面宣传教师形象，转变为在师生对话中融入师德师风价值观的方式，营造良好的学风院风，发展时代评师理念，传承崇尚师德师风的文化。

2. 营造尊师重教的氛围

以教师的学习和生活经历为切入点，使用通俗易懂的方式记录他们求学时曾经遇到的问题和困惑。正所谓听“大先生”讲“小故事”，相似的求学经历、共性的彷徨和迷茫拉近了教师与学生的距离，增进了师生情感沟通，形成了融洽和谐的师生关系。

3. 推动师生思政的共融

加强师德师风建设，要以落实立德树人根本任务为目标。选树优秀教师典型，不仅是对教师思政的正向引领，也是对学生发展的启迪。优秀教师典型事迹，引导相关专业的学生正确认识学科教育的意义，理性看待行业发展现状，坚守专业学习的初心，更多地关注社会、关怀整体，成为自强、自学、自立的社会主义建设者和接班人。

选树先进典型群体，推进师德师风建设

机械与能源工程学院

一、案例背景

高校的师德师风水平，与立德树人的成效密切相关。2019 年，教育部等七部门联合印发的《关于加强和改进新时代师德师风建设的意见》中提出要全面提升教师思想政治素质和职业道德水平，强调要把师德师风作为评价教师队伍素质的第一标准，明确要突出典型树德，持续开展多层次的优秀教师选树宣传活动。各高校积极开展优秀教师典型选树宣传，促进了学校教师思想政治工作质量和水平的提升。

但各高校评选的校级师德师风先进典型数量有限。对学院层面的师德师风先进典型选树进行研究，建立起与学院实际情况相适应的师德师风先进典型选树机制，有利于在基层调动广大教师提升自身师德师风水平的积极性和主动性，为立德树人提供广泛和有效的支撑。机械与能源工程学院围绕学院师德师风先进典型选树方式、表彰奖励方式、典型事迹分享等方面，积极进行实践探索，取得了良好的工作成效。

二、具体做法

1. 加强党组织对师德师风先进典型群体选树工作的领导

高校党组织的坚强领导，是新时代落实立德树人根本任务的前提，是建设高水平教师队伍的根本保证，加强党组织对师德师风先进典型群体选树工作的领导非常有必要。自 2021 年起，机械与能源工程学院在全院范围内探索开展了师德师风优秀个人的评选工作，在评选过程中，学院党委始终发挥领导推动作用，通过构建“党委引领支部、支部号召党员、党员带动群众”的组织体系，充分发挥党组织在各环节的重要作用，在思想政治上把握引领好方向，促进学院广大教师牢记为党育人、为国育才的初心使命，更加积极地贯彻落实立德树人根本任务。

在实际工作中，学院师德师风优秀个人的评选，由学院党委下发评选通知，以在职教工党支部为推荐单位，广泛宣传师德师风优秀个人评选的目的和意义，充分听取学院师生意见，坚持自下而上进行推荐和评选。各教工党支部严格按照学院通知规定的评选条件和要求，民主推选，公正推荐，实事求是，好中选优，保证评选推荐工作的公正性。最终的师德师风优秀个人由学院党委讨论确定，充分考虑初步评选排序情况和基层教工党支部推荐意见，同时兼顾人选在各单位和不同条线的分布，评选结果既具有公正性，又具有比较广泛的代表性。

2. 营造有利于师德师风先进典型涌现的内部环境

在师德师风建设过程中，学院始终将学习教育贯穿其中。学院充分利用全院大会、教职工政治理论学习、支部组织生活学习、教学团队学习、工会活动、党团活动等，采取专题报告、经验介绍、警示教育及实践活动等多种形式，组织学院广大教师认真学习《习近平总书记关于师德师风的重要论述摘编》《关于加强和改进新时代师德师风建设的意见》《新时代高校教师职业行为十项准则》《新时代上海高校教师职业行为十项准则》《同济大学师德师风失范行为处理实施细则（试行）》等文件精神，不断提高学院教师的思想政治素养和师德师风水平。此外，学院还依托校内外师德教育网络资源组织教师参加线上学习研修，推动教师研修进一步厚植育人情怀，涵养高尚师德。通过线上线下相结合的方式，持续推动广大教师在教育教学和日常管理服务过程中进一步强化教书育人意识，以优良的师德师风更好地担负起培养德智体美劳全面发展的社会主义建设者和接班人的职责，努力培养一批又一批拥护党的领导和社会主义制度、立志为中国特色社会主义奋斗终身、堪当民族复兴大任的时代新人。

环境和文化氛围对人的思想观念的熏陶是潜移默化的，良好的学院文化环境是影响师德师风建设的重要因素，学院注重通过加强环境文化建设来促进教师自我不断提升。为此，学院通过挖掘历史文化，建设走廊展览区、学院教工之家 / 校友之家、屋顶花园，举办“书行为准则 迎建党百年”书法展示活动、学院开物盛典暨双新晚会等，发挥文化陶冶作用，引导和激励全院教师进一步增强立德树人的使命感，积极提升自身思想政治素质和道德修养，为学院师德师风先进典型的不断涌现打下良好的基础。

3. 探索多环节把关的师德师风先进典型群体选树方式

学院坚持以习近平总书记关于教育的重要论述及党对高校立德树人的根本要求为理论指导，积极构建系统科学的师德师风先进典型选树机制。学院上下联动，形成基层教工党支部积极推荐师德师风先进典型、师生代表共同参与评选、学院党委严格把关、评选结果接受监督的多环节把关选树方式，深入挖掘学院优秀教师典型事迹，确保评选出的师德师风先进典型具有代表性和先进性，也保证了学院的选树工作能够系统和可持续发展。

在多方征求意见的基础上，学院师德师风优秀个人通过党支部推荐、初评工作小组初评、师德师风考核小组评选、学院党委会讨论、公示等五个环节产生。其中，初评工作小组由系主任、在职教工党支部书记、学生党支部书记代表、教务科长、学工办主任、分团委书记等组成，初评结果所占权重为70%。2021年学院共评选出教育教学、实践创新、学生工作、服务管理四个条线的师德师风优秀个人 5 人（教育教学条线 2 人，其他条线各 1 人），2022 年学院共评选出覆盖学院下属各单位的师德师风优秀个人 6 人（其中 1 人同时获 2022 年同济大学师德师风优秀教师提名奖）。多环节综合把关的选树方式，为学院师德师风先进典型选树工作提供了有力的保障。

4. 加强对先进典型群体的宣传表彰

学院积极拓宽师德师风先进典型的宣传途径和宣传范围，以师生喜闻乐见的宣传方式，利用新媒体及新平台宣传师德师风先进典型。在评选宣传过程中，学院综合运用荣誉授予、拍摄风采展示视频、微信推送等手段，充分发挥师德师风先进典型的模范带头作用，营造尊师重教的良好氛围。例如 2021 年，学院为评选出来的 5 名师德师风先进典型专门拍摄了风采展示微视频，在一年一度的学院开物盛典暨双新晚会上播放，并在晚会现场颁奖，营造了向先进典型群体致敬和学习的良好氛围。此外，通过学院微信公众平台推送优秀事迹，进一步引导学院广大教师向身边的榜样学习。

2021 年机械与能源工程学院“师德师风优秀个人”颁奖仪式

学院对于师德师风先进典型给予精神激励，如授予荣誉称号，开展表彰仪式等，同时在年终绩效奖励中，对选树出来的学院师德师风先进典型予以充分考虑，建立了初步的激励机制。这种机制对于促进学院师德师风先进典型培育选树工作持续发展，打造人人向典型学习、人人争当典型的环境，形成辐射带动作用，具有积极的作用。

5. 组织师德师风先进典型分享育人心得

为充分发挥师德师风先进典型在育人中的引领带动作用，以优良师德师风带动院风学风，学院探索结合全院大会开展了“立德树人、敬业爱生”系列心得交流活动。截至 2023 年 5 月已邀请 2 名曾被评为同济大学师德师风优秀教师的教授在全院大会上分享了各自的育人心得，其中 1 人分享了其对研究生培养的认识与体会，1 人围绕“以学生为本 立德树人”的主题分享了教书育人的体会。

2018—2022 年学院涌现出一批优秀教师群体，如全国“三下乡”社会实践优秀个人、上海市教卫工作系统优秀共产党员、同济大学“我心目中的好导师”、同济大学“卓越”研究生导学团队标兵等。学院后续将统筹考虑继续组织先进典型群体分享育人心得体会，以激励学院广大教师以德立身、以德施教，促进学院师德师风水平持续提升。

三、建设成效

1. 初步探索出学院层面师德师风先进典型选树的有效方式

学院师德师风先进典型群体的选树，采用党支部推荐、初评工作小组初评排序、师德师风考核小组评选排序、学院党委会会议讨论、公示等多环节把关的方式，能够确保推荐产生的师德师风先进典型具有比较深厚的群众基础，在学院师生中有较大的影响力。截至 2022 年，学院已开展两届师德师风优秀个人评选活动，所推荐评选出的 11 名先进典型，在师德师风和本职工作上都有优秀的表现，为学院广大师生所认可。

2. 初步探索出学院层面师德师风先进典型表彰的有效方式

在学院晚会上采用播放视频和颁发荣誉证书的方式对选树出来的师德师风先进典型群体进行表彰，在学院师生中产生了较大影响，有利于增强先进典型的荣誉感、自豪感和责任感，也有利于教育引导学院广大教师向身边的先进典型学习；在学院年终绩效奖励方面充分考虑选树出来的师德师风先进典型，对进一步激励学院广大教师努力争当先进起到了积极的作用。

3. 促进了师德师风先进典型经验分享

与全院大会相结合的“立德树人、敬业爱生”系列心得交流活动，展示先进典型风采的微视频，先进典型事迹宣传，都促进了学院师德师风先进典型育人经验的分享，对进一步加强院风学风建设，提升学院师德师风水平，更好地落实立德树人根本任务和持续提升人才培养质量，起到了积极的作用。

四、工作启示

在开展学院层面师德师风先进典型群体选树过程中，机械与能源工程学院注重与学院实际相结合，探索形成有学院特色的选树模式。主要工作启示包括以下三方面。

1. 师德师风先进典型群体的质量把控很关键

学院初步探索实践的选树办法，通过多个环节的把关，能较好地保证选树出来的师德师风先进典型群体的质量。不过这种方式更多是能保证选树声誉好的教师，在如何选树声誉好、能力强的教师方面还需进一步探索完善，以更好地激励广大教师积极参与完成学院重点工作任务，更高质量培养德智体美劳全面发展的社会主义建设者和接班人。

2. 对师德师风先进典型群体要多方位加强宣传

营造师德师风先进典型群体的宣传教育氛围，对于加强学院师德师风建设非常重要。

利用学院晚会进行宣传表彰、通过新媒体开展宣传、组织育人经验分享会等多方位的宣传，起到广泛传递师德师风先进典型正能量的作用，更好地营造全员参与氛围，发挥先进典型引领示范和辐射带动作用，引导广大教师积极争当先进。

3. 要完善机制加大对师德师风先进典型的激励

对于选树出来的先进典型，学院除了要在精神上给予表彰奖励，也要在物质上给予一定的激励。在已有表彰措施基础上，通过年终绩效激励等进一步完善学院师德师风先进典型的激励机制，进一步调动学院广大教师积极性，引导教师把师德师风建设落实到日常教学科研和服务管理全过程，落实到培养优秀人才的各个环节。

以“尊师重教月”系列活动推动附属医院师德师风建设

附属同济医院

一、案例背景

百年大计，教育为本；教育大计，教师为本。教师承担着传播知识、传播思想、传播真理的历史使命，肩负着塑造灵魂、塑造生命、塑造人的时代重任。立德树人的成效是检验学校一切工作的根本标准，师德师风是评价教师队伍素质的第一标准。

在医学专业的教育教学中，见习实习阶段是关键的实践教学环节，该阶段医学生以见习医师、实习医师的身份跟师在真实医疗环境中工作，从实践教学角度，该阶段中每个医院教职工的言行都会对学生产生影响，某种程度上也体现了“教师”职能。如何通过师德师风建设强化附属医院的育人职能，全员全过程全方位推进医教协同育人，充分发挥教师特别是临床教师在教书育人、提升医学生职业素养中的主导作用是附属医院需要高度重视的课题。

附属同济医院依托“尊师重教月”，围绕师德专题教育、选树表彰、宣传弘扬、敬师行动、作品创作、师资培训等方面开展系列活动，在全院范围内强化学习引领，坚定教师初心使命，营造尊师重教氛围，展示全院教师深入学习贯彻习近平总书记在庆祝中国共产党成立100周年大会上重要讲话精神的扎实行动，团结凝聚广大教师更好担负起立德树人根本任务，爱岗敬业、学为人师、行为世范。

二、具体做法

附属同济医院自2018年起，将每年9月确定为“尊师重教月”，通过系列活动营造浓厚的“尊师重教”氛围，铸牢师德之魂，展现医院教师潜心育人事迹和精神风貌，通过各类师资培训活动提升教师教育教学能力，不断夯实附属医院医学人才培养主阵地。2021年尊师重教月以“赓续百年初心，担当育人使命”为主题，通过以下五个方面全面推进附属医院师德师风建设。

1.“三会一册”强化学习引领，坚定初心使命

教育部将2021年确定为“高校教师思想政治工作强化年”，不断加强教师思想政治和师德师风建设。附属同济医院通过全院中层干部会议、全院教学工作会议、基层教研室工作会议，多层面组织全院教师进行“四史”学习教育和师德专题教育；制作“师德专题教育学习资料”指导教研室组织教师学习，促进医院教职工认真学习领会习近平

多层面组织全院教师进行“四史”学习教育和师德专题教育

总书记“七一”重要讲话精神，铭记中国共产党百年奋斗历程，赓续建党初心，心怀“国之大者”，切实担当为党育人、为国育才的光荣使命。

2. 选树师德师风先进典型，加强示范辐射

为发扬尊师重教传统，弘扬高尚师德，鼓励和宣传在教学工作和教学管理中作出突出贡献的教师和教学团队，医院启动2020—2021年度师德师风优秀教师、优秀带教老师、先进教研室/教学团队、卓越研究生导学团队、优秀规培专业基地/培训团队、优秀教育管理者评选活动，通过个人申报、教研室推荐、考核小组考评的方式评选，评选程序科学、民主、公正。修定评优评先标准，将教师的师德师风、行为世范、人才培养质量、以学生发展为中心纳入评价标准，选树潜心育人的优秀教师。选树典型可信、可鉴、可学，共评选出各类优秀教师27名，优秀教研室/教学团队5个，在全院教师节表彰大会上隆重表彰相关个人和团队，并通过医院官网、微信公众号、内网宣传报道，受到广泛关注。

2021年全院教师节表彰大会

2021 年附属同济医院优秀教师立德树人事迹微信推送

医院注重深入挖掘优秀教师事迹，以人物访谈、宣传文章等形式，通过新媒体立体宣传优秀教师立德树人事迹，共推出优秀教师宣传文章（含访谈视频）6 篇，通过选树身边可学可做的先进教师典型，讲好身边生动感人的育人故事，带动广大教师学习优秀教师的精神和热爱教育的情怀，激励广大教师树立高尚师德师风，做学生为学、为事、为人的示范。获评教师均在医院教学工作中兢兢业业，有自觉教书育人意识，关心关爱学生成长，能够不断探索教学方法和模式，促进学生培养质量不断提升，他们的精神和工作事迹为全院教师提供了范例。

3. 多种形式感念师恩，简朴隆重浓厚尊师氛围

老师是学生的镜子，学生是老师的影子，学生的成长和成就离不开引路人教师。在教师节前后，策划开展多层面、师生参与性强的感念师恩活动，引导学生以朴素的方式对教师表达祝福和感谢。教师节当天，教育处和住院医师联合会开展了“交班时刻谢师恩”活动，附属医院全部病区在早交班时刻，由交班住院医师统一读出全体学生的“心声”——“各位老师好！今天是教师节，请允许我代表全体规培医师、实习学生向各位老师表达我们的感谢和尊敬……”该活动整齐划一，感情真挚，使全体教师深受感动，体会到身为教师的荣誉感和自豪感，很多教师在现场热泪盈眶，深深感受到作为教师的幸福和责任。此外，住院医师联合会通过“同济住院医”微信公众号推出感谢带教老师

的视频，年轻的声音、真挚的话语及感恩群像感动了所有教师。本科生在教师节前夜将写好的教师节贺卡一一贴到每个病区医生办公室的门上，教师在教师节当日一上班就感受到学生真挚的情谊。研究生们也从实验室聚集到临床教研室，感谢导师的教导和指引。

教师节前和当日，由院领导带队慰问医院退休教授李素老师，退休终身教授张秀珍、吴文源，教学督导专家和内科、外科、妇产科、儿科各教研室教师，代表医院感谢全体教师潜心治学，教书育人。传承是教书育人的精髓之一，这些退休教授仍然通过各种形式关心医院的教育教学，很多退休教授作为教学督导继续帮助青年教师成长，他们对医学教育的真诚热爱和付出对后辈教师有重要的引领作用。

4. 线上线下融合宣传，弘扬高尚师德

临床教师是医者也是师者，由医院宣传部和教育处共同酝酿，在教师节推出宣传海报。海报遴选老、中、青各专业共 8 名优秀教师代表，以“医者，拯救生命；师者，塑造灵魂”为主题，配以教师代表的影像和从教格言推出，迅速引起广泛响应和共鸣。

2021 年附属同济医院教师节宣传海报

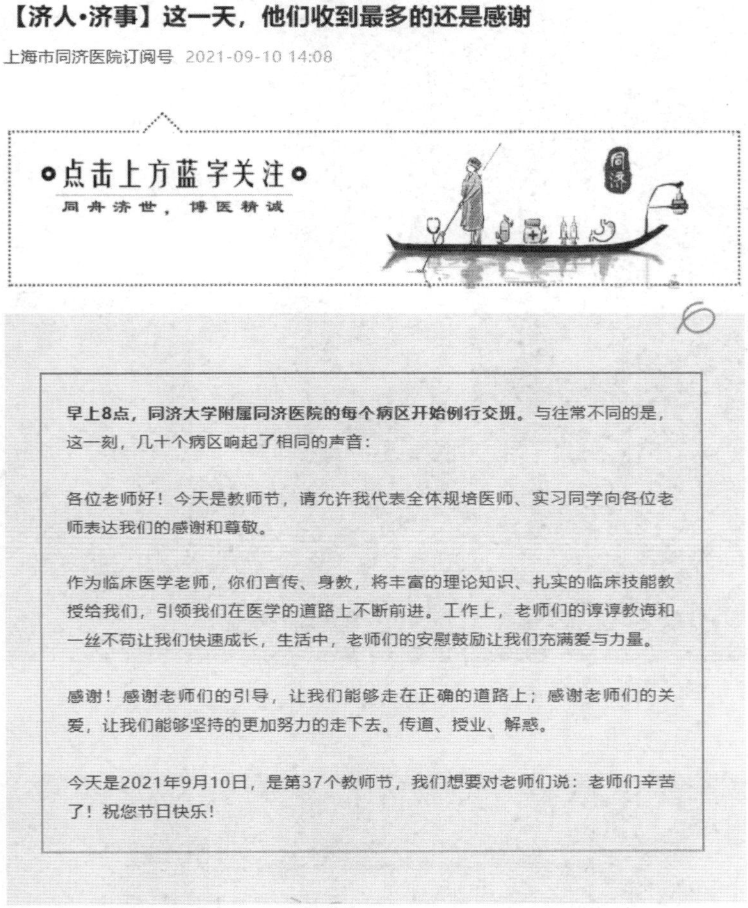

【济人·济事】这一天，他们收到最多的还是感谢

上海市同济医院订阅号 2021-09-10 14:08

早上8点，同济大学附属同济医院的每个病区开始例行交班。与往常不同的是，这一刻，几十个病区响起了相同的声音：

各位老师好！今天是教师节，请允许我代表全体规培医师、实习同学向各位老师表达我们的感谢和尊敬。

作为临床医学老师，你们言传、身教，将丰富的理论知识、扎实的临床技能教授给我们，引领我们在医学的道路上不断前进。工作上，老师们的谆谆教诲和一丝不苟让我们快速成长，生活中，老师们的安慰鼓励让我们充满爱与力量。

感谢！感谢老师们的引导，让我们能够走在正确的道路上；感谢老师们的关爱，让我们能够坚持的更加努力的走下去。传道、授业、解惑。

今天是2021年9月10日，是第37个教师节，我们想要对老师们说：老师们辛苦了！祝您节日快乐！

2021 年附属同济医院教师节“交班时刻谢师恩”活动推送

教师节“交班时刻谢师恩”活动在教师节当日通过医院微信公众号推出，各个病区都展示出师生之间浓浓的情谊。

2021 年 9 月 15 日，医院召开“赓续百年初心，担当育人使命”教师节表彰大会暨文艺演出活动。文艺节目注重弘扬主旋律，节目的背景展映了医院“同医瞬间”教育教学照片，教师们专注、忘我的工作教学场景引起了与会者的共鸣。演出推出师生共同表演的诗朗诵《前浪 后浪》，该作品改编自哔哩哔哩视频作品《后浪》，改编作品突出时代如同海洋，需要前浪引后浪，后浪推前浪，一起前进，一并更高的主题，体现了教

师生共同表演诗朗诵《前浪 后浪》

2021 年附属同济医院教师节表彰大会合影

师在学生成长中的引领和教育的重要性，表达了教学相长、共同进步的朴素情怀，许多教师表示该作品让他们充满了力量，深受感动和鼓舞。

5. 推进强师行动，厚植教育情怀

着力提高教师专业能力是推进高等教育内涵式发展的重要保证。附属医院临床教师作为专业教师，要不断丰富专业知识，增强专业技能，提高专业素养，为学生传道授业解惑；要开拓创新，钻研教育规律，更新教学方法，进行教学探索、改革和创新，努力自我超越，引导学生爱学、会学，把为学、为事、为人统一起来，以文化人、以德育人。

医院通过全院教学工作会议、教学秘书培训会、班主任会议等不同层级会议帮助教师了解医学教育创新发展趋势、新时代高校教育教学要求，引导教师以“有理想信念、有道德情操、有扎实学识、有仁爱之心”为标准，立德修身，成为好老师、大先生。教育处邀请上海中医药大学全国思政示范课程负责人张黎声教授对全院临床教师进行题为“医学（临床）一线教师如何开展课程思政工作——内容选择和实施路径”的师资培训，

上海中医药大学张黎声教授为全院临床教师进行课程思政培训

通过课程思政理念和方法培训，促进教师将育人融入日常教学，做到教书和育人相统一、言传和身教相统一。

为提升教师教学能力，组织全院师资培训会、教师工作坊等帮助教师更新教学理念和方法，推进教育教学高质量发展。组织全院临床教学督导，同时启动全院教学查房比赛和一对一带教指导比赛，共计 15 个临床科室接受现场专家督导，以评促进，在备查、备赛、督导、反思过程中，临床教师教学能力显著提升。

三、建设成效

通过开展“尊师重教月”系列活动，有效强化了附属医院教师思想政治工作和师德师风建设。三尺讲台系国运，一生秉烛铸民魂。以“尊师重教月”为依托，将“四史”学习教育、师德专题教育与教师节庆祝、感念师恩、强师培训等活动有机融合，在“尊师重教”氛围中通过学习引领促进教师更加深刻地牢记为党育人、为国育才的初心使命，促进教师把教育作为矢志不渝的追求，坚决落实立德树人根本任务。

通过师德师风优秀教师选树和宣传，以榜样的力量激励医院教师争做师德高尚、潜心育人的好老师。通过选树挖掘了一批附属医院“身边的好老师”，通过微信公众号、官网、视频号、海报、文艺节目等多种渠道对优秀教师和师者精神进行宣传，全方位立体化营造尊师重教氛围，使全院教师切实感受到作为教师的光荣和自豪，同时激励广大教师以优秀教师为榜样，落实立德树人根本任务，努力培育符合健康中国建设要求的仁心仁术医学人才。教师节主题海报的推出，准确展现出“医者 师者”的精神内核，引起广泛的社会效应。

通过专题会议、主题培训、教师工作坊等多种教育培训形式，有效促进了教师课程思政、专业教育教学能力的提升，有效推进了附属医院教改的实绩和水平。医院作为直属附属医院申报同济大学课程思政项目 7 项，入围 4 项，最终获批 1 项指定项目；在教学成果奖申报方面，1 项通过同济大学遴选，参选上海市教学成果奖；申报并获批同济大学重点课程 2 项，其中 1 项后续获批上海市高校一流课程。教师在良好的尊师重教氛围下，不断精进教育教学本领，获得全国高校微课教学比赛一等奖等多项奖励，形成思想端正、专业素质过硬、教学能力突出、关注学生成长的临床教师队伍，为培养能够服务于健康中国的仁心仁术医学人才提供坚实的师资保障。

四、工作启示

“尊师重教月”围绕教师节从多维度设计系列活动营造氛围、强师促学，将学习引领、优秀教师选树、教学能力提升、教师节庆祝活动有机融合，有利于在以医疗工作为主的附属医院形成规律的、持续的尊师重教效应，延伸扩大影响力，强化临床教师“育人”使命感和荣誉感，将党中央的要求内化于心、外化于行，促进教师成为有理想信念、有道德情操、有扎实知识、有仁爱之心的好老师。

在宣传方面，“尊师重教月”通过在9月持续集中多方式宣传，包括海报设计、人物专访、影像作品、文艺作品等多种形式，官网、微信公众号、视频号、文艺汇演等多种传播方式，以密度较高、主题鲜明的形式聚焦教师和教学工作，能够较为显著地推进师德师风建设。

结合附属医院教育教学特点，在选树活动中多层次、多角度挖掘身边的榜样，能够有效促进附属医院临床教师认识理论课教学和实践教学的“育人”属性，努力做到教书和育人、言传和身教、潜心问道和关注社会、学术自由和学术规范相统一，在医学临床教学阶段通过师德师风建设更好地实现培养仁心仁术医学人才的培养目标。

深化教育引领，激发育人活力

物理科学与工程学院

一、案例背景

2020年9月9日，习近平总书记在第36个教师节向全国广大教师和教育工作者提出了“不忘立德树人初心，牢记为党育人、为国育才使命”的要求。总书记的指示为广大教育工作者指明了社会主义教育的本质、方向和内涵，也对教师思想政治工作提出了更高的要求。古人云：“师者，人之模范也。”在学生眼里，教师“吐辞为经、举足为法”，一言一行都给学生以极大影响。教师的思想政治素质，关乎教师为谁服务，关乎教师以何种态度教书育人，关乎教师以多大的热情投身学术，关乎教师向学生传输何种价值观。一个教师影响一批人，教师的观念可能会影响一批学生的世界观、人生观、价值观。习近平总书记曾深情回忆：“教过我的老师很多，至今我都能记得他们的样子，他们教给我知识、教给我做人的道理，让我受益无穷。”高校教师思想政治工作，重在促使高校教师成为德才兼备、德艺双馨、德高望重的教育工作者。

二、具体做法

党的十八大以来，以习近平同志为核心的党中央从党和国家事业后继有人的战略高度来认识教师工作的极端重要性，把教师队伍建设作为教育事业发展最重要的基础工作来抓，对师德师风建设提出一系列新思想新观点新论断，为培养造就一支师德高尚、业务精湛、结构合理、充满活力的高素质专业化教师队伍提供了科学指导和实践遵循。物理科学与工程学院坚持把师德师风建设摆在首要位置，引导教师把教书育人和自我修养结合起来，激励教师坚定为党育人、为国育才的初心使命，为培养时代新人作出新的更大贡献。学院坚持思想铸魂和高尚道德引领，通过理论学习、榜样引领、实践锻炼等，教育引导教师既要坚守人格底线，更要弘扬践行高尚师德，自觉做中国特色社会主义的坚定信仰者和忠实实践者，做党和人民满意的“四有”好老师，努力成为“大先生”。学院坚持开展师德违规通报和警示教育，切实发挥师德惩戒的震慑作用。建立科学有效、切实可行的师德考核评价办法，强化考核评价结果运用，加强师德档案管理，推动师德教育督导常态化。

1. 支部混编，创新教师思政教育载体

2019 年 4 月，学院党委完成了支部调整工作，形成在职教职工与研究生混编支部 7 个、在职教职工与本科生混编支部 1 个。混编支部实现了教师党员和学生党员的双向促进。一方面，教师党员对学生党员的“传帮带”作用得到充分发挥，通过优秀教师党员在支部讲党课等，导师在立德树人过程中的作用逐渐显现，并实现了党支部书记“双带头人”的全覆盖。党支部“三会一课”学习活动逐渐规范化，在教师党员的带动下，支部活动的出勤率越来越高，保障了支部学习效果。另一方面，青年学生思维活跃，带动创新党支部活动内容、形式，使得支部学习形式多元化、支部活动方式逐步多样化，党员参与的主动性、积极性不断提升，师生讨论氛围热烈，党支部活动效果显著。与此同时，通过“不忘初心、牢记使命”主题教育，支部书记及支委的政治素质、思想理论水平不断提升，逐渐在支部建设中突显引领作用和核心地位，积极促进了党支部主动提升

建设。2020 年，学院第四党支部获评同济大学学生党支部“对标争先”建设示范项目。

2. 建章立制，实现思政学习教育常态化

系统设计，建立教职工思想政治学习教育的长效机制，实现学习教育常态化、多元化、实效化。构建教师思政学习常态化机制，每年学院会制定当年的教师思政学习制度，每学期制定思政学习计划，并将制度、计划发给全体教师。思政学习形式多样，有邀请报告、中层干部讲党课、院长讲规划等；学习内容丰富，有理论学习、参观实践、师德师风警示案例等，保证了学习效果。同时在政治学习中穿插业务讨论、业务学习，使得教职工对参与集体学习的兴趣日益浓厚，学习效果逐渐显现，对学院整体中心工作的推进作用逐步增强。

航天八院 709 所党委书记党建成研究员作“航天技术发展和航天精神传承”报告

3. 标兵立榜，弘扬立德树人良好风尚

学院大力弘扬和表彰教师爱岗敬业、献身教育事业的先进事迹和高尚师德，学院制定了《同济大学物理科学与工程学院师德师风评价标准》，自 2018 年起，每年开展物理科学与工程学院“师德师风标兵”评选活动，充分发挥榜样的引领示范作用。

（1）“标兵”评选范围广

学院“师德师风标兵”评选活动的覆盖范围广。从岗位类别来看，面向专任教师、思政教师、管理人员、教辅人员等不同岗位类别，评选名额分别为教学型 2 人、教学科研型 6 人、教辅 1 人、管理人员 1 人。从年龄来看，评选出的师德师风标兵中，有经验丰富的老教师，有年富力强的中年教师，还有充满活力的青年教师。从而实现在各个领域、各个年龄阶段树立标兵，形成向优秀教师学习的风尚。

（2）“标兵”评选过程公开公平公正

“师德师风标兵”以学院各工会小组为单位进行民主推荐，每个工会小组经无记名投票推荐 10 名候选人，其中教学型推荐 2 人，教学科研型推荐 6 人，教辅推荐 1 人，管理推荐 1 人，并给出推荐理由；也可由教师个人直接推荐或自行申请。物理科学与工程学院“师德师风标兵”评选委员会对各工会小组推荐的候选人名单进行审议，确定获奖人员。最后将本年度“师德师风标兵”人选名单在学院内公示。

物理科学与工程学院开展“师德师风标兵”评选活动

（3）“标兵”具有引领示范作用

学院“师德师风标兵”在教学科研、立德树人方面发挥着重要的引领示范作用。

2018年、2019年连续两年获评“师德师风标兵”的陈鸿教授，历任物理系主任、波耳固体物理研究所所长、物理科学与工程学院院长，长期从事凝聚态物理与光物理的理论及实验工作，以深入浅出、通俗易懂的教学风格培养了一大批优秀学生，其严谨的工作作风以及在教育事业中不断进取的精神潜移默化地让学生终身受益。陈鸿教授为学院发展、学科建设、人才培养等作出了突出贡献，深刻影响着全院广大教师，尤其是为青年教师作了榜样示范，激励和鼓舞着教师积极投身人才培养、学科建设、服务国家需求的工作。

2019年“师德师风标兵”、普通物理教研室主任、第一支部书记吴天刚教授，教书育人，立德树人，授课中以身作则，引导学生积极向上、明辨是非；有扎实的知识功底、过硬的教学能力、科学的教学方法，主动利用业余时间为民族生补课答疑，受到学生们的欢迎。

2019年“师德师风标兵”王占山教授获评2020年度上海市教育系统“为人为师为学”先进典型，以他为核心的精密光学工程技术研究所研究生导学团队获评2020年同济大学首届“卓越” 研究生导学团队标兵。团队教师定期为研究生开设讲座，指导学生养成正确的学习方法，树立正确的自我发展观，并通过相应的激励机制鼓励研究生参与重大课题、发表高水平论文，增强学生的创新能力，培养学生的创业精神。时刻关心学生的思想心理状况，注重品德教育，引导研究生树立正确的人生观、世界观和价值观。鼓励研究生根据科研项目需求组成创新小组，合作开展科研工作，明确参与同一项目的研究生的职责和学术成果的共享机制，培养了研究生的团队合作精神和学术共享意识；帮助研究生形成正确的自身发展规划和未来的职业规划，培养面向国家和经济社会发展需要、适应未来科技进步、德智体美劳全面发展的优秀人才。

三、建设成效

1. 教师思想政治引领成效显著

学院围绕立德树人根本任务，加强师德师风建设，纳入“三全育人”试点学院建设内容，制定学院师德师风先进个人评选办法并开展了两次评选活动；改革师德师风考核制度，依托党支部组织教工思政学习并进行考核，将师德师风考核与日常学习和教育情况相结合。通过一系列的举措，提升了教师的思想政治素养，提高了教师师德师风水平，在教职工思想引领方面取得了较为显著的成效。2018—2023 年，学院有 7 名教师、1 名教辅人员提交了入党申请书，2 名海归教师已发展为党员，2 名教师成为入党积极分子。

2. 学院“课程思政”改革稳步推进

学院持续推进教师思想政治教育，不但使教师思想政治素养不断提升，而且为教师开展“课程思政”提供了有力支撑。理论学习为学院教师提供了更多可以融入专业课程的思政元素，使教师不断提高站位，增进对开展课程思政教育教学改革内涵的理解，不断提高教书育人水平，提升课程思政建设质量。学院教师课程思政建设的意识和能力得到很大提升，参与课程思政建设的积极性和主动性不断提高。2020 年学院承担了上海市和学校课程思政教育教学改革试点项目各 1 项，完成了物理专业理论和实验课程的课程思政改革，获批上海市精品课程 1 门、上海市教委重点课程 1 门，进一步落实思政教育与专业教育的有机融合。多名教师分获 2021 年上海市高等学校基础课程青年教师讲课竞赛特等奖。2022 年学院教师获上海市教学成果奖一等奖、上海市高等学校物理基础课程青年教师讲课竞赛二等奖、同济大学教学创新大赛一等奖、同济大学青年教师讲课竞赛优胜奖，获评同济大学“名课优师”等。

3. 广大教师立德树人奋进担当

从扎根一线 35 年的老教师到初露锋芒的青年教师，从基层管理人员到一线辅导员，从一线支部书记到群众，学院评选的“师德师风标兵”中，无论年龄大小、职务高低，都坚定理想信念、践行初心使命，在各自岗位上发光发热，发挥模范带头作用和示范引领作用，激励学院广大一线教师在教学、科研、社会服务等工作中作贡献，坚守立德树人使命初心。新冠疫情期间，学院教师全身心投入疫情防控和教育教学工作中，完成全校学生的“大学物理”“大学物理实验”教学工作，展现出高度的责任感和使命感，在疫情大考中交出了令人满意的答卷。

四、工作启示

坚持把师德建设摆在首要位置。通过全院大会、思政学习小组等多渠道的多元学习方式激励教师坚定为党育人、为国育才的初心使命，为贯彻落实立德树人根本任务作出新的更大贡献。

坚持思想铸魂和榜样引领。通过选树典型、宣传教育等，教育引导教师向榜样学习，弘扬践行高尚师德，自觉做中国特色社会主义的坚定信仰者和忠实实践者，做党和人民满意的“四有”好老师，努力成为“大先生”。

坚持开展师德考核和警示教育。建立并持续优化科学有效、切实可行的师德考核评价办法，强化考核评价结果运用，加强师德档案管理，推动师德教育督导常态化，切实发挥师德惩戒的震慑作用。

激发教师队伍活力，助力人才培养创新

新生院

一、案例背景

高校人才培养是育人和育才相统一的过程，教师队伍在人才培养过程中发挥着举足轻重的作用。目前，基层党组织在引领创新活力方面普遍存在政治核心作用发挥不充分、理论引领形式较为单一、党建工作和业务工作结合不紧密、新媒体手段运用较为薄弱等问题。如何在新时代的实践中充分发挥基层党组织的堡垒和创新作用，尤其是高校基层党组织如何引领激发教师队伍活力，助力人才培养创新已成为亟待解决的问题。

在"三全育人"综合改革背景下，新生院教工第一党支部立足"宽口径、厚基础"的拔尖人才培养，紧密围绕"更好地培养和服务新生"工作目标，搭建坚实的育人"聚宝盆"平台，将通识教育、大类培养、专业引导等融入党建工作，以党建促业务，引领激发教师队伍活力，依托九大学堂，与专业学院密切协作，打造多元育人共同体，形成"全方位、多层次、立体化"的人才培养路径，助力人才培养创新。

二、具体做法

1. 构建基层党组织激发教师队伍活力，助力人才培养创新“三位一体”的顶层设计

立足人才培养，充分发挥基层党组织的战斗堡垒的作用，从理论引领、机制创新、实施路径三个方面，激发教师队伍和人才培养创新活力，构建人才培养创新长效机制。

在理论引领方面，新生院教工第一党支部以线上线下相结合的形式，深入学习贯彻党的二十大精神和习近平总书记关于教育的重要论述，以习近平新时代中国特色社会主义思想为指导，广泛阅读党组织引领教师队伍和激发人才创新活力的相关文献，调研新生在创新培养方面的现状和需求，针对目前支部存在的创新引领不足的问题，研究优化方案，为进一步增强支部创新活力奠定理论基础。

新生院教工第一党支部集中理论学习

在机制创新方面，充分利用支部多元化资源，通过支部共建等形式，构建了“新生院—学堂—专业学院”融合联动机制，以党建促业务，成为“校—院、院—院、学科—专业”业务联动机制的有效补充。在深化理论学习的同时，通过支部共建，深入学习《关于全面提升人才培养质量的若干意见》，结合二十大精神，开启对同济大学人才培养工作的新思考，对学校施行“共性基础 + 个性发展”的多元化人才培养模式，逐步实现由以通识教育、专业教育为特征的“1+3+X”人才培养体系，向强化基础、通专融合的“2+1+X”人才培养体系的转变有了更深刻的认识。

在实施路径方面，以深化理论学习为基础，联合专业学院、学堂、新生导师等资源，开展多形式的学习教育活动。联合学堂支部，调研嘉定校区交通运输工程学院、机械与能源工程学院；联合建筑与城市规划学院教工第一党支部和第七党支部、新生院教工第七党支部及新生导师等资源，开展“跟随总书记的脚步，在上海发现金山银山”——同济大学新生院、建筑城规学院师生党支部学习“习近平在上海”主题党日活动；拓展人才培养合作资源，瞻仰龙华烈士陵园，在行动中践行党史学习教育理论。

新生院教工第一党支部、第七党支部与建筑与城市规划学院教工第一党支部、第七党支部开展共建活动

新生院教工第一党支部、第三党支部与机械与能源工程学院教工第九党支部开展共建活动

新生院教工第一党支部、第七党支部与交通运输工程学院教工党支部开展共建活动

2. 探索全方位、多层次、立体化的人才培养创新途径

首先，基层党组织主动适应和对接新时代对创新发展的人才需求，通过红色演绎、榜样示范、大国公民意识培养等指引方向，厚植爱国主义精神，激励创新发展。支部党员积极参与和组织新生爱国主义教育活动，通过开展新生教育周系列活动、优秀大学生报告会、大型历史剧演出等方式，支部充分发挥党建在学生思政教育中的核心和引领作用，引领新生树立远大理想、积极向党组织靠拢，引导学生自觉将个人发展与国家需要紧密结合，培养具有同济情怀、家国使命的新时代大学生。

其次，找准党建工作和业务工作的结合点，聚焦深度融合，培育具有人才培养创新特色的工作载体，搭建人才培养创新平台。围绕“大类培养模式下主修专业确认和专业引导路径”这一主题，通过实地走访、专题研讨、调查问卷等形式深入了解新生、导师和专业学院的情况和需求，践行一系列“我为师生办实事”工作。引入校友及朋辈导师授课，用同学们愿意听、听得进的方式进行专业引导。组织学生走进实验室及各类实践基地，增强其对学科发展的可视性、感知性认识。通过专业导论课、专业博览会、实验室探秘、专业大咖说、线上逛专业等线上线下相结合的形式，学生获得听、看、做、讲等方面全方位体验专业的机会，提升了对学科专业前沿和未来职业发展的深入认知，从而在充分了解专业和自身志趣、特长匹配度的情况下选择专业。此外，积极将社会组织的丰富资源整合进学校立德树人全过程，新生院与上海高顿教育科技有限公司合作，成立“同济大学高顿奖学金、奖教金”，鼓励优秀师生追求卓越，培养高质量、高层次的卓越人才。

再次，充分发挥支部教师党员的先锋模范作用，焕发党员队伍的活力。支部引领全体党员牢记“为党育人、为国育才”的使命担当，使每一名党员及党员后备队伍成员都成长为鲜红的旗帜，着力锻造坚强有力的新生院基层党组织，紧扣立德树人根本任务，发挥思想引领作用，建设党旗高高飘扬的战斗堡垒。支部设立“党员示范服务岗”，并组织开展“下社区”活动为新生答疑解惑，切实想学生之所想，急学生之所急，将学生的需求摆在第一位。同时，主动创新服务师生，为大类专业涉及嘉定校区的新生增设“嘉园直通车”导学活动，两周开展一次。活动中，在导师的带领下，新生提

前领略嘉定校园风光，同时深入了解自己未来的学院和专业的教学条件等，为未来的专业学习做好铺垫。

最后，加强基层党支部的信息化建设，充分运用各类多媒体手段和新媒体资源激发教师队伍的创新能力。新冠疫情期间，充分利用线上资源，开展“云端学术嘉年华”，探索“云端”专业引导新模式，充分发挥“聚宝盆”效应，集聚校内外优质资源，以互联网为媒介，利用多形式的在线平台软件，以兴趣导向为原则，帮助学生了解各学科专业，扩大新生视野，激发专业兴趣，为通专融合打下坚实的基础。“云端——学术嘉年华”由“云享——青椒微讲堂”“云听——专业大咖说”“云看——专业随心逛”“云连——校友在线谈”四大板块组成，共开展在线讲座55场，完成文字推送48篇。“云享——青椒微讲堂”邀请17个学院优秀的青年教师为新生开展21场通识教育讲座，共计3000余人次参与。围绕“纳米技术”“历史建筑”“游戏设计”“色彩美学”“自动驾驶”“创意与创新”“相对论时空观”“人工智能时代”“抗疫与抗震”“人文学”“电影音响技术”等话题，为同学们带来精彩的通识讲座，让同学们度过美好时光的同时，交流自己的一些学术思考，感受到特殊时期来自母校的关怀和牵挂。“云听——专业大咖说”共邀请28个学院的学术大咖为新生开展专业宣讲，实现本科专业宣讲全覆盖，共计近4000人次参与。同济大学原常务副校长陈以一教授做客专业大咖说，从新冠疫情出发，结合火神山医院、雷神山医院，以客厅方舱医院的建造诠释土木工程和智能建造的魅力，从计算尺时代到电脑计算，从设计软件到智能设计的变迁过程讲述土木人的故事，激励新生做未来有积淀、有挑战的新时代青年。“云连——校友在线谈”这一板块中，新生院联合校友会邀请多位大咖校友围绕“专业选择与成长路径”与新生开展云端对话，校友分享其在专业及个人成长中的经验和感悟，为新生提供与校友云端对话的机会，使学生更加明晰专业选择与职业发展之间的关系，深刻感受“同济人”的创新精神和身为“同济人”的自豪感，以楷模的力量激发学生的专业兴趣。“云看——线上逛专业”通过新生院官方微信公众号发布推送，向学生集中呈现各学院专业“百科全书”，共计29个学院参与。学生可以通过查阅推送深入了解各学院的发展历史、专业剖析、人才培养模式、毕业去向等方面，在学生中广受好评。

“云享——青椒微讲堂”“云听——专业大咖说”推文封面

同时，针对学生关心的教学管理事务（如选课、主修专业确认等），面向4000多名新生持续开展全覆盖的线上答疑、政策宣讲；为学生制作选课及主修专业确认的动漫视频，用生动的形式为同学们解读相关政策。

三、建设成效

1. 基层党组织教师创新意识有所提升，教师队伍活力增强

通过基层组织建设搭建青年教师发展平台，发挥党支部的凝聚力和引领作用，使其转化为青年教师饱满的工作热情，从而使各项教学科研工作生机勃勃，促进教师提升创新意识，更好地服务大类人才卓越培养。

2. 基层党组织党建促业务能力增强，新生创新能力显著提升

基层党组织以党建促进业务能力进一步增强，依托专业学院和新生导师资源，2021年度开展学科竞赛、创新体验、实验室参观、社会实践、讲座报告、学术博览会等100余项学科特色活动，参与新生达4000多人次，极大地丰富了教学组织形式，增强了新生的专业兴趣与认知。新生院联合土木工程学院、环境科学与工程学院、材料科学与工程学院、航天航空与力学学院、机械与能源工程学院、物理科学与工程学院、创新创业学院、外国语学院等开展学科竞赛，参赛新生人数创历史新高，逾1600人次，占新生总数的35.55%。新生导师积极指导学生参与同济大学创新实践训练计划项目，2020级

新生导师中，共有 301 名新生导师、1250 位新生参与同济大学创新实践训练计划项目，新生参与人数较 2020 年度提高 32.13%。

四、工作启示

党的二十大报告提出："推进以党建引领基层治理，把基层党组织建设成为有效实现党的领导的坚强战斗堡垒。"这足以说明基层党组织的重要作用，只有持续加强基层党组织建设，增强基层党组织政治功能和组织力，才能推动基层治理体系和治理能力现代化迈上新台阶。

在高校，要立足人才培养，充分发挥基层党组织的战斗堡垒的作用，从理论引领、机制创新、实施路径三个方面，加强党建促业务能力，激发教师队伍和人才培养创新活力，构建人才培养创新长效机制。同时，找准党建工作和业务工作的结合点，探索全方位、多层次、立体化的人才培养路径，围绕"更好地培养和服务新生"这一初心，结合新生院建设"三全育人"改革示范区的要求及教工支部的特点，以抓实调查研究为载体，以党建促业务，积极推进"两学一做"学习教育常态化机制，建立"规定动作 + 特色项目"的学习模式，构建"全过程、深层次、多形式"的基层党组织学习教育机制。

今后，支部将进一步探索多维评价体系，通过问卷、座谈、创新竞赛数据分析等途径，探索基层党组织引领教师队伍进行人才培养创新的多维评价体系，切实提升人才培养创新成效。

國立同濟大學

国际学生课堂思政教学案例的探索与实践

国际文化交流学院

一、案例背景

2019年12月9日，时任国务院副总理孙春兰在国际中文教育大会上强调："深化国际中文教育，让世界更加了解中国。"国际中文教育的教学对象很多是"一带一路"沿线国家的留学生，他们是"一带一路"倡议的见证者或直接参与者，更是中国特色社会主义核心价值观的体验者与传播者。如何给国际学生上一堂"润物细无声"的思政课程，将文化育人元素导入整个教学过程，探索在多文化、多价值共存的留学生课堂教学中发挥思政教育的作用是国际中文教育的重中之重。

为促进中华语言文化国际传播和国际中文教育事业的发展，寻求更有针对性和可操作性的传播与教育方案、案例与实践路径，国际文化交流学院积极响应学校大力推进"课程思政"教学改革创新，构建一体化育人体系，形成全员全过程全方位育人格局的号召，并结合新冠疫情给留学生中文教育带来的挑战，总结成功经验，持续强化课程的育人功能。

二、具体做法

国际文化交流学院通过精心设计、具体筹备，围绕国际学生课程思政先后组织了典型教学案例征集、大型研讨会及教学案例大赛等系列活动，积极倡导并逐步推进学院课程思政建设。特别是在课程思政师资队伍建设与培养、教材选取与教案设计、课程设置与实施等方面进行了全方位的探索与实践。具体做法如下。

1. 统一思想认识，深刻理解“课程思政”的重要性及内涵

首先，学院充分利用每周二下午的业务学习时间，通过集中研读相关文件、学习成功经验及分部门讨论等方式，引导学院教师和行政人员深刻理解“课程思政”的内涵，从思想上引起大家的重视，形成了共识为学院下一步推进课程思政建设奠定了基础。其次，鼓励教师积极申报课程思政教改项目，以研促教，更新自己的知识结构，吸收新的教育理念，积极探索教育规律，不断提升自身的业务水平。最后，学院提倡教师要以身作则，为人师表，鼓励教师在教学、科研、师德师风等方面起到先锋模范带头作用。在培养学生的过程中，不仅要传授知识，培养能力，更要注重以自己的人格魅力和实际行动影响学生。

总之，教师们只有群策群力，深刻领悟“课程思政”的重要性及其内涵，内化于心，外化于行，才能进一步多角度地寻求课程思政教育的可能性，为实现学院课程思政常态化、规范化打下坚实的基础。

2. 基于“课程思政”要求，多视角、多渠道、多载体深入挖掘每门课程中的思政育人元素，优化教学设计

为更好地促进交流沟通，共享学院“课程思政”建设成果，总结成功经验，学院于2020年9月面向全体教师开展优秀“课程思政”教学案例征集活动，共收到教学案例23份。这些案例或为结合新冠疫情形势开展的“课程思政”线上教学设计；或为涉及教学目标、教学过程、教学考核评价等“课程思政”的教学设计；或为基于中华传统文

化育人因素的分课型、分层次教学设计。所依托的教学内容既丰富又具体，涵盖范围广，针对性强，涉及理工、医学、汉语言文学等专业。具体见表 1。

表 1　　　　国际学生课程思政教学案例

序号	姓名	案例名称
1	卞舒舒	医学班科普时文阅读课教学案例——以《屠呦呦：一株济世草 一颗报国心》为例
2	邓亮	对外汉语教学中的中国传统文化教学——以春节为例
3	胡方芳	《汉语听力教程》（第一册）第 16 课教案
4	黄晓静	向海外学生讲好“中国故事”——谈课程思政在初级汉语口语课中的探索与实践
5	李海燕	面对挫折，永不放弃
6	李凰	离我们最近的心理疾病——抑郁症
7	李萍	文化认同互鉴，滋情育德 ——以《谐音与中国文化》为例
8	李挺	文化传播课中如何讲好“中国故事”
9	凌璧君	一诺千金
10	刘运同	专业课上的闲聊
11	娄晓凯	“孔子和儒家思想”教学设计与实践
12	潘海峰	从词汇变迁与接触看文化融合与互鉴
13	孙宜学	《小橘灯》教学设计与实践
14	王琼	《炉中煤》教学案例
15	夏雪飞	《念奴娇・赤壁怀古》教案
16	邢贺	润物细无声，让留学生更好地了解中国
17	许涓	预科科普汉语 B 级读写课线上教学案例
18	颜晓春	谈课程思政在预科词汇教学中的探索和实践
19	姚伟嘉	汉语拼音与汉语语音教学
20	张占山	儒家积极入世思想与留学生奉献精神的陶冶
21	张志方	《陋室铭》教案
22	赵莹	佛罗伦萨大学孔子学院中国文化系列讲座之汉字的故事
23	郑婕	时事新闻在综合课泛读材料中的选用

此外，学院积极组织教师经验分享会，鼓励优秀教师分享教学案例、课程设计、教育实践等内容，搭建学院留学生“思政教育知识智库”，共享教育经验，总结优化教学

国际学生课程思政教学案例集

实践。同时，为了更进一步了解留学生的需求，学院举办师生茶话会、学长学姐交流会等活动，拉近师生距离，更有利于了解留学生基础水平与教育需求，探索留学生易于接受的课程渠道与载体，避免“学生中心”成为纸上谈兵。

3. 基于“课程思政”的教学设计，开展系列研讨活动，提炼并优化教学内容

为了更好地应对新冠疫情影响下新的国际中文教育面对的各种问题和困难，2020年10月31日，学院联合上海沃动科技有限公司、深圳市中文路教育科技有限公司、仕程卫教信息科技（上海）有限公司举办了“‘一带一路’语言文化传播校企联盟年会暨‘同济杯’国际中文教育教学案例大赛”，共同为语言文化传播和国际中文教育事业的发展坦诚交流，共谋发展，为中华优秀文化、沿线国家优秀文化自身发展和相互交流提供更有针对性和可操作性的方案、案例和实践路径，以推动中文和中华文化国际传播事业蓬勃发展。首届“同济杯”国际中文教育教学案例大赛也于同日举行。这是学院推广留学生课程思政教学改革案例的重要举措。

在此次集研讨和比赛于一体的大会上，主旨演讲专家针对“讲好中国故事，传播中国声音——开展中外人文交流的实践与思考”“关于汉语国际教育课程思政与专业融合的几个问题”“家族传承道与术”等话题展开讨论，给学院教师团队课程内容打造与教学方法创新带来了极大启发，为今后进一步挖掘课程思政内容提供了准确方向。学院教

2020 年“一带一路”语言文化传播校企联盟年会暨“同济杯”国际中文教育教学案例大赛

师提供的教学案例，得到了与会专家相应的意见和建议，进一步明确了国际中文课程思政的具体实施路径。此次大赛为国际中文教育领域的实践者搭建了绝佳的交流、总结、展望、合作平台，与同行的交流沟通推动了资源的共享和教研的合作。学院还将征集评选的优秀案例整理汇编，纳入“同济大学国际学生教育德政工程丛书”出版，以期对未来有所参考。

4. 积极迎接新挑战，规划教学案例，引入科技助力教学，创新教学设计

目前，在国际中文教育领域，一线教师积极探索线上授课的新模式、新方法，让世界各地的汉语学习者足不出户也能学好汉语，在新冠疫情期间实现了中文和中华文化“走出去”的脚步不停止。此外，伴随着互联网的蓬勃发展，在线教育、VR 教学、全媒体等如雨后春笋般冒出，为引入科技助力教学、创新教学设计增加更多的可能。未来很长一段时间里，国际中文教育如何与教育技术紧密结合，如何将文化育人元素有效地贯穿

国际中文教育之中，是中文教师面临的新挑战。

首先，学院对教师的教学案例做了整体规划：一是要立足学院办学特色，教学设计必须符合留学生认知发展规律，使留学生深刻理解汉语与中国文化的关系，逐步提高留学生运用汉语的实践能力；二是通过深入挖掘中文课程蕴含的中国哲学、社会历史、文学艺术、思维方式和价值观念等中华文明和当代中国国情的内容，稳步培养留学生知华、友华的情感意识。三是通过中外语言文化多层次、多角度的对比分析，让留学生了解不同语言文化之间的差异性和多样性，做到相互理解、求同存异，逐步培养留学生的跨文化交际意识和能力。学院力求以留学生为中心，结合“课程思政”要求，在教学实践中融入“文化育人”要素。

其次，引入科技助力教学，创新教学设计。针对留学生的课程思政教育，文化育人一定要在传统教学形式的基础上创新。在如今全媒体的互联网浪潮下，科技与教育的融合是大势所趋，特别是新冠疫情暴发以来，在线教育快速发展，为引入科技助力教学奠定了牢固基石。基于此，学院在教学过程中采用了微信公众号、小视频、新闻短片等新媒体教学要素，在元宵节、中秋节等中国传统节日举办中华优秀传统知识抢答、穿汉服等趣味活动，以学生喜闻乐见的形式展开思政教育。学院还开办了线上汉语研习营等活动，让留学生突破时空限制通过网络加入共学。此外，结合学院“熊猫叨叨——国际学生讲中国故事”特色项目，学院教师团队积极组建包括指导老师、留学生、学生助管在内的“工作团队”，鼓励留学生参加采访、“行走看中国”、茶话会等活动，指导学生参与稿件撰写、视频剪辑等工作，借助融媒体平台，发挥“文化育人”的作用。

三、建设成效

1. 营造了“探究、合作、分享”的课程思政教研氛围，课程思政教学工作从学院倡议组织逐步成为教师个人自觉

通过组织研讨会、案例征集、案例大赛等活动，学院形成了思政教育探讨热潮和积极合作传播正能量的浓厚氛围。同时，学院鼓励和支持教师通过自学、进修、在线培训、

教研等方式不断提升自己的思政意识，自觉转变教育观念，践行思政教育。

2. 产生了系列具有较强针对性和时效性的可推广型教学案例

教师结合教学实践总结形成国际学生中文课程思政教学案例，例如，根据留学生的汉语水平分层从基础汉语、中高级汉语、科技汉语等不同课程中提炼文化基因和价值范式，更多地强调过程育人、文化育人，针对性强。同时，教师的课程思政教学案例均来自授课内容和教学实践，时效性、可操作性和可借鉴性强，对于学校其他学院留学生教育教学工作具有重要借鉴意义和应用价值。

3. 以“学生中心”教育理念和“文化育人”的思政理念完美融合

针对留学生汉语水平参差不齐、专业多、国别化等特点，学院从领导班子到一线教师时刻牢固树立“三全育人”的教育观和课程思政理念，注重将文化知识育人和思想道德育人相结合。教师按照要求通过优化各类汉语课程设计，合理规划教学内容，深入挖掘教材、补充资料及实践活动中的文化育人元素，改革与创新教育教学方法，完善课堂教学评价标准，将文化育人内容贯穿汉语教学活动各个阶段。在此基础上，实现语言应用能力提升与文化育人的融通，使留学生在发展和提高运用汉语学习专业知识的能力的同时，进一步了解中国传统文化和当代中国国情，成为知华、友华的使者，完成汉语课的“课程思政”目标。

四、工作启示

1. 润物细无声

首先，在教学过程中，教师要善于挖掘课程中隐含的文化基因和育人点。例如，在高级阶段的汉字教学过程中，教师可以将每课中的字形按照意义类属归类，这样既可以帮助学生快速识记汉字，又可以增加汉字起源与上古社会体现的尊重自然规律的思想、汉字与传统宗教信仰中体现的“天人合一，天下大同”的哲学观、汉字与传统科技文化体现的“精益求精”的科学精神等有关中国传统文化的育人元素。其次，在教学设计中，教师要利用各种现代化的教学手段将文化因素巧妙地融入教学活动中，使之潜移默化地影响留学生。例如，教师可以结合教学内容适时补充中华民族历史和现实中的英烈先驱、先锋模范人物感人事迹介绍等，采用视频、讨论、实地参观等方式，使留学生深入了解中国文化的核心和基本发展趋向，明确中国文化巨大的包容性和兼容力。

2. 越开放，越发展

不同语言文化，不同文明之间的多样性和差异性是客观存在的，“文明因多样而交流，因交流而互鉴，因互鉴而发展”。作为从事汉语国际教育的教师，不仅要认识到不同语言文化之间的差异，具有敏锐的跨文化交流意识和能力，而且还要讲好中国故事，聚焦中外之间的共性文化，引起留学生的共鸣。要做到以上两点，教师要特别注重加强与兄弟院校及国际学校之间的交流沟通和合作，及时总结经验，分享科研成果，相互交流借鉴，进而融合融通，最终达到共同发展、共同进步的目的。

加强继续教育课程思政，建设教学研究示范中心

继续教育学院

一、案例背景

为深入贯彻落实习近平总书记关于教育的重要论述和全国教育大会精神，落实中共中央、国务院《关于深化新时代学校思想政治理论课改革创新的若干意见》、教育部《高等学校课程思政建设指导纲要》和国家教材委员会《习近平新时代中国特色社会主义思想进课程教材指南》要求，继续教育学院全面推进课程思政建设，坚持以习近平新时代中国特色社会主义思想铸魂育人，着力构建继续教育课程思政工作体系，推进教改创新，培育优秀团队，开发示范项目，并于 2021 年获评教育部继续教育课程思政教学研究示范中心。

示范中心遵循继续教育教学规律，针对成人教育领域思政教育长期存在的重讲授轻评价、体系化建设水平低、过程引导少、机制与模式探索不足等问题，秉持习近平总书记“人民城市人民建，人民城市为人民”重要理念，以课程思政大团队培育为抓手，全链提升人民城市学科专业群课程思政水平，重点开展继续教育课程思政理论、方法、标

准与评价的集成创新，推动上海市、长三角和全国成人教育课程思政的共建与共享，形成了丰厚积累和明显成效。

二、具体做法

1. 明确使命，科学设计建设思路

领导班子带头组织全院教师骨干、管理骨干深入开展继续教育课程思政大讨论，坚持“目标、问题、需求”导向的协调统一，系统构建融价值塑造、知识传授和能力培养于一体的学历继续教育课程思政体系。以培养素质全面的应用型人才为目标，明确课程思政质量目标为“政治认同、家国情怀、文化素养、法制意识、道德修养、职业素养”协调发展。以现有成人教育思政教育存在的“浅表化、硬融入、弱评价、少共享、激励不足”等问题为导向，系统改进课程思政教学设计、过程引导、效果评价和激励机制。以成人教育课程思政高质量发展对支撑条件的需求为导向，系统设计课程思政标准、流程、制度、模式，推进教改创新研究，打造信息化支撑平台，开展全流程培训。

学历继续教育课程思政体系

2.设计基于系统论的继续教育课程思政发展体系

立足继续教育人才成长规律和应用型人才培养目标，全体系推动继续教育思想政治教育理论研究、方法创新、支撑条件优化、建设应用和示范推广，据此构建集多元一体的质量目标、多维自适应的模式路径、多参与主体协同联动和多空间联合支撑于一体的继续教育课程思政发展体系。

（1）质量目标

实现立德树人任务目标，达到应用型人才培养要求，遵循成人教育规律，体现专业知识和思政引领的有效融合，形成学生思政教育效果的高水平评价，具有良好的可复制、可推广经验。

（2）模式路径

① 专业课程思政链

立足单一专业三年课程，开展课程思政的递进式任务分工，研判设计各环节间课程思政的协同功能，明确质量控制点，形成全过程课程思政链路。

② 课程思政心智共享模型

建设基于团队学习心智共享的课程思政教研协同创新模型，整合本学院建筑学教研室等专业发展力量、同济大学马克思主义学院等协作力量、上海市相关高校继续教育学院及长三角区域龙头企业等单位组成全过程课程思政联合体，研究“三圈层”课程思政教研协同创新模式和交叉课题组织方法。

③ PDCA 专用画布开发模式

基于课程思政内容开发课程思政标准画布，在重要合作、关键业务、价值服务、客户关系、核心资源、渠道通路、条件支撑、质量评价等方面设计课程思政项目建设的标准化模板，为虚拟教研、过程质量管控提供清晰观测，并为持续改进提供预测评判。

④ 6W2H 建设评价方法

采用“6W2H”标准化评价模型评判教师专业发展、课程思政理念、教学技能、教学效果，形成涵盖总体目标与内容思维导图、对象分析、分解后思政知识点、章节均衡分布、时间适配、原因分析、融入形式、时长合理等方面的联合效度评价方法。

（3）参与主体协作

继续教育课程思政教研示范中心发挥规划、机制、科研、标准、评价等方面的功能，虚拟教研团队承担专业分类建设、思政任务分解、专业知识与思政合成、督导检查等职责，课程思政建设团队负责本课程全过程思政章节化、课堂设计、课件制作、教学实施和持续改进工作，管理服务团队重点推进资源条件支撑、激励考核、课程思政培训等工作，并在全系统开展协调、优化、改进工作。

（4）支撑空间

专门开发集课程思政素材、案例、知识、方法、科研、培训于一体的智能化信息平台，组织教师按照成人教育规律开发融入高质量思政教育内容的成人专用教材和课件，注重在实践教学中的思政过程引导，创建社会化实践教学基地，推进专业教学课程思政的有效融合。

3. 组建人民城市继续教育课程思政专家委员会

组建由校领导和院士领衔，涵盖理、工、文、管、思政等一流学科专家，吸引高校和用人单位专家共同组成的人民城市继续教育课程思政专家委员会。

专家遴选要求：对国家教育政策有深刻理解，具有富有丰富的思政教育研究和实践经验，能有效为中心发展提供战略与运营指导，能为教研示范中心业务开展提供有效支撑。

专家来源类别：全国具有重要影响的专家学者、各类型高校与高职院校领导、在区域发展中处在领头羊地位的地级以上政府领导、战略性新兴产业领域内的大型央企及龙头民营企业负责人等。

4. 坚持研究先行，以理论、方法创新引领课程思政建设高质量发展

组织多方力量通过不同路径开展继续教育课程思政建设发展的层级化专项研究，进一步廓清思路，探索科学方法和高效路径。

学院骨干承担国家级课程思政研究项目。院长领衔，校内专家、管理人员和一线教

师共同参与，承担中国高等教育学会高教科研规划重点项目“高校继续教育课程思政教研机制及教学团队建设机制研究”；教研室主任领衔虚拟教研团队共同参与，承担中国高等教育学会课题“基于‘协同育人’理念继续教育建筑学专业分步协同推进课程思政建设研究”。

同时面向全上海发包继续教育课程思政研究项目，向上海市高校继续教育单位、高职院校继续教育单位、开放大学发包课程思政专题研究10个，内容涵盖课程思政案例、传授方式与质量保证要求、评价标准与方法、思政逻辑链、教学模式创新、共享与推广机制、建设指南与应用、示范中心运行机制等。

5. 培育人民城市专业教学一线课程思政示范团队

组织校内外专家、一线骨干教师和示范中心管理层共同开展研讨，设计高质量全生命周期课程思政建设闭环。研讨“知识传授、能力培养、价值引领”三位一体的可复制、可推广的应用型人民城市人才培养体系构建，重点攻关非学历教育培训思政元素梳理，挖掘国家战略、长三角地区重大项目体系化思政资源，在此基础上推进实践教学课程思政示范课程建设，形成课程思政建设与应用示范。

组建专家领衔，涵盖继续教育、学科专业、思政教育、教学研究等方向的结构优良的课程思政建设团队，在理论研究与充分交流基础上，立足成人教育特点开展课程思政设计与教学实践研讨；明确本专业课程思政目标，确定课程思政系统架构模式图；设计基于专业内课程分工的思政任务逻辑链；构建单一课程的专业知识与课程思政高度融合的知识图谱；编制课程整体思政融合方案；开展思政元素关键点匹配研讨与设计；开展课程思政“一堂课设计”；课程思政教学实施监测、督导；依据学生内化效果评价，持续改进；择优开展示范，形成辐射推广。

学院每年列支专项经费组织继续教育课程思政示范建设项目申报，通过专家评审会评选10门立项课程，半年期进行中期考核后进入教学效果监测评价环节，一年期满开展由各学科教学副院长等专家参与的项目验收，优秀项目纳入继续教育课程思政成果库，形成课程思政全覆盖。

6. 强化机制建设，考核与激励并重推动形成优秀成果

学院优化内部机制，形成推拉实效。开展教学与管理评价激励机制研究，从课程思政建设、思政教育质量、“三全育人”贡献、学生教学效果评价等方面对授课教师、班主任和教学管理人员进行全面对比分析，将评价结果作为优先项纳入同济大学继续教育奖励基金优秀教师评选、上海市继续教育优秀教师评选工作的重要依据。

学院积极参加教育部课程思政优秀项目、团队评选，联合上海市教育评估协会开展学历继续教育课程思政优秀课程评选，联合上海市远距离教育协会开展非学历教育课程思政评优，承办上海市教委课程思政团队、名师和课程评选、上海市教科院课程思政说课展示继续教育专业组评比活动，认真遴选同济继续教育课程思政优秀项目和团队参评，以评促建，持续提升，树立一批有影响力的课程思政教研团队和高水平示范项目。

7. 打造专业化的课程思政保障队伍和支撑平台

（1）组建高执行力的课程思政教研示范中心行政机构

吸纳上海市相关高校人力资源组建中心行政机构，中心架构为主任班子、职能工作组、行政办公室，成员选聘采用专兼职结合的方式由各参建单位推荐人选并经考察后任命；职能涵盖规划与顶层设计、实施方案编制、理论研究、资源建设、师资培训、教学实践、质量评价、推广示范、宣传媒体等，全方位推进继续教育课程思政建设与发展。

（2）建设多媒融合的课程思政专用信息平台

应用现代信息技术手段，建设课程思政专用信息平台，功能涵盖继续教育课程思政政策文件、研究成果、新闻信息、知识学习、模式比选、元素采撷、案例参考、模型方案、评价标准与方法、师资培训、智能追溯、项目评审等，同步建设继续教育课程思政微信公众号，为全国高校、高职院校和开放大学等办学主体提供综合服务。

8. 推进课程思政交流、共建、共享和示范推广

（1）全面调研交流，集百家之长开展集成创新

赴上海大学等全日制课程思政示范中心、北京理工大学等继续教育课程思政示范中

心和上海交通职业学院等高职院校开展调研学习，积极参加上海市全日制课程思政交流会，邀请校内外专家召开继续教育课程思政教学研究示范中心建设专项研讨会，引进上海开放大学等优秀课程思政资源，集合广泛智慧形成继续教育课程思政建设发展的“同济模式”。

（2）深化知识共享，引全国智慧服务全国协同共建和示范推广

每年举办面向上海市继续教育、职业教育领域的课程思政专项培训；2022 年举办长三角继续教育课程思政论坛，邀请来自上海、北京、青岛、广州等地区高校的著名课程思政专家授课，面向全国各类高校师资开展课程思政交流与培训，努力开阔课程思政工作视野，提升建设能力与建设水平，并在此基础上推动分工建设和优质课程共享。

三、建设成效

1. 构建了功能完备的人民城市继续教育课程思政发展体系

通过科学规划与系统联动，构建了包括专家委员会、课程思政教研中心、教学管理队伍、专业教师、兄弟高校、用人单位在内的人民城市继续教育课程思政工作体系，能够坚决贯彻中央要求，聚焦应用型人才培养课程思政高质量发展，有效发挥优质资源共享优势，质量标准统一，应用与评价改进高度协同，推广辐射有力。

2. 培育了一批优质课程思政示范项目、教学名师和团队

培育继续教育课程思政教学改革示范项目 30 个。形成一批优质课程思政示范项目，如“运筹学”获评教育部继续教育课程思政示范课程；“城市规划原理”“建筑结构抗震”“高等数学”三个项目分别获得上海市教育评估协会优秀课程思政项目特、一、二等奖；“运筹学”“项目融资”“计算机程序设计语言”获评上海市教委课程思政示范课程；《城市规划原理》获上海市课程思政说课展示继续教育专业组特等奖；《探索“知识、能力、价值” 多元融合的课程思政教学方法》《把蓝图绘制在祖国大地上》获评上海高校继续教育课程思政优秀案例。

同时培养了一批继续教育课程思政教学名师和团队："运筹学"教学团队获评教育部继续教育课程思政优秀团队和上海市教委课程思政示范团队；滕靖获评教育部继续教育课程思政教学名师和上海市教委课程思政教学名师，张俊生、孟宪明获评上海市教委课程思政教学名师。

3. 形成了一系列有效推进课程思政健康发展的科学方法

项目建设过程中，形成了一套高校继续教育课程思政建设机制，探索出一系列高水平课程思政建设范式，包括基于内容开发画布的虚拟教研模式、基于 PDCA 的集体教研与开发闭环管理课程思政建设范式、单一课程全链路课程思政标准化建设流程、课程思政建设思维导图、课程思政质量标准与评价方法等。

4. 形成了同济继续教育课程思政的良好示范辐射

学校在建设示范中心、培育示范课程、培养教学名师和优秀团队过程中形成了丰富经验，每年通过专项培训服务上海市课程思政师资能力提升 400 人次以上；通过举办全国论坛，来自全国各地的 10 名著名专家面向来自 15 个省、自治区、直辖市 115 所高校的 350 名教师开展了经验分享；课程思政专用信息平台将学校继续教育优秀项目、案例和方法面向全国高校开放共享，有力推动了继续教育课程思政"同济经验"的广域示范辐射。

四、工作启示

1. 课程思政建设是落实立德树人根本任务的必然要求

深入学习贯彻党的二十大精神，不断增强推进课程思政建设的主动性、创造性、责任感、使命感，需要我们坚持目标导向和问题导向，寻求教学理念的新突破、新拓展，挖掘各类课程蕴含的思想教育资源，瞄准学生、教学、教师等方面协同发力，真正实现课程思政教学内容入脑入心，必须站在落实立德树人根本任务的高度上充分重视，并实现全覆盖。

2. 继续教育课程思政要立足成人学员特点精准发力

继续教育课程思政有别于全日制教育，必须遵循成人教育规律、立足应用型人才培养，以目标、需求和问题为导向，助力教师提升课程思政教学的能力方法，推动课程思政从“愿不愿”“能不能”到“好不好”的教研力进阶；要形成可供复制的标准、流程、制度和体系，促进继续教育院系管理组织力进阶；通过持续改进和提升内容体系，实现融“价值塑造、知识传授、能力培养”于一体的、同向同行的课程思政目标。

3. 作为系统工程，继续教育课程思政建设要体现“内外融合、上下贯通、闭环管理”

① 内外融合

要探索构建校内校外、专业内专业外、课内课外多方参与、多级联动的课程思政教研协同机制，深入推进共建共享，切实形成育人合力。

② 上下贯通

要研究课程思政下的学校继续教育教研工作机制的顶层设计方法，做好学科分类、专业分类，系统设计课程思政教改课题指南、策划教研活动计划。

③ 闭环管理

要构建课程思政闭环管理制度，在路径与方法、成果考核评价、教学团队激励机制、成果向实践转化等方面形成完整管理制度及工作职责。

扎实开展岗位实践，着力培养青年骨干教师队伍

软件学院

一、案例背景

同济大学软件学院是全国首批成立的35所示范性软件学院之一，在教育部示范性软件学院验收评估中位列全国第五。同济大学软件工程专业2019年入选首批国家级“双万”建设专业，2022年在软科中国大学A+专业中名列第八。2021年，软件学院成功入选首批特色化示范性软件学院，2022年成功获批教育部工程研究中心。这些体现了软件学院在信息技术领域学科建设、专业设置和人才培养方面的优势，也成为我国软件工程人才培养、科学研究及社会服务的重要基地之一。

面向新时代学科发展的战略需要，软件学院始终高度重视青年骨干教师培育和发展，把青年人才作为面向未来可持续发展的第一资源。做好制度牵引、扎实岗位锻炼、注重政治锻造，制定工作方案，全面设计青年骨干教师培养发展路径，着力建设一支教学经验丰富、科研能力突出、管理水平优秀、思想素质过硬的全能型青年人才队伍，取得良好成效。

二、具体做法

1. 加强制度牵引，构建培养体系

坚持制度先行，以机制建设为抓手推动培养工作走深走实。一是重视新进青年教师成长启航，研究制定《同济大学软件学院青年骨干教师培养实施方案》，编制《软件学院青年教师培育行动手册》（以下简称《行动手册》），涉及岗前谈话、入职培训、过程培养、考核激励 4 大环节共 18 条内容，为青年骨干教师培养工作提供工作遵循和制度依托。在《行动手册》框架下设计集体宣誓、师德师风承诺、团队意识培养“五个一”等延伸工作内容，汇总整理学校各职能部门办事流程，形成工作指引，帮助新进青年教师快速融入岗位、适应工作环境。二是加强骨干教师培养的过程管理机制建设，研究制定《同济大学软件学院教研室职能和主任职责规定》《同济大学软件学院学科、专业、课程责任岗位实施办法（试行）》等，明确职责规范，激励骨干教师在基层教学组织、一线课程团队中经受岗位锻炼，推动其更好地成长发展。

学院召开青年教师培训会

2. 实施岗位实训，让骨干教师在一线经风雨、长才干

对处在不同工作阶段、不同年龄阶段和具有不同专业特点的骨干教师，采取分层分类的岗位培养模式，鼓励教师在完成教学科研业务工作的同时，到一线管理岗位承担党政管理、学生思政等工作，推动教师成为“双肩挑”干部后备人才。一是按照学院工作要求，统筹安排新进青年教师担任班主任、新生导师等，重点参与学生班级建设管理、新生院新生指导相关工作，培养其对学生、对教育事业的深厚感情，促进其努力成长为“四有”好老师。二是安排在工作中表现优秀的青年教师担任教研室主任、副主任，把热爱党务工作、教学科研能力突出的青年教师党员选配为教师党支部书记或支部委员，重点参与基层教学组织管理和党务工作，帮助青年教师初步掌握行政管理工作、党务工作等的基本规律和方法，夯筑管理本领基础。2012 年学院成立教研室以来，担任教研室主任的教师的平均年龄为 44.25 岁，最小的 38 岁。三是酌情安排有一定工作经验的骨干教师担任院长助理或项目专员，协助院领导班子成员分管学院教学、科研、行政管

组织青年教师集体学习研讨如何做好课程思政工作

理相关工作，并根据学院工作实际负责国际交流、校地（校企）合作、学科建设、人才培养等专项工作，进一步提升专业教师的管理能力，激励他们成长为学院工作的“多面手”，为学院事业发展提供“双肩挑”干部人才储备。

3. 强化教学科研能力，提升立德树人水平

高校作为培养人才的主要场所，其教学科研质量的关键在于教师。高质量的教师代表了学院立德树人的水平，学院把培养青年教师的教学能力和科研能力作为学院高质量发展的首要任务。一是聚焦教学主责主业，依托教研室，在不同专业方向、不同课程群基础上组建教学团队，实行新进青年教师与教学团队双向选择的工作模式，让青年教师在符合自己专业特长和研究兴趣的课程团队中逐步加深教学参与、积累教学经验、提高教学水平。实施课程教学“传帮带”工作计划，为新进青年教师一对一安排资深教授担任教学导师，结成教学对子，切实加强教学能力传承。二是聚焦科研能力提升，针对青

组织青年教师瞻仰龙华烈士陵园

学院组织青年教师基金申报辅导会

年教师普遍关心的科研项目申报，组织有经验的教师为青年教师开展科研项目申报辅导培训会，帮助青年教师申请国家自然科学青年基金、面上基金等重要科研项目。根据专业方向，鼓励教师在自由探索的基础上，组建重大科研项目攻关团队，积极支持青年教师加入学院现有研究项目和研究队伍，进一步提升科研能力。

4. 注重思想淬炼，提升骨干青年教师队伍先进性

为提高青年教师思想政治水平，学院通过“岗前谈话、座谈交流、领导结对、红色教育”等形式，探索青年教师思想教育培养模式。一是开展岗前谈话，夯实思想之基。由学院党政主要领导与新进青年教师开展岗前谈话，以“零距离”“面对面”交流形式，在政治上引导、思想上引领、生活上关心、科研上指导、教学上辅导，让青年教师充分感受到学院的关心和重视，同时也使学院进一步了解青年教师的实际需求，引导和激励他们全身心投入工作。二是组织系列座谈会，畅通意见反馈渠道。面向入职三年以内的青年教师，定期组织新进教师座谈会，每学年不少于两次，重点了解青年教师入职以来

的工作体会，反思问题和不足，剖析困难和障碍，并对学院工作提出意见建议，同时为新进教师提供入职后的经验分享，帮助青年教师构筑起群体认同，加深他们对高等教育事业、对学校学院的认同感、归属感。三是学院领导常态化联系。学院党委书记、院长带头，院党政领导班子成员共同参与联系骨干青年教师工作，通过当面一对一交流、召开网络座谈会等形式，经常与联系教师开展谈心谈话、沟通指导，分享在教学科研管理工作中的经历经验，帮助解决他们在工作和生活中的困难问题，听取教师关于自身成长发展和学院方针政策的意见建议。青年教师为党外人士的，由党委书记和党支部书记经常关心联系，积极讲解党的性质宗旨和理论知识，大力引导党外优秀青年教师向党组织靠拢。四是在政治素质淬炼方面，通过组织前往国歌展示馆、上海市龙华烈士陵园、上海四行仓库抗战纪念馆等地开展革命传统教育，重温红色记忆，赓续红色血脉，围绕红色历史开展对话交流，通过举办“学四史”“学二十大精神”知识竞赛，让青年教师在学习教育中提升思想政治修养。

学院组织召开青年教师座谈会

三、建设成效

1. 教师成长有成效

学院院长助理、教研室主任、班主任均由青年教师担任，学院青年教师得到较好成长，有效营造了干部队伍年轻化的良好氛围。2012 年以来，软件学院 4 个教研室先后聘任教研室主任 8 人，其中，2 人晋升为教授，2 人晋升为副教授，1 人入选教育部青年 CJ 学者计划，并担任软件学院院长助理，成为学院重要的后备人才。2 名青年教工党支部书记成为“双带头人”，其中 1 人入选上海市 QR 人才计划，1 人入选上海市青年科技英才扬帆计划。2 人获同济大学“青年岗位能手”、优秀共产党员称号。

2. 科研攻关有成色

通过开展青年教师科研能力提升系列工作，学院新进青年教师科研水平有效提升，

2021 年青年骨干教师范鸿飞（左三）荣获同济大学优秀共产党员称号

科研项目申报数明显上升。2012年以来，学院共获批国家自然科学基金项目36项，其中负责人45岁以下的有32项，占获批数的88.8%。2021年，学院新进教师成功申请国家自然科学基金青年科学基金项目3项。通过科研团队建设，1人成功申请国家自然科学基金联合基金重点项目。2022年，学院获批国家自然科学基金重点项目1项、面上项目3项和青年科学基金项目3项，获批者均为青年教师。青年教师项目获批率占2018—2023年引进人员的87.5%。

3. 事业发展有成果

经过全体教师共同努力，2021年，学院入选教育部、工业和信息化部首批全国特色化示范性软件学院建设单位，2022年成功获批教育部工程研究中心。2018—2023年，人才队伍建设成效显著，引进中国科学院院士1名、国家海外高层次人才计划3人、国家海外高层次人才计划青年项目2人、上海市海外高层次人才计划4人、上海市海外高层次人才计划外国专家项目1人；聘请平安集团执委、首席科学家、技术研究院院长肖京等9名国内外知名学者担任兼职教授；培养了国际欧亚科学院院士1人、教育部青年长江学者1人、上海市曙光学者1人、上海市海外高层次人才1人、上海市扬帆计划6人、上海市晨光计划1人。科研项目获批有突破，获国家重点研发计划项目首席3项（包括一项国际合作项目）、课题主持6项，国家自然科学基金重点项目3项；2020年学院获上海市科技进步奖一等奖1项，2022年获教育部技术发明一等奖1项；2人入选2020年“中国高被引学者”榜单，3人入选2021年“中国高被引学者”榜单，3人入选2021年高校计算机专业优秀教师奖励计划。学生培养再创佳绩，2020—2023年1人获同济大学追求卓越奖（全校获奖师生共10人），3人获同济大学“扬帆奖”、2人获同济大学“学术之星”称号（全校获奖学生共15人）；学生参加各类竞赛150人次获奖，其中国际级奖项2项，国家级奖项33项。

青年骨干教师张林接受人民网采访

四、工作启示

习近平总书记强调：“青年一代有理想、有本领、有担当，国家就有前途、民族就有希望。”能否把青年培养好、使用好，是否重视发挥青年人才的智慧和力量，直接关系到事业能否顺利推进。高校是青年人才的聚集地，软件行业更是面向未来的年轻领域，更需要青年人才充分发挥作用。软件学院的工作探索表明，要让青年人才成为事业发展源源不断、后继有人的坚实人才基础，必须牢牢把握以下三点主要原则。一是要注重思想铸魂。要坚持党管干部、党管人才的重要原则，通过旗帜鲜明的“显性教育”和润物无声的“隐性引导”双向发力，持续加强对青年人才的政治引领和政治吸纳，让青年人才始终紧密团结在党组织周围。二是要注重实践锻炼。刀在石上磨，人在事上练。要建立让青年人才大胆尝试、放手施为的广阔舞台和保障体系，让他们在党支部书记、教研室主任、班主任等关键实职岗位和一线吃劲工作中受教育、长才干、作贡献，迅速提高他们做具体工作的能力。要建立科学完善的容错机制，充分激发青年人才敢想敢干的特质，让青年人才成为开拓事业的先锋。三是要注重成长规划。要科学考虑、统筹谋划青年人才在教学、科研、管理等方面的发展潜力和发展空间，有针对性地为青年人才设计个性化发展方向和发展路径，推动青年人才快速成长为“多面手”，尽快成为学院事业发展的中坚力量。

榜样引领青年教师，涵育优良师德师风的培育机制

海洋与地球科学学院

一、案例背景

2016年，习近平总书记在全国高校思想政治工作会议上强调：“要加强师德师风建设，坚持教书和育人相统一，坚持言传和身教相统一，坚持潜心问道和关注社会相统一，坚持学术自由与学术规范相统一，引导广大教师以德立身、以德立学、以德施教。”教育部等七部门印发的《关于加强和改进新时代师德师风建设的意见》强调要把师德师风作为评价教师队伍素质的第一标准。师德是教师队伍建设的灵魂。充分发挥榜样引领作用，对师德师风建设具有重要意义。好的榜样如同一面旗帜，为教师开展师德师风学习提供方向和指引目标。

2018—2023年，学校持续推进“双一流”建设与改革，学校综合实力和国际影响力大幅提升，吸引了大量海内外各领域的优秀人才。海洋与地球科学学院在校党委领导下，学科发展取得了长足进步，“三深”（深潜、深钻、深网）蓝图也在有序实施。随

着越来越多优秀年轻教师的加盟，学院在青年教师队伍建设，尤其是师德师风建设上需要有新的探索和突破。目前青年教师存在的普遍问题和困难包括：重科研轻教学，敬业精神不足，育人意识弱化，能力不强，工作压力大，缺乏归属感，等等。因此，树立榜样引领青年教师师德师风培育机制的建设，可以正向激励青年教师队伍，通过身边的“大先生”和优秀前辈的言传身教、躬亲垂范，激发青年教师的育人热情，提升育人能力，也能让青年教师更快融入学院，增强对学院的归属感和认可度。

二、具体做法

1. 大师引领立德树人信念树立

海洋与地球科学学院以汪品先院士、马在田院士为代表的老一辈同济海洋人几十年如一日的默默耕耘和付出，为学院的学科发展打下了坚实基础。学院充分发挥大师的榜样引领作用，通过讲好身边的“大先生”故事，引领教师树立立德树人理想信念，树立“德育崇尚信仰，科学贵在怀疑”的育人导向。

一是通过组织青年教师聆听汪品先院士为本科生授课，激发青年教师的教书育人情怀。汪品先院士虽已入耄耋之年，依然活跃在教书育人的第一线。2018 年汪院士自荐为全校本科生开设一门名为“科学，文化与海洋”的公共选修课，构筑科学与文化的桥梁，激发学生及青年教师的热情和火花。2021 年 3—7 月，85 岁高龄的汪品先院士再一次站上讲台，教授公共选修课“科学与文化”。这是汪品先院士经过四年的积累和酝酿，在系统思考科学与文化关系的基础上，以崭新的姿态再度开讲的课程。课程分为 8 讲，汪院士以科学家的眼光去探讨文化范畴的题目，包括社会与自然、人类与海洋、东方与西方、继承与变革、科学与宗教等，透过科学的趣味性去琢磨认识论问题，激发学生的科学热情和创新意识。该课程获评 2021 年度上海市课程思政示范课程，汪院士被评为上海市课程思政教学名师。学院积极组织青年教师以现场聆听和线上观看直播的方式全程旁听课程，学习汪院士的科学思维，感受汪院士的育人情怀。引导青年教师通过汪院士的讲授，透过现象看本质，感受汪院士为中国海洋科学研究发展奉献一生的伟大精神力量，学习以汪院士为代表的老一辈海洋人坚守初心、执着专注、淡泊名利、奖掖后学的科学家精神和工匠精神。

二是通过汪品先院士主讲的院史主题报告，激发青年教师爱院荣校的奋斗热情。2021年12月，海洋与地球科学学院、海洋地质国家重点实验室2021年度学术年会召开，特别邀请汪品先院士主讲最后一场报告。汪院士以“以史为鉴半世纪”为题，系统回顾了同济海洋近半个世纪的发展历程。学院的历史在汪院士的口中娓娓道来，全院教师现场聆听，感受到了同济海洋人筚路蓝缕、艰苦创业的奋斗历程。报告将今论古，以古论今，用院史院风的文化传承助推学院师德师风建设，为学院和学科未来发展谋划蓝图、指明方向，引领学院青年教师凝心聚力，为学院发展贡献力量。

三是通过汪品先院士编写教材、科普宣传的言传身教，激励青年教师勇于担当、甘于奉献。汪院士多年来笔耕不辍、致力于教材编写及科普宣传，为加强中国海洋文明，推动创新性青年人才的培养奔走疾呼，他将二十年课堂教学和科研实践融入教材编撰工作，带领学院中青年教师历时三年撰写完成《地球系统与演变》一书，获首届全国教材建设优秀教材二等奖，向青年教师身先示范如何将科研、教学和育人紧密结合。青年教

2021年11月汪品先院士获全国道德模范称号，载誉归来

师科研成绩斐然，同时也在教学及人才培养工作中取得优异成果，先后主持学院教学改革建设并编写出版本科生教材。青年教师在汪院士的影响下，实现自我奋斗目标，不断践行勇于担当、甘于奉献的育人精神。

2. 资深教师引领教书育人科研创新能力提升

学院始终注重资深教师对青年教师的指导和引领作用，以翦知湣、周怀阳、杨守业等老师为代表的中生代同济海洋人继承了“忠于事业，艰苦奋斗，开放创新，争创一流”的同济海洋精神，成为学院发展的中流砥柱，在科研、教学、育人等各方面都有着深厚功底和丰硕成果。学院结构合理的教师梯队为充分发挥教书育人、科研创新及师德师风培育的“传帮带”作用提供了师资保障。

一是在教学工作中始终坚持发挥资深教师的“传帮带”作用，构建定位明确、促进青年教师持续发展的培养体系。选派优秀青年教师参与资深教师的教学和育人过程，通过言传身教，青年教师可以与资深教师面对面交流经验，现场学习课堂教学内容和方法。在专业课程中，资深教师始终坚持采用老带新的受课模式，在课程中单独设立 1~2 讲作为青年教师试讲课程，让青年教师在实践中提升教书育人能力。国家级一流课程“海洋地质学”教学团队，通过以老带新已培育出一批教学一线中坚力量，青年教师荣获全国大学青年教师地质课程教学比赛二、三等奖，以及同济大学“师德师风优秀教师”“同济大学优秀班主任”“同济大学育才教育奖”等荣誉。通过国家级一流课程“珠宝鉴赏”课程团队的“传帮带”，青年教师周征宇获首届卓越大学联盟高校青年教师教学能力大赛优秀奖，获同济大学“名课优师”荣誉称号，主讲课程获评同济大学第三期立德树人示范课程。

二是定期开展中青年教师交流座谈会和经验分享会，就如何培育青年教师师德师风，如何引导青年教师践行社会主义核心价值观，如何开展科学研究等主题进行讨论交流。坚持问题导向，青年教师提出近期在教学、育人和科研等方面的问题和困难，与会教师就如何解决问题开展讨论。通过经验分享和相互协作，青年教师在教学和人才培养方面快速成长，逐渐担负起上海市一流本科课程主要建设工作。

70 年党龄的孙湘君教授与青年教师分享宝贵的生活、科研经历

“四有”好老师翦知湣教授在出海期间与青年教师开展思想、业务交流

三是积极推进高层次青年人才培养。学院结合学科发展和规划目标，明确方向，突出特色，长远谋划，制定高层次青年人才培育计划。将青年教师归属到不同的课题组中，建立高峰学科团队，充分挖掘青年教师的培养潜力，将学科发展、团队建设和个人前途紧密结合，将人才培养和平台建设有机结合，促进高层次青年人才快速成长。在此规划下，学院培养了一批学术水平高、创新能力强的青年教学科研骨干和青年学术拔尖人才，2020—2023 年共十位青年教师获评“国家优青”“青年千人”“青年长江”“青年拔尖”为代表的“四青学者”高层次人才，为新进青年教师提供了很好的示范。

3. 青年教师实践育人平台建设

学院结合学科特色，着力打造青年教师的社会实践平台，引导青年教师在实践中提升自己的育人能力和育人水平。依托学院“三全育人”综合改革试点平台，学院选拔了一批优秀青年教师参与试点建设。

一是以专业实习为载体，推进青年教师育人能力同思政工作融会贯通。专业实习是课堂教学的重要延展，野外专业实习是学院特色教学内容，在保证课堂教学主渠道的同时，学院积极开辟“第二战场”，把教学搬到实习现场，利用海洋科考航次、科考船移动实验平台和专业实习基地，开展“海上大学”“山川大学”等活动。多年来，学院始终坚持选派优秀青年教师组织和参与该工作，并结合“三全育人”改革试点建设，在现有专业实习体系基础上，融入课程思政教育内容，拓展教学和思政教育的渗透途径，坚持将思政育人与专业实习相结合。在实习过程中，青年教师向学生传递“知行合一、学以致用”的教学理念，带领学生了解我国科研人员自主研发、突破创新的新成果，感受我国科技的发展与进步，同时也提出当前面临的困境和瓶颈，激发学生爱国情怀，培养学生的职业责任感，弘扬海洋工匠精神，厚植海洋强国理念。在教与学的过程中，师生同频共振，共同提升了思想素质和道德情操，同时进一步增强了青年教师的责任感和使命感。

二是以社会实践为载体，推进青年教师将育人工作融入海洋强国战略。学院以“融入海洋强国战略，服务国家大局”为思政工作重点，依托“三全育人”改革试点建设，建立人才培养融入国家战略的社会实践长效机制，组织开展“海洋强国背景下海洋事业发展和未来大调研”，选聘优秀青年教师作为实践团队教师，带领实践团队到一线“真听、真看、真感受”，给予学生更专业、更系统、更有效的指导，充分发挥青年教师在学生群体中的影响力，“知行合一”提升育人功底，加强师生沟通交流。2021 年 7 月，学院青年教师带队奔赴广东、海南、山东三个省份共 5 个城市（广州、珠海、三亚、青岛、潍坊）开展暑期实践，包括单位调研、校友寻访、居民走访、专业实习、志愿服务、成果宣讲等。通过实践，引导青年教师将思政育人理论运用到实践中。青年教师带领学生深入实践，接触社会，一方面增强了青年教师运用专业知识发现、分析、解决实际问题的能力，提高了其能力和认知，同时青年教师在引导学生关心海洋、认识海洋、领略海洋，讲好海洋强国故事，弘扬海洋强国精神的过程中也充分认识到国家、社会对高校教师的期望，在社会实践中不断自我鞭策，促进自我进步。

三、建设成效

通过以上举措，学院建立起榜样引领青年教师师德师风培育机制，打造了一批品牌活动，如新老教师“传帮带”、中青年教师座谈会和经验分享会、“海洋强国战略背景下海洋前景与未来”暑期实践等，全面提升了青年教师的教书育人和科研创新能力，牢固树立了优良的师德师风，充分调动起青年教师的主观能动性，助力学院立德树人工作。

2018 年以来，学院青年教师迅速成长，积极投身教学改革、科研创新，勇挑建设海洋强国重担。截至 2023 年 5 月，学院已经有 10 人入选国家级青年人才队伍序列，14 人入选上海领军（海外）人才计划，已形成由 29 名专职科研人员和 42 名博士后组成的青年人才蓄水池，组建 10 支高峰学科创新研究团队，并涌现出上海市“四有”好老师、同济大学“师德师风优秀教师”、同济大学“卓越”研究生导学团队标兵等先进个人和团体。

四、工作启示

好的榜样如同一面旗帜，为教师开展师德师风学习提供方向、指引目标，在师德师风建设中发挥引领和示范作用。

一是要积极开展榜样典型选树活动，充分挖掘榜样事迹，讲好榜样故事，用榜样的精神激励教师不断提高自身要求，从而带动推进整体师德师风建设。

二是要加大对优秀教师个人和团队的宣传力度，充分利用报纸、广播、电视、网络等形式，集中宣传优秀教师、优秀教师团队的感人事迹，营造崇尚师德、争做师德典型的良好氛围。

三是要开展榜样言传身教活动，通过政策宣讲、经验交流、典型培养等方式深入教师队伍中亲身示范，以情感人，以情动人，不断提高高校师德师风建设水平。

四是要将理论与实践相结合，引导青年教师将从榜样身上学到的精神品质、育人经验等运用到育人工作中，在实践中提升自身师德师风水平。

聚焦“青椒”发展，打造论坛品牌
——同济人文青年教师论坛

人文学院

一、案例背景

党的十八大以来，习近平总书记站在党和国家事业发展薪火相传、后继有人的战略高度，对广大教师先后提出“四有”好老师、“四个相统一”标准和“四个引路人”的要求，要胸怀“国之大者”，用“大先生”“筑梦人”“系扣人”等称谓表达对广大教师的殷切期望，强调教师队伍素质直接决定着大学办学能力和水平，建设政治素质过硬、业务能力精湛、育人水平高超的高素质教师队伍是大学建设的基础性工作，评价教师队伍素质的第一标准应该是师德师风，为新时代教师队伍建设指明前进方向，对教师工作提出明确要求。

青年教师是教育事业的未来和希望，是推动教育改革和发展的重要力量。目前，在高校师德师风建设中，警示教育多，正向激励的手段少，创新方式方法，探索建立有效的青年教师培养机制，充分发挥青年教师自身的主动性和积极性，将师德师风建设与业

第一期同济人文青年教师学术论坛与会人员合照

第一期同济人文青年教师学术论坛现场

务素养提升有效结合，是高校师资队伍建设的重点和难点。人文学院坚持“以文化人、以文育人”的理念，紧扣立德树人根本任务，积极搭建青年教师交流平台——同济人文青年教师论坛，关爱青年教师身心健康、开展学术交流、促进青年教师发展同时，也加强学科内部与跨学科的学术交流。

二、具体做法

1. 论坛要素

同济人文青年教师论坛以学院青年教师为主体，聚焦新时代、新趋势，邀请各领域专家学者展开广泛学术交流与讨论，2021—2022 年共举办了七期，其中，六期为学术论坛，以工作坊或讲座的形式进行；一期为围绕“青年教师如何做好教学科研”展开的座谈会。青年教师们设计制作了论坛 Logo 及笔记本、帆布袋、文件夹、信纸等系列周边产品，将学院院徽、学院大楼简笔画和学院 Logo 印制在会议文件上，且要求每次论坛统一会务用品标准，加强论坛的规范化，为论坛品牌化运行打下了良好的基础。

同济人文青年论坛

同济人文青年教师论坛 Logo

同济人文青年教师论坛帆布袋

同济人文青年教师论坛笔记本

同济人文青年教师论坛周边产品

2. 主题思路

同济人文青年教师学术论坛第一期“文艺批评的未来”参与者以文学、美学、当代艺术理论的青年教师为主，邀请来自同济大学、复旦大学、华东师范大学、东华大学、上海大学、上海师范大学、《上海文化》《思南文学选刊》等单位的十多名青年学者齐聚云通楼，围绕文艺批评的公共性、文艺批评现状反思、文艺批评与艺术作品、文艺批评与艺术家、跨学科视野下的文艺批评等议题各抒己见。

同济人文青年教师学术论坛第二期“古典与新知——礼学与礼制青年工作坊”参与者以文献学、语言学、古典文学、中国哲学、古代艺术史专业的青年教师为主，邀请若干校外同行专家，就古籍整理、经史研究等传统学术的当代形态进行研讨。

同济人文青年教师学术论坛第三期作为同济“哲学月”系列活动之一，回应“哲学月”的“当哲学遇上X”主题，哲学轮番邂逅历史学、社会学、教育学与认知科学等领域。来自复旦大学、上海交通大学与同济大学的多位青年教师齐聚一堂，开展学术研讨。

同济人文青年教师学术论坛第四期“文学艺术的未来”共分为三次系列活动，分别以主题演讲、学术对谈方式进行，推动了学院学术交流的积极开展。围绕“文学艺术的未来”这一话题，嘉宾和学院教师、学生从不同学科、视野、方法展开讨论，促进了不同研究领域之间的融合和相互学习，为进一步的研究和讨论打开了空间。

同济人文青年教师学术论坛第五期为“时间里的空间：女性的生存方式”主题学术讲座，邀请著名作家、诗人担任主讲嘉宾，由学院青年教师担任与谈嘉宾和主持人，嘉宾与听众们围绕未来小说风格、创作细节等问题进行了充分的交流。

同济人文青年教师学术论坛第六期“同济大学首届金石学青年学者工作坊”由中文系主办，北京大学、浙江大学、南京大学、复旦大学、湖南大学、大连理工大学、上海古籍出版社及中国艺术研究院等二十余所高校与研究机构的学者参与了讨论。会议围绕金石学的理论与方法、金石学家著述与交游、金石史料整理与研究展开讨论，内容涉及文字学、目录学、历史学，前沿性突出，助力了金石学、文献学的研究，也将为金石学的发展增添力量。

同济人文青年教师座谈会以“如何做好教学科研”为主题，围绕“如何将日常教学

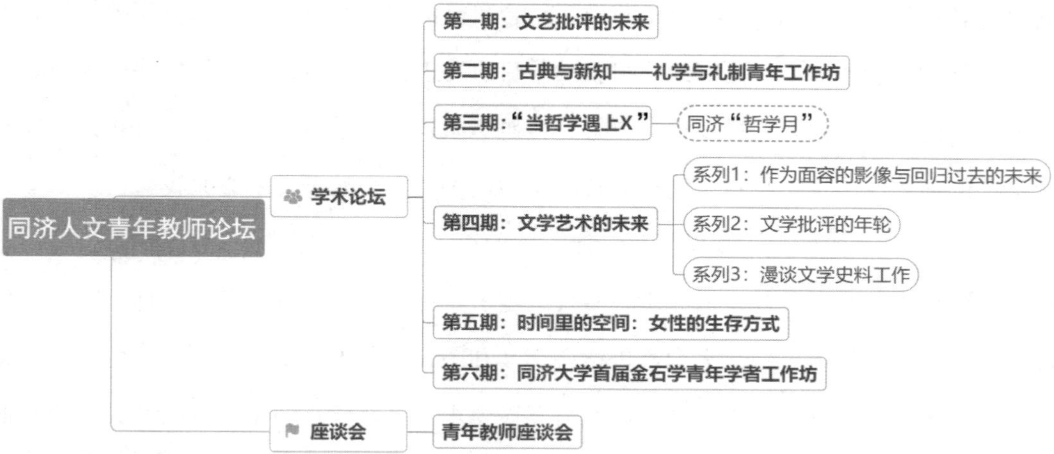

"同济人文青年教师论坛"各期主题

任务与专业科学研究结合，处理好二者的矛盾"等问题，邀请院领导、优秀教师代表与青年教师座谈。

3. 论坛亮点

（1）贴合学术生活，提升专业能力

同济人文青年教师论坛以"搭建平台，助推成长，促进学院事业发展"为出发点，围绕立德树人根本任务，结合学科建设、教育教学、学术研讨、个人成长等方面重点、难点、热点问题开展有针对性、类别丰富、形式多样的研讨会和座谈会。

针对青年教师群体在教学和科研起步阶段最为关心的教学和科研问题，以最为贴近教师学术科研生活的形式展开专业能力提升活动，搭建青年教师论坛平台，为他们提供优良的学术生态环境和交流沟通渠道，创造有利于教师成长的条件和空间。青年教师能够从中分享学术经验、提升学术能力，更能有效提升他们的参与度，激发教师身份认同感和责任感，拓展育人成效。

（2）传承经验做法，指导成长发展

学院希望通过举办同济人文青年教师论坛，为青年教师成长提供参考、启发和借鉴，帮助青年教师努力成长为"大先生"。在青年教师座谈会上，学院邀请了优秀教师代表解学芳教授与青年教师交流。解学芳教授结合自己的教学科研经历，与青年教师就如何提升教学创新能力、如何更好地平衡教学与科研等进行了探讨，对青年教师所关心的学科研究方向、科研课题选择及项目申报、科研团队建设、学科交叉融合、自我素养提升等方面的问题作了逐一解答，使青年教师受到很大启发和鼓舞，受益匪浅。

（3）拓宽视野领域，加深学科交流

为建设中国特色世界一流大学，学校制定了“优势工科、厚重理科、特色医科、精品文科”的学科发展思路，大力推进学科交叉和融合，积极探索突显同济特色的精品文科之路。随着新技术的发展，呼应新文科建设要求，科研模式和学科方向都面临着调整与融合，进一步鼓励和推动跨学科研究已成为学科发展的必然要求。

为此，2021—2022 年同济人文青年教师论坛共举办七期，每期论坛主题各异，讨

“古典与新知——礼学与礼制青年工作坊”海报

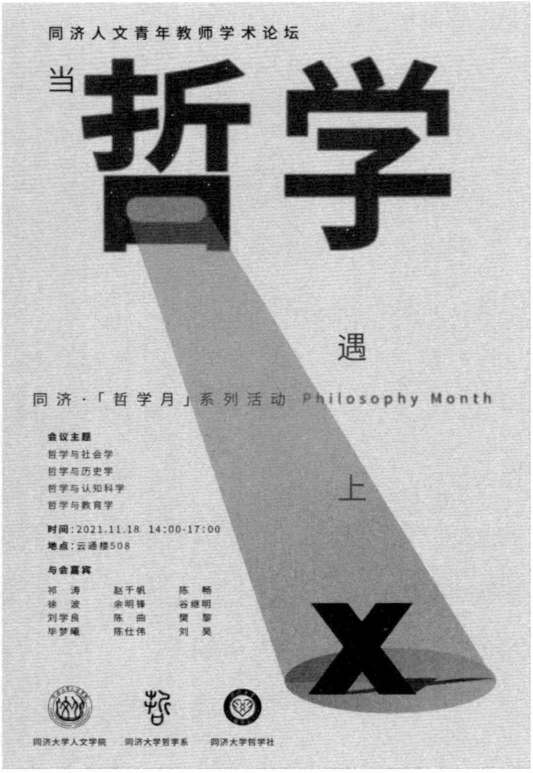

“当哲学遇上 X”海报

“文艺批评的未来”论坛

青年教师座谈会

论的话题涵盖艺术、中文、历史、哲学、考古、语言等诸多方面，吸引了各个学科方向的青年教师踊跃参与。青年教师从自己的专业角度和视野出发，畅谈在学术上取得的新成果，并探讨在相近学科内、不同学科间怎样开展合作。论坛为青年教师搭建了交流平台，能够加强青年教师思想交流和教学科研工作协作，拓展青年教师视野和合作领域，促进青年教师成长成才。

三、建设成效

1. 搭建平台，促进青年教师成长成才

举办同济人文青年教师论坛有利于学院更好地服务国家战略，着力提升学院学科建设水平，也有利于提升青年教师队伍整体素质，积蓄学院高质量发展强劲动力。相较于资深教师来说，青年教师的科研起步相对困难，并且由于要完成教学工作和院系安排的其他工作任务，势必会影响对科研的投入。同济人文青年教师论坛搭建了一个学术科研交流的平台，实现学科内、学科间优势互补，提高青年教师科研水平，相互学习，协同创新，加强了青年教师间的专业交流与协作，拓宽了青年教师的学术视野，助力青年教师成长成才。

2. 正向激励，提高教师荣誉感和获得感

同济人文青年教师论坛在院党委的领导下，汇集了院、系各部门合力，积极谋划，精心准备，为论坛的顺利举办提供了组织保障。举办论坛能够增进青年教师对学院文化和各项规章制度的了解，提升教学、科研能力和水平，形成互相学习、互相协作的良好氛围。同时，在与其他教师的沟通交流中，青年教师也获得了正向激励，形成了职业荣誉感和成就感，提高了学院凝聚力、向心力、战斗力，为学校的双一流建设培养了优秀人才。

3. 潜移默化，加强师德师风建设

青年教师作为学院教学科研的重要力量，身处教学科研一线，与学生接触和沟通互动多，因此，加强青年教师思想政治工作和教学科研能力，对提高教育质量和促进大学生成长成才意义重大。通过举办论坛，青年教师完成职业定位，树立“学高为师、身正为范”的职业理想，促使其将思想意识转化为道德规范和行为准则，通过不断内化和吸收，养成行动自觉，自觉践行“四有”好老师标准，把立德树人作为根本任务，把培养担当民族复兴重任的时代新人作为重要职责，不忘初心、牢记使命，爱岗敬业、教书育

“古典与新知——礼学与礼制青年工作坊”论坛合照

“当哲学遇上 X”论坛合照

人，改革创新、服务社会，努力成为先进思想文化的传播者，更好地担负起学生健康成长指导者和引路人的责任。

四、工作启示

1. 打造论坛品牌效应，发挥示范引领作用

青年教师论坛具有三种功能：一是提供演练功能，青年教师将各自获得的阶段性科研成果带至该平台演练，展示个人风采，听取他人意见，继续修改打磨；二是形成向上氛围，通过分享各自的研究方法和研究发现，互学互促、互帮互比，有利于提升学院整体学术环境；三是促进学术传承，论坛以青年教师为主体，也邀请资深业内人士开展讲座或与青年教师交流，从中碰撞出思想火花，其学术经验潜移默化地对青年教师产生了影响。

论坛总名称、会议文件固定，并将在今后开展的活动中继续沿用，这有利于论坛的进一步固定化、品牌化，扩大学科影响力。同时，反哺青年教师成长，在学术氛围的持续带动下，引导青年教师把提升教学和科研能力放在工作首位，形成自觉自律意识，积极促进师德师风外化于行、内化于心。

2. 创新工作方式方法，加强思想政治建设

青年教师是育人工作的中坚力量，加强师德师风建设，能够为培养社会主义事业建设者和接班人保驾护航，为建设“双一流”高校提供人才保障，为建设高素质教师队伍提供思想基石。2018—2023 年，学院不断创新师德师风建设方式，营造风清气正的学院文化，系统设计了师德师风建设系列举措，针对青年教师开展教师入职和宣誓仪式，通过入职宣誓、佩戴院徽、向退休教师献花等贴近教师生活的师德师风教育活动，发挥仪式教育在师德师风建设中的作用。

举办同济人文青年教师论坛是学院针对青年教师师德师风教育的一次有益尝试，不同于学院组织的集中政治理论学习，论坛各项环节的组织工作均由青年教师自主完成，

将个人发展融入学院、学校发展大局，参与度高，效果很好，激发了青年群体的使命担当。同时，同济人文青年教师论坛加强了学院教师沟通和交流，推动了人文学科与其他学科的交叉和融合，团结、凝聚力量，有利于促进教师思想政治素质和师德师风水平全面提升。

3. 探索教师成长规律，打造高水平师资队伍

青年教师面临多方面的压力，学院党委应充分发挥核心引领作用，以助力青年教师成长与学院事业发展为目标，做好青年教师队伍建设的顶层设计，创造青年教师快速成长的良好环境。通过开展青年教师论坛等一系列活动，帮助青年教师熟悉教学科研要求，融入集体环境，制定个人职业发展规划，展现对青年教师的人文关怀。学院积极探索青年教师职业发展特点和发展规律，为青年教师成才搭桥梁、建平台，加强思想政治教育，发挥榜样示范作用，提高青年教师科研能力和水平，为“双一流”建设提供强有力的人才制度保障，培养和造就一支政治素质过硬、业务能力精湛、育人水平高超的高素质教师队伍。

挖掘学科文化传统，传承优秀师德师风

交通运输工程学院

一、案例背景

师德师风建设和传承带有学科、学院特色和烙印，也是对学科精神和优秀文化传统的继承和发展。因此，交通运输工程学院在世界一流学科建设方案中，把文化传承与创新列为强化教师思想政治素质及师德师风建设的重要组成部分。学院通过梳理学科历史文化脉络，总结学科精神和凝练师德师风内涵，树立以优秀事迹和优秀个体为代表的文化典型，创作一系列学科文化作品，营造以院史馆为核心的学科文化空间和师德师风浸润环境；构建以教师入职、荣休仪式、学科纪念和系科庆典、学术论坛和文化交流等为代表的活动载体；打造“同路人”学科文化品牌，夯实以学科精神传承为核心、以立德树人为主线的师德文化平台，培育弘扬高尚师德，常态化推进师德培育涵养、师风传承与发展，引导广大教师坚持“四个相统一”，争做“四有”好老师，当好“四个引路人”，落实立德树人根本任务。

二、具体做法

1. 文化脉络梳理与学科精神传承

学院花费近三年时间建设院史馆，在 2020 年取得阶段性成效，实现学科精神总结和师道传承。各系组织教师带领学生梳理了学院史、学科史、人物史，查阅整理学校档案资料、探访山东青岛和四川李庄等办学旧址、走访学科前辈和退休教授、整理编写各系科大事记和口述史料，形成了完善的院史框架、清晰的学科发展脉络。编写出版了《筚路蓝缕——追忆创建同济大学道路专业和铁路专业的先师们》和《引领交通学科，镌刻时代印记——同济大学杨佩昆教授学术生涯》二书，反映学科前辈学术开拓、育人报国事迹和精神，分别于 2020 年 7 月、11 月隆重发布。策划、设计并完成院史馆的布展，于 2020 年 11 月 14 日正式开馆。学院师生依据院史素材共同创作了《同忆来时路，济作新华章》院史长诗，并在同济大学交通学科创立 106 周年、交通运输工程学院成立 20 周年纪念晚会和庆典上朗诵，广受好评。通过“同济交通”微信公众号推送“百十年风雨同路”院史专辑，被广泛转发，阅读量过万。

在整理学科、学院发展脉络的过程中，教师们总结学科、学院曲折进步、融合发展的历史进程，深刻理解了“思行合一，交融成艺”的学院精神内涵。在挖掘教学名师、校友优秀事迹过程中，教师们还原了名师在治学、育人、报国中的生动事迹，被当代学科前辈和退休教师的奋进精神所感染，深刻体会到历代师生所传承的家国情怀、社会责任、严谨态度、豁达气度和质朴风骨。学科精神、文化传统、思想精髓、师德风貌得到了跨越时空的还原与传承。教师们纷纷表示，会把老一辈的典型案例作为课程思政素材融入未来的教学、科研及学生培养中，把同济交通的精神文化、师德师风传承下去。

《筚路蓝缕——追忆创建同济大学道路专业和铁路专业的先师们》书影及发布会现场

方守恩书记出席《引领交通学科，镌刻时代印记——同济大学杨佩昆教授学术生涯》新书发布会并致辞

学院院史馆开馆仪式及师生校友参观场景

中国教育发布

同济交通运输工程学院师生校友创作表演配乐诗朗诵节目，献礼学科百余年峥嵘路！

同济大学 2020年11月15日

同济大学交通学科自1914年初创，历经106年，枝繁叶茂；同济大学交通运输工程学院于2000年成立，至今双十年华，硕果累累。

百余年来，一代又一代同济交通人筚路蓝缕，砥砺前行，始终心怀济世报国的历史责任，坚守求真务实的治学态度，秉持开拓进取的创新精神，与祖国同行，以科教济世，绘就了一幅浓墨重彩的历史画卷。

为庆祝学科创立106周年和学院成立20周年，同济大学交通运输工程学院的师生、校友共同创作表演了配乐诗朗诵节目《同忆来时路 济作新华章》。

百余载，几代人，薪火相传

新征程，铿锵启，再谱华章！

《同忆来时路，济作新华章》院史长诗朗诵现场及中国教育发布平台推文

2. 文化形象塑造与精神风貌提振

学院通过创作文化作品和打造文化空间，塑造提升学院文化形象，提振教师锐意进取、乐观豁达的精神风貌。在2020年上半年新冠疫情期间，为鼓励广大教师克服疫情影响、精神饱满地投入复工复学，学院于校庆期间举行了“战疫情、靓风采”教师形象照片拍摄活动，邀请专业摄影师为全院教师在学院文化空间拍摄形象组片，既展现了教师们靓丽的风采，又极大地提振了教师精神饱满地投入工作的信心。学院历时一年与专业团队合作创作拍摄了学院形象片《连接》，以交通连接文明、连接知识、连接真理、连接智慧、连接世界为主题，通过师生娓娓道来，生动展示了同济交通的发展成就和人文情怀，使师生校友耳目一新，备受洗礼，并于《人民日报》新媒体平台发布。学院还邀请校友企业深入调研，对院徽、学科106周年纪念和学院20周年纪念Logo等学院标识系统进行了整体优化和再设计，形成规范，用于学院对外宣传。学院系统设计并持续优化通达馆内部文化空间，在学院一楼、二楼的公共空间打造了“四区九品”同路人文化空间，包含以图书馆、阅览室、答辩室为代表的学科内涵提升区，以院史馆、开放展厅为代表的院史文化展示区，以双向教室、创新阶梯为代表的社交学术创新区，以“1914咖啡吧”和“2020通达广场”为代表的自由开放交流区。在学院三楼、五楼、六楼公共空间布置沙发、桌椅、柜子，为师生营造轻松、愉悦、开放的交流研讨空间。在学院四楼建成党员之家，在学院五楼、六楼建成“双带头人”教师党支部书记工作室。布设好组织师生、宣传师生、凝聚师生、服务师生的优秀软硬件设施，实现教学科研和思想政治的双促进、双提高。

3. 文化典型树立与主流思想引领

学院充分利用学科前辈珍贵史料、当代师德师风优秀典型和师生校友突出事迹等资源，树立不同时期同济交通师生“与祖国同行，以科教济世”的文化典型，用主流思想引领广大教师爱岗敬业，坚守立德树人和交通报国初心使命。学院总结了学科早期、20世纪40年代内迁办学、50年代建国创系、70年代后奠基发展等各个阶段学科前辈的突出事迹，总结了同济师生校友服务担当、济世报国的优秀事迹，回顾了同济交通在人才

同济大学交通学科 106 周年、交通运输工程学院 20 周年纪念大会上发布的学院形象片《连接》并被人民网、同济大学新闻网报道

同济大学交通运输工程学院新版标志

注：同济大学交通运输工程学院更新了已使用十余年的标志，提升了该标识的规范性，在延展上拥有更多可能性。

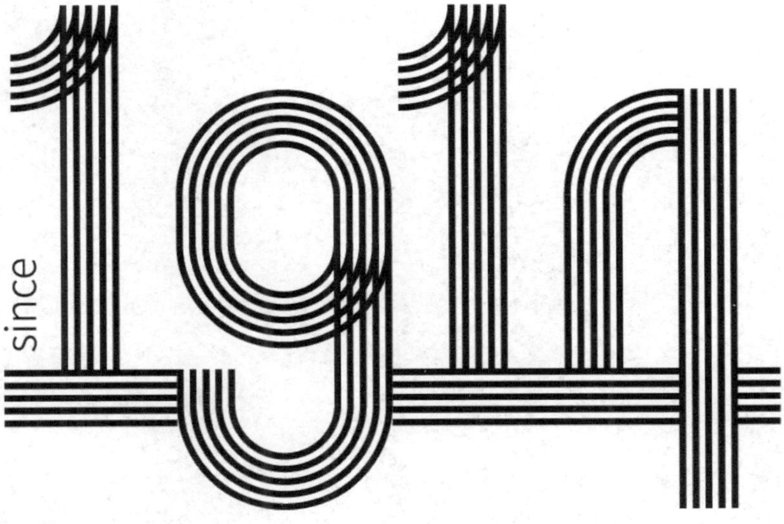

院庆主体标志设计图

注：院庆主体标志形状为由五线勾勒而成的“1914”数字，象征自1914年开始逐步发展学院五大系科，四个数字错落分布象征着学科发展路上的曲折前行及高光时刻。

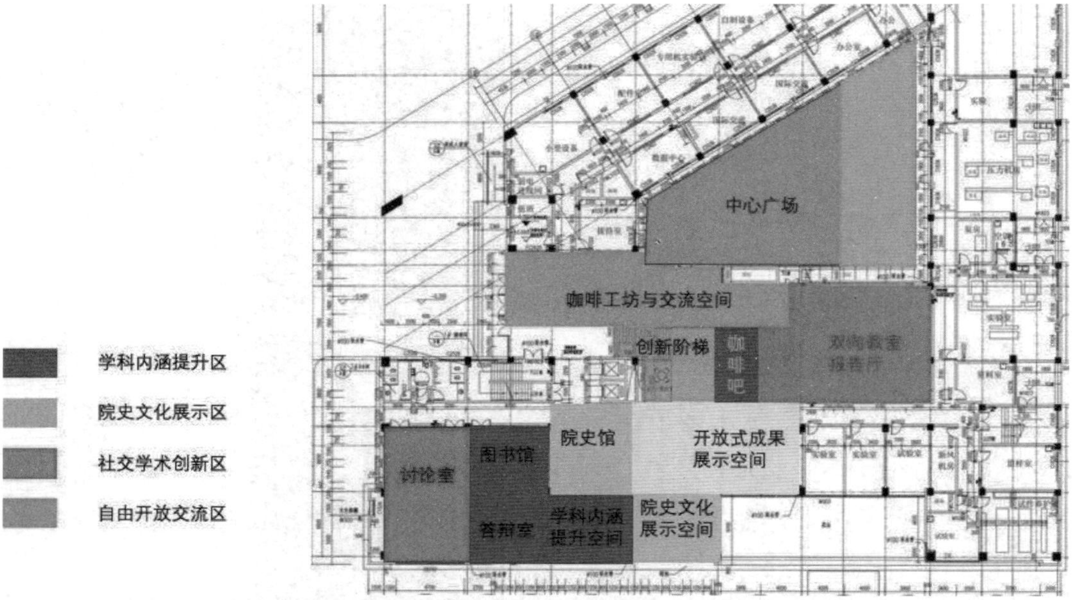

学院的文化空间升级稳步推进

宣传画册、专用记事本、纪念围巾、环保手提袋、纸杯等文宣和用品被师生广泛使用

培养、科学研究、社会服务中的一系列首创和重要典型，宣传了当代优秀党员和师德师风优秀教师在立德树人、科学研究、重大项目、援疆援藏、脱贫攻坚、奋力抗疫中的先进事迹，凝练了师生校友科教济世和交通报国案例百余个。

2021 年 7 月，学院在一楼大厅布设“‘同济：永不褪色的记忆’红色交通档案”主题展，献礼中国共产党成立 100 周年。展览分为“榜样”与“荣光”上下两卷，分别呈现同济交通学科百余年历史中的先进人物与先进事迹。资料时间横跨中华人民共和国成立至 2021 年，包含交通党员烈士、学科杰出人物、全国劳动模范、青藏、川藏铁路人物故事等，在中国共产党成立 100 周年庆祝活动中获颁“光荣在党 50 年”纪念章的“同路人”老党员也出现在展览中。广大师生观展过程中为牺牲烈士感到惋惜，为艰苦奋战于建设一线的劳动模范喝彩，为先进集体事迹而感到骄傲，一同经历了一场红色精神洗礼。2022 年 12 月，为贯彻落实党的二十大精神，深入推进“十四五”规划实施，学院教师集思广益，不断总结凝练并加强战略谋划，明确未来发展的战略行动和具体举措，策划制作了“踔厉奋发新征程 交通强国向未来”主题展并在学院一楼大厅展出，激励全体“同路人”锐意进取、勇毅前行，为加快推进交通强国建设作出更大贡献。

4. 文化活动品牌与师生协同提升

学院经过近 20 年的探索与实践，创立并发展了独具同济交通特色的“同路人”系列文化品牌活动，通过成体系的仪式教育和丰富多彩的思辨、实践活动，吸纳师生参加，体验学科传统，协同提升师生思想政治素养。“同路人”文化品牌主要包含师生共同参与的学术论坛、百科讲坛、校友讲堂、青年论坛、国际论坛等系列论坛，促进学科交流、帮助青年教师快速成长的悦行教师沙龙。专业教师与思政教师共同带队的暑期学校、社会考察、专业实践等系列实践活动，以及专业教师指导的交通科技大赛等创新工程和迎新晚会、体育节等文体活动，还包括饱含学科情感和文化传统的教师入职、荣休仪式，学生开学、毕业典礼，校友返校，学科纪念和系科庆典等仪式教育。新冠疫情期间，学院开展了一系列“同路人”活动：教师指导学生在家乡开展社会实践、参加疫情防控科

在“同济交通”微信公众号推送21期学科史话和学科人物文章

“同路人”学术论坛举办490余期

“同路人”校友讲堂系列活动

学研究、线上线下结合举办毕业典礼，成功举办交通学科成立106周年、学院成立20周年纪念庆祝晚会、庆典大会、纪念书籍发布会、院史馆开馆仪式、接待老中青校友返校等活动。

一系列活动有效凝聚了全院师生，协同提升了师生的文化自信和思想政治素质，在师生中广泛形成了“同心、同行、同思、同创”的“同路人”精神，教师勇于担当思行者、探路者、授业者的“同路人”角色，弘扬传统文化和学科精神，落实立德树人根本任务。

三、建设成效

上述文化脉络梳理、文化形象塑造、文化典型树立和文化活动品牌打造，营造了有利于教师可持续发展的良性环境，构建了学院挖掘学科文化传统，传承优秀师德师风，引领教师落实立德树人、培养时代新人的良好氛围。学院的经验做法和师德师风建设工作成效被兄弟院校广泛学习借鉴，多次被学校学院媒体平台报道，也被《中国交通报》《解放日报》、新华网、学习强国等平台报道10余次。

2018—2023年，学院涌现出一批获得全国优秀党务工作者、中国交通教育终身成就奖、全国辅导员年度人物、上海“最美科技工作者”、宝钢优秀教师奖、上海市青年五四奖章、上海市育才奖、上海市精神文明十佳好人好事等荣誉的优秀教师群体，多位党员和教师获评同济大学优秀共产党员、优秀党务工作者、师德师风优秀教师、“我心目中的好导师”、青年五四奖章、三八红旗手等。多个教师团队获评同济大学黄大年式教师团队、“卓越”研究生导学团队标兵、青年五四奖章集体、三八红旗集体等荣誉。全方位培育优秀个人及团队，进一步带动学院教师获得多项国家级党建、教学、科研、德育荣誉，国家及省部级科技和教学成果奖，牵头建设上海市课程思政领航学院、精品课程和国家级“金课”，参与大兴机场、港珠澳大桥等重大工程及援藏、援疆、援滇、脱贫攻坚、乡村振兴等工作，把坚定拥护“两个确立”、坚决做到“两个维护”体现到实际行动上。

四、工作启示

开展学科文化建设，是形成学科人文积淀、文化自信和自豪感的有效途径，推动构建具有学科特色的师德师风浸润环境，是传承优秀传统，深化和发展师道传承、立德树人，乃至促进一代代师生薪火相传、登高行远的不竭力量。为建设一支政治素质过硬、业务能力精湛、育人水平高超的高素质专业化创新型教师队伍，在文化脉络梳理、文化形象塑造、文化典型树立、文化活动品牌打造、文化空间建设等各项工作基础上，学院将进一步做好以下四方面工作。

一是创新师德教育方式。通过榜样引领、情景体验、实践教育、师生互动等形式，激发教师涵养师德的内生动力，全面提升教师思想政治素质和育德育人能力。

二是持续树立并挖掘先进典型，强化宣传感召，健全教师荣誉制度，加大教师表彰力度，设立以教书育人为导向的奖励，激励教师潜心教书、静心育人。

三是以课堂教育和成效检验为基础，以文化讲堂和文体活动为载体，以创新精神和实践能力为重点，以理论研究和氛围营造为支撑，多措并举、形成合力，构建完善的学科文化育人体制架构和运行制度。

四是持续加强学科文化平台建设。通过各类校企合作拓展线下学科文化宣传阵地，通过建设“线上院史馆”持续深挖情境性的优秀学科案例，开展思想政治教育、价值引导和德育培养。

师生同唱助成长，以文化人育英才

经济与管理学院

一、案例背景

以习近平同志为核心的党中央高度重视培养社会主义建设者和接班人，坚持把立德树人作为教育的根本任务，不断开创我国教育事业发展新局面。习近平总书记曾强调，“思政课是落实立德树人根本任务的关键课程”“‘大思政课’我们要善用之，一定要跟现实结合起来”“思政课不仅应该在课堂上讲，也应该在社会生活中来讲”。为了落实习近平总书记的殷切嘱托，我们必须不断推动思政课改革创新，增强思政课的思想性、理论性、亲和力及针对性，紧密结合现实，把“大思政课”讲得有深度、有力度、有温度。

为讲好有温度的“大思政课”，经济与管理学院在不断提升教学科研水平的同时注重学院文化建设，通过多样化的师生活动打造良好的学院文化氛围，做到以文育人、以文化人，促进教师全面提高综合素质，践行育人初心，助力学生坚定理想信念，谱写青春华章。在全面开展学院文化建设的过程中，以同济经管师生合唱团为代表的师生文化交流平台应运而生，以声传情，以乐表志，以音乐为桥梁拉近师生距离，在一次次音乐排练中陶冶情操，丰富内心世界，提升审美水平；在一次次比赛中，团结凝聚力量，彰显精神风貌。

二、具体做法

同济经管师生合唱团成立于2019年，在学院各部门教师及全院学生的大力支持下，逐步完善管理运作制度、创新排练交流模式，充分利用音乐的力量，结合抗击新冠疫情，建党百年等生动实践，宣扬了党的伟大精神，弘扬了社会正能量，让社会主义核心价值观融入生活，成为教师和青年学生日用而不觉的道德滋养，营造了学院践行伟大精神、传承红色基因、凝聚奋斗伟力的良好氛围，收获了众多奖项、奖章及社会赞誉。此外，师生合唱团还构建了一座连接师生精神世界的桥梁，不仅平和了教师内心世界、创新了大思政学习模式、打造了师生课后交流平台、提升了学院社会声誉，还构建了有学院特色的师生文化品牌活动，将中华优秀传统文化、革命文化和社会主义先进文化融入其中，引导教师以身作则，引导学生成长为社会主义建设者和接班人。

1. 牢记责任使命，唱响爱国主义主旋律

同济经管师生合唱团共有师生团员近百人，成立以来始终坚持“同心筑爱、为爱歌唱”的理念，做到了胸怀大局、把握大势、着眼大事。合唱是文化交流活动中的一种，它具有参与广泛性、影响持久性、内容高雅性的特征，通过使用人声传递音乐情感，达到调和感情、陶冶情操、促进交流、提升凝聚力的效果，同时具有文化内涵的合唱曲目还能帮助师生树立积极向上的世界观、价值观及人生观，潜移默化地影响师生的一言一行。因此，在日常排练及比赛训练的过程中，合唱团紧扣实现中华民族伟大复兴的历史主题，精心挑选了弘扬正能量，倡导主旋律的演唱曲目，旨在通过歌唱使师生与歌词产生共鸣，提升师生对思想政治理论的理解，引导师生价值观建设，厚植爱国主义情怀。

2019年，正逢中华人民共和国七十华诞，同济经管合唱团师生们用一首旋律宽广、气势宏伟的《祖国颂》向祖国母亲深情表白，这首赞歌描绘出一幅祖国大地山川壮丽、

同济经管师生合唱团合影

人民迎接社会主义时代欢快雀跃的美好画卷，也彰显了同济经管师生的爱国主义情怀。2020年，同济经管师生合唱团选择《让世界充满爱》传达守望相助、携手并肩的精神，弘扬了“众志成城、共克时艰”的抗疫精神。2021年，同济经管师生合唱团选择以《百年守望》展现中国共产党百年奋斗的光辉历程、伟大成就，鼓励师生以史为镜、以史明志，从歌声中感悟中国共产党带领人民迈向新生活的丰功伟绩，激发师生自觉担当民族复兴大任的信心和决心。

2. 坚持以文育人，共建师生交流大平台

同济经管师生合唱团践行社会主义核心价值观，弘扬真善美，传递师生情谊，逐渐成了师生文化交流的平台，是学院营造融洽和谐的文化氛围，弘扬中华美育精神的有效

途径。合唱团每学期面向教师及学生纳新，并邀请艺术与传媒学院音乐与表演系系主任李巍教授、朱洋副教授作为指导教师，采用每周二中午集体排练的方式增强合唱团师生之间的沟通和交流，通过每一次共同的排练促进师生相互磨合，共同学习，共同成长。作为教师和学生共同组成的团体，同济经管师生合唱团打造了一个非课堂空间，构建了师生轻松愉快的文化交流平台。于教师而言，不仅能放松身心、释放压力、交流经验、转换思维，还能提升文化素养和综合素质。于学生而言，通过师生合唱团这个平台，不仅获得了与教师接触、交流、共同学习的机会，也增强了自身认识美、体验美、感受美、欣赏美和创造美的能力。合唱团师生之间相互促进，心境平和且充满正能量的教师通过歌唱展现了人格魅力，以行动影响学生，给学生带来良好的体验；而与学生的交流也助力教师进一步了解学生优缺点，与学生建立融洽的师生关系，实现培养德智体美劳全面发展的社会主义建设者和接班人的育人目标。

同济经管师生合唱团排练

同济经管师生合唱团邀请专家莅临指导

3. 歌声传递温情，活用网络共筑同心圆

在大数据迅猛发展的信息化时代，作为“网络原住民”，无人不网、无处不网、无时不网已成为师生学习生活新常态。同济经管师生合唱团立足网络时代，强化互联网思维，增强传播意识，在线下日常排练的基础上，定期将排练好的音乐进行音频录制及MV拍摄，剪辑完成后发布音乐作品，活用网络媒体传播快速的优势进行线上推广，在全院乃至全校师生中赢得了广泛赞誉。

在全球共克新冠疫情之艰险的时刻，同济经管师生合唱团用歌声传递温情，采用“云合唱”的形式在网络空间唱响爱国主义主旋律，录制歌曲《让世界充满爱》的音乐视频，通过歌声向世界各地的友人传递一份心意和祝福。音乐是世界通用语言，歌声的力量鼓舞了每一个人，师生合唱团作品在网络上广泛传播，引起了众多师生和国内外校友的强同济经管师生唱响《让世界充满爱》 Singing for love and cheering for the world!

同济大学经济与管理学院 2020-04-15 14:28 发表于上海

同济经管师生合唱团《让世界充满爱》MV

烈反响和共鸣，学院知名度及声誉也得到一定程度的提升。

习近平总书记指出："人民群众多读书，我们的民族精神就会厚重起来、深邃起来"。同济经管师生合唱团积极响应"倡导全民阅读，建设书香社会"的号召，通过合唱浙江音乐学院吴涤副教授作词作曲的原创歌曲《书香里》营造爱读书、读好书、善读书的"书香"氛围，坚定文化自信，助力文化强国，实现文化浸润、书香育人。历经近半年的排练，同济经管师生合唱团进棚完成了《书香里》音频录制及MV拍摄，并在世界读书日来临之际正式发布并推广至学校各大媒体平台及央广网播出。这首"遍地书香花开流芳，爱上书香有我有你"的音乐作品展现了欣欣向荣的浓厚书香氛围，彰显了同济经管师生超越自我、追求卓越的理想信念与精神风貌，折射出"双一流"建设背景下同济大学"同舟共济、自强不息"的文化自信。

同济经管师生合唱团录制《书香里》音频

同济经管师生合唱团《书香里》MV

4. 坚持为爱而歌，展现“经彩”，提升影响力

美育在立德树人根本任务中的手段更柔软，更能内化于心，在促进师生全面发展、建立民族信仰、培育和践行社会主义核心价值观中具有不可替代的重要作用。同济经管师生合唱团是学院美育建设的品牌项目，在为学院师生营造人文氛围的同时，也曾多次代表学院在学校、企业参加合唱比赛或公益演出，展现同济经管师生的美育建设成果，进一步扩大高校美育影响力。

在“不忘初心、牢记使命”同济大学庆祝中华人民共和国成立70周年“歌唱祖国”师生合唱比赛中，同济经管师生合唱团以一首《祖国颂》彰显了同济经管师生饱含深情、浓郁厚重的家国情怀及坚忍不拔、团结奋进的拼搏精神，最终荣获了比赛二等奖和最佳人气奖。

在“永远跟党走”同济大学庆祝中国共产党成立100周年师生大合唱比赛中，同济

同济经管师生合唱团参加同济大学庆祝中华人民共和国成立70周年“歌唱祖国”师生合唱比赛

经管师生合唱团以一首《百年守望》庆祝中国共产党成立100周年，用歌声唱出了中国共产党一路披荆斩棘，筚路蓝缕，唤醒和带领全国人民建设起富强民主的新中国的光辉历史，展示了同济经管师生为党和国家繁荣昌盛、再创辉煌而砥砺奋斗的决心，最终荣获了此次比赛的二等奖。

同济经管师生合唱团参加“永远跟党走”同济大学庆祝中国共产党成立100周年师生合唱比赛并获奖

同济经管师生合唱团参与同济 & 上汽“致匠心”主题活动

除了参加比赛，同济经管师生合唱团还多次助力校企联动，深入校友企业进行公益演出，曾参与同济 & 上汽“致匠心”主题活动，进行《不忘初心》小合唱，将弘扬爱国主义情怀，坚守社会主义核心价值观的理念带入企业中，展现了同济经管人“不忘初心、牢记使命”的理想信念。

三、建设成效

1. 提升教师综合素质，根植荣誉感和凝聚力

教师的教学科研水平、文化底蕴及精神状态等综合素质不断影响学生为学、为事、为人。通过鼓励教师参与同济经管师生合唱团，协助他们转换思维、放松身心、调解情绪、平衡压力，丰富了教师的精神世界，提升了教师的综合素质。同时，合唱不仅加强了教师间的沟通和交流，促进了学术融合，还通过共同演绎让教师们体会到协作互动的乐趣，增强了教师团队的凝聚力和集体荣誉感。

2. 创新思政教育模式，扩大覆盖面和影响力

音乐让思政育人春风化雨，生动鲜活，直抵人心。同济经管师生合唱团探索了思政教育新模式，通过选取具有时代意义、充满正能量、弘扬主旋律的音乐作品，将社会主义核心价值观及家国情怀融入合唱过程中，当师生与音乐作品同频共振，就能获得强烈共鸣，提升了教师政治素养，也潜移默化地教育了学生。此外，合唱作为集体活动会不断吸引更多师生加入，扩大了思政教育的覆盖面和影响力，全面提升了学院师生整体的思想政治素养。

3. 打造师生交流平台，推动“三全育人”落到实处

教师是“大先生”，育人力量不只体现在课堂上。同济经管师生合唱团打造了师生轻松愉快的文化交流平台，教师以歌抒情，以行动影响学生，给学生带来良好的体验；学生在歌唱中所表现出的态度和品行，也让教师更快地了解学生，为建立良好的师生关

系打下坚实的基础。在师生和睦的氛围中，教师更愿意也更乐于参与学生教育成长环节，积极参与“课程思政”中心建设，并在驻楼导师工作、名师讲座、就业援助、嘉定校区工作室改造等多个方面提供了大力支持，共同助力学院打造良好的育人空间，推动“三全育人”落到实处。

四、工作启示

同济经管师生合唱团成立以来，在运作过程中不断精进，在以下四个方面取得了重要进展与启示。

一是师生合唱团为经管师生提供美育培育渠道，被列入学院文化建设的重要工程之一，不仅保障了师生身心健康，增强了师生综合素质，也在一定程度上促进了教师之间的合作交流，根植了集体荣誉感和凝聚力。

二是建设有章可循，师生合唱团不仅通过制定管理原则和运作流程、构建歌曲库等方式做到规范管理，还鼓励师生共同唱响主旋律，以生动的、源于生活的“大思政课”形式，不断提升师生思想政治理论水平。

三是作为师生交流平台的代表，师生合唱团不仅打通了教师和学生课堂外沟通的渠道，形成师生齐心协力、和谐共处的良好学院氛围，还推动建立起良好的师生关系，促进教师参与思政课程建设，落实全员育人工作实效。

四是师生合唱团善用网络媒体扩大覆盖面和影响力，促进文化艺术走出学院，引导更多教师及学子建立价值观，不仅弘扬正能量，增强师生成就感，提高活动吸引力，还助力学院知名度和声誉进一步提升。

未来，经济与管理学院将在师生合唱团的基础上，打造更丰富的育人品牌项目，将以文育人、以文化人融入学院特色；建设更广阔的文化交流平台，为师生交流架起桥梁，让“大思政课”更加生动入心。

全面开展师德养成建设探索与实践研究

材料科学与工程学院

一、案例背景

强国必先强师。教师承担着传播知识、传播思想、传播真理的历史使命，肩负着塑造灵魂、塑造生命、塑造人的时代重任，是教育发展的第一资源，是国家富强、民族振兴、人民幸福的重要基石。党的十八大以来，习近平总书记高度重视教师工作，在不同场合多次强调教师工作的重要意义。他指出，“人民教师无上光荣，每个教师都要珍惜这份光荣”“老师是学生道德修养的镜子”。同时，他对广大教师提出殷切期望：“做老师就要执着于教书育人，有热爱教育的定力、淡泊名利的坚守。”

高校思想政治工作关系高校“培养什么样的人、如何培养人以及为谁培养人”的根本问题。高校教师承担着高校思想政治教育的核心价值。他们不仅是历史传统的继承者，更是中国高等教育开拓和启航的有力支持。加强高校教师的思想政治工作，强化师德师风建设，在教学和日常行为中传递正确的价值观，积极投身社会主义事业建设，为国家的发展作出贡献。在当前环境下，师德师风建设的本质在于协调高校教师文化认同与学术思想认识的内外因素，核心在于通过思想建设塑造教师职业角色的社会定位及自身个体的职业素养。在日常的思政工作中，全面开展师德养成建设是高校开展思政建设的改革任务和重要举措。

2018—2023 年，学校一直在加强教师思想政治建设，也取得了一定的成绩。但在学院层面上，由于各学科的差异，未能全面深入研究、形成全面开展师德养成的具体实施办法与品牌，因此探究全面开展师德养成建设与实践不仅必要，而且有重要的现实意义。

材料科学与工程学院历来重视教师的思想政治建设，积极推进师德师风及师能培养，通过探索与实践，不断提升教师学科使命感及荣誉感，在学生培养过程中当好“四个引路人”。2018—2023 年，学院不断加强学院文化建设，从文化的凝练、学院文化展、学院文化环境建设、学院文化品牌（书画社、陶艺社）建设，到职业培训讲座、文化沙龙的开展都进行了有力的探索，取得了较好的成效。

二、具体做法

1. 挖掘学科文化内涵，凝聚教师向心力

材料学院围绕“时代基石 国之重器”主题，寻根溯源，探寻学科内涵本质，深度挖掘学科精神魅力，牢铸学院文化之魂。凝练了材料的特征文化、行为文化、精神文化。其中，材料的特征文化为：开拓历史、时代基石、国之重器、大国脊梁；材料的行为文化为：传承发展、支撑奉献、开拓交叉、合作共赢；材料的精神文化为：创新引领，继往开来，革故鼎新，追求卓越。充分发挥学科文化凝神聚气、精神引领、行为指导的功能，不断丰富立体“材料文化”核心，结合“材料文化展”“博雅讲堂”、材料文化走廊建设、校企共建等系列品牌活动，引导教师带头聚焦国家发展战略，同心同德，勇立潮头践行“材料强国”使命，为国家发展、科技进步助力。

2. 推进博雅理念建设，教育者先受教育

学院致力于传播优秀文化、传承启智，启迪新思路，面向教职工打造了“博雅文化”特色项目，组织举办“墨香绘春”书画联谊、迎接建党100周年“通人渡我”书画赏析沙龙、“多趣紫砂，博雅传艺”陶艺活动、“鼠去牛来，材艺共济”学院写春联贺新春联谊等文化活动，通过开办书画、陶艺、朗诵、垂钓、高尔夫等多种形式的文化艺术培训班，引导教职工从博大精深的中华文化中汲取滋养，丰富涵养，提升品位，达到以文化人、以文育人目的，进一步增强中国特色社会主义文化自信，以文化浸润学科发展，涵养教育情怀。

“多趣紫砂，博雅传艺”陶艺活动

“鼠去牛来，材艺共济”，写春联贺新春联谊活动

乒乓球培训班

3. 加强思想阵地建设，构建教师思政建设氛围

学院围绕“时代基石，国之重器”的材料文化，创新宣传形式，加强新时代校园文化阵地建设。

（1）同心楼材料文化走廊建设

学院坚持立德树人、以文化人，持续挖掘学科文化内涵，大力弘扬时代新风，提升师生思想觉悟、学科归属感和时代使命感。2021 年完成了同心南楼学院文化走廊建设工作。文化走廊主要分为两部分：一是以“博雅”为主概念的师生文化活动及艺术作品展出，致力于传播优秀文化、启迪新思路，以文化人、以文育人，提升师德师能与综合素养，进一步增强中国特色社会主义文化自信；二是以“创新”为主概念，展示学科重要科研成就及面向国家发展的重大工程应用，弘扬“薪火相承、开拓交叉、引领创新”的材料文化内涵，彰显学科文化魅力，增强学院师生时代使命感。

同心南楼学院文化走廊

材料文化及学科交叉交流沙龙

（2）学院大楼楼宇环境布置及学院宣传片拍摄

学院结合学院大楼楼宇环境改造工作，更换老式单色显示屏，重新安装LED电子屏，提升材料学科的微观性及专业性展示效果，充分展示材料科技的魅力，扩大宣传渲染范围，全面改善学院大楼整体文化氛围。同时，学院宣传片《大国重器 材赋未来》完成拍摄并正式上线，分薪火相承、开拓创新、优才培育、合作共赢、肩负使命五个板块诉

学院宣传片《大国重器 材赋未来》

学院图书分馆新址

说同济材料人的历史传承及使命担当。

（3）学院图书新馆建设

2021 年学院图书分馆搬迁至新址，并与校图书馆签订合作意向书，正式启动资源整合工作。相关工作于 2021 年年底前完成，建成后的新馆配备门禁及书籍借阅系统，实现周末节假日开放。学院在自习室外布置了党建活动专栏，展示学院党建活动新动态，以凝心聚力，形成共识。

（4）组建学院教师学堂，在学堂内开展教师培训

作为学院师德师风建设重要举措之一，学院面向全体教职员工组织了社科人文类系列讲座活动——“博雅讲堂”，着重推进教师了解、继承、发扬及创新中华优秀传统文化精神，提升广大教师人文素养。

讲堂邀请华东师范大学心理与认知科学学院应用心理学系席居哲教授作“师生沟通的心理学艺术”报告，帮助学院教师与学生建立起互相坦诚、彼此关心、相对独立、尊重个性、相互拟合的良好师生关系，提高师生、同事间的交流、合作能力，提升工作成效。

讲堂报告“孙子兵法及三十六计”，从孙子破楚入郢等历史事件入手，介绍了孙子在历史上的丰功伟绩，讲解了不同计策的实际应用案例，并将用兵之道引申至为人之道，将兵书与现实生活紧密结合起来，探讨了大家平时非常关心的人才培养、学科研究等多方面的问题。

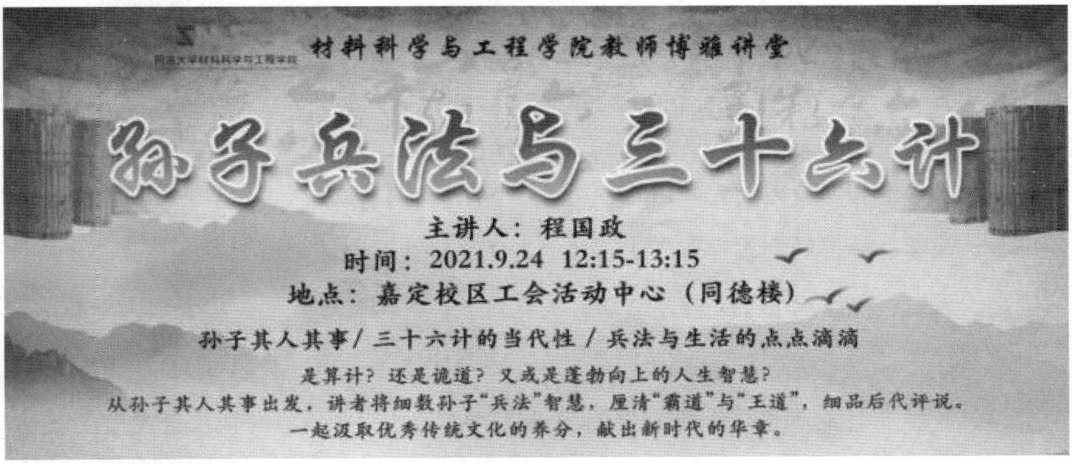

学院“博雅讲堂”报告“孙子兵法及三十六计”

讲堂报告“办公行政工作业务培训”，从办文、收文两个方面提出了新时代高校行政工作的重要要求，通过各类技能培训，提升了学院行政办公效率及服务师生能力，促进了教师职业发展。

三、建设成效

在学院师德养成建设项目不断推进下，学院人才培养质量、课程思政建设等都取得了一定成效。通过各类思想政治建设，学院教师形成共识，专业教师深入挖掘材料学科课程思政特色，将科技报国等“盐溶于水”式地体现在课程思政中。2021 年，学院获同济大学教学成果特等奖 1 项、二等奖 1 项、三等奖 1 项；2022 年，学院教改项目获上海市教学成果一等奖，获批上海市重点建设课程，入围学校第三批上海市一流本科课程建设，获评同济大学校级课程思政示范课程，学院获批第二批“三全育人”综合改革示范学院。学生的成绩是导师培养成效的表现形式之一。2021 年学院学生 1 人获同济大学最高荣誉——“追求卓越奖”、2 人获评学术先锋、1 人获评学术之星，2022 年 1 人入选上海高校“百名学生党员标兵”，人才培养质量全面提升。

四、工作启示

“教者，效也，上为之，下效之。”教育者首先要为人师表、行为世范，具有教育他人的真理力量和人格力量。高校教师不能以抓学生代替抓自身，正人先正己，必须先学一步、深学一层，做到教育者先受教育，学懂、弄通、悟透，铸魂者先铸其魂。心怀“国之大者”，坚持社会主义办学方向，为党育人，为国育才，用大境界、大智慧落实各项改革任务，做为学、为事、为人的示范，成为塑造学生品格、品行、品位的“大先生”，只有这样，才有资格、有底气、有能力教育学生，培育塑造新时代社会主义接班人。

要提高思想教育质量，就必须从提升教育能力入手。教师是执行教育工作的重要责任人，教师个人能力将直接影响学生政治思想的稳定性。每个时代对教师教育能力的要求有所不同，教师不仅需要提升最基础的教育能力，也要适应新时代对思想政治教育的全面要求。学院更要结合新时代国家对人才发展的需要及教师个人成长需求，系统性审视教师能力提升的需求，并对应做出培养计划，同时，也要主动谋划，为教师搭建好锻炼和展示的舞台。

要培养坚定的社会主义建设者和接班人，必须以中国传统文化为主线，讲好中国故事。当代大学生身处和平年代，并不懂得和平表象下隐藏着暗潮，需要教育者起到引领作用，填鸭式的教学方法，不能满足将思想政治建设理论知识以立体化方式呈现给学生的要求。做好学生的引路人，教师首先需要自身具备扎实的人文素养和传统文化知识，不但应掌握精湛的专业知识和系统的教育科学知识，还应具备广博深厚的文化素养，提高自身文化底蕴及文化修养，成为学生思想的领导者，用自己的渊博学识高尚人格潜移默化地影响学生、感召学生。

要塑造专业课教师思想政治教育角色，必须了解科学技术对社会的影响及科学技术本身的发展历史。教育不能脱离现实社会的发展，思政教育的建设必须要以学科建设为背景，深挖学科发展历史，强化学科文化建设，凝练学科精神，明确学科使命。这对于学院教师在新时代，围绕“新材料强国”战略，面向学科“卡脖子”问题，凝聚共识，形成力量，勇担“新材料使命”，真正发挥了思想政治引领作用，具有重要的支撑作用。

积淀学科文化底蕴，营造“三全育人”氛围

化学科学与工程学院

一、案例背景

学科文化是学科发展过程中形成的特色与烙印，也是重要的思政资源。化学科学与工程学院结合理论学习教育的工作部署，带领师生深入开展政治理论学习，动员青年教师带队、师生组团，梳理学院发展和学科文化史，总结学科文化精神，强化文化育人理念，创新文化育人形式，丰富文化育人内涵，着力以文化人、以文育人，用文化的丰盈力量滋养师生，以创新的奋进精神激励师生，进一步增强学习教育的针对性和实效性。

二、具体做法

1. 制定工作方案，部署师生学党史校史，梳理学科发展史

为贯彻落实党史学习教育实施方案有关工作部署，化学科学与工程学院党委指导、分团委具体负责，面向全院师生开展党史学习教育特色项目——“师生学党史校史、梳

理学科发展史”，并制定了工作方案。

工作方案明确，该项目由学院党委牵头，青年教师带队，以团支部为单位组织青年师生为主体开展学习教育实践，将党史、校史、院史学习教育融于日常，通过师生访谈、共学互鉴、资料查证等方式，实事求是、严谨科学地记述学院发展历史，梳理学科发展脉络，为今后提供一部全面系统、真实可靠、资政砺志的学院学科历史打下基础，切实做到学史明理、学史增信、学史崇德、学史力行，确保学院师生党史学习教育与实际工作有机结合，取得扎实成效。同时，方案对工作时间和任务分工作出详细部署，并给出了指导意见。为确保该项目取得实效，方案结合党史学习教育有关工作，设定了开展自学、线上学习答题（学校题库、学院题库等）、线下成果展示、评选优秀组织奖等多种学习形式和环节。

2. 学习党史校史与院史，结合文献查阅、访谈佐证，梳理学院学科发展史

由青年教师带队组织，以团支部为单位，划分院史追溯的时间维度，动员团员积极参与资料的收集、查证、记述等追溯工作。在挖掘学院历史文化资源的同时，深入了解学院学科文化，提升学科自信，增强学院归属感，推进学院一流化学学科建设。拟定了《学院学科发展史梳理工作任务分解表》（表 1）。

表 1　　学院学科发展史梳理工作任务分解表

序号	带队教师	职称 / 职务	团支部	负责时间段（年）	主要历史事件	建议寻访方式
1	邢小鹏	教授	2020 级博士	1937—1946	1937 年，理学院、化学系同时成立，首任院长王葆仁先生兼任化学系系主任，同年因抗日战争爆发，随学校内迁，辗转办学；1946 年，回迁上海	以文献整理为主：学院学科发展历史，知名校友成长历程
2	徐涛	教授、青千	2020 级硕士	1946—1952	1952 年，院系调整	以文献整理为主：学院学科发展历史，知名校友成长历程
3	伍艳辉 / 王霞	教授 / 副教授	2018 级本科	1958—1964	培养过三届应用化学专业学生	以文献整理为主：学院学科发展历史，知名校友成长历程

续表

序号	带队教师	职称 / 职务	团支部	负责时间段（年）	主要历史事件	建议寻访方式
4	刘国锋	特聘研究员	2021 级博士	1978—1983	1978 年，应用化学专业以校内二次招生的方式开始招生；1980 年，化学系成立；1982 年；化学系应用化学专业正式招生	文献整理与校友访谈相结合（学院联系校友，包括教师）
5	吕甜	助理教授	2019 级硕士 2 班	1984—1989	—	文献整理与校友访谈相结合（学院联系校友，包括教师）
6	段瑛滢	副教授	2019 级硕士 1 班	1990—1995	—	文献整理与校友访谈相结合（学院联系校友，包括教师）
7	杨金虎	长聘教授	2017 级博士	1996—2001	—	文献整理与校友访谈相结合（学院联系校友，包括教师）
8	柳华杰	教授、优青	2018 级博士	2002—2007	2003 年，无机化学二级学科博士授予权获批准；2006 年， 化学一级学科博士授予权获批准；2007 年，化学一级学科博士后流动站成立	文献整理与校友访谈相结合（学院联系校友，包括教师）
9	寻朝静	党委副书记	2019 级博士	2008—2013	—	文献整理与校友访谈相结合（学院联系校友，包括教师）
10	朱仲良 / 刘梅川 / 陈云	教授 / 教授副教授	2019 级本科	2014—2019	2016 年，同济大学化学科学与工程学院成立	文献整理与校友访谈相结合（学院联系校友，包括教师）

参与方式包括但不限于搜索史料、邀请学院教师和校友讲述记述等。考证角度包括但不限于历史演变、校友故事等。

3. 院史梳理学习成果展示汇报会

在前期资料收集的基础上，进行学科发展历史的梳理和成果展示，阶段性呈现学院师生党史学习教育的成果。2021 年 5 月 13 日，学院师生党史学习教育特色项目“师生学党史校史、梳理学科发展史”学习成果展示汇报会在化学馆 120 会议室举行，各位带

时任党委书记杨晓杰点评

学生代表介绍抗日战争期间化学系发展历程

队教师作为评委参加了活动。各团支部通过幻灯片展示、话剧重演、实物展示等多种形式，对所负责时间段的院史进行了展示，在场师生对学院发展各历史阶段的史料进行了全面学习。10 个支部以多样化的形式展示了前期院史学习成果，梳理了学院学科发展历史的大致时间线。时任学院党委书记杨晓杰作为嘉宾对前期活动进行了点评。

展示会当天结合前一阶段各支部线上学习覆盖率、答题正确率前 50% 的同学占比和当天展示效果，评选出一、二、三等奖和优秀组织奖。

4. 院史梳理优秀成果集中展示，献礼建党百年学院庆祝活动

在中国共产党百年华诞之际，化学科学与工程学院庆祝中国共产党成立 100 周年“两优一先”表彰大会在逸夫楼举行。党史学习教育开展过程中，学院党委结合工作学习实际推动学习教育走深走实，组织师生在学习党史的过程中，努力做到学深悟透，将党史学习教育融入日常学习工作生活之中梳理院史，取得了良好的成果。会上，部分学生在带队教师的指导下，对院史梳理优秀成果进行了展示，为在场师生上了一堂形式生动的思政课。2020 级硕士研究生班长查梦欢作为学生代表，以“风雨中的同济化学人”为题，分享了 1937—1952 年院史梳理成果，期间同济化学系经历了院系调整，短短 15 年里培养的人才中，唐有祺、卢佩章、黄志镗、曹楚南、戚正武、邓景发 6 人先后成为中国科学院院士，为祖国发展作出了卓越的贡献，激励师生以史为鉴、开创未来。

庆祝中国共产党成立100周年大会上学生代表分享“风雨中的同济化学人”

庆祝中国共产党成立100周年大会上学生代表朗诵自创诗歌

“一代豪雄铺锦功，百年菁业贯华虹……”在表彰会上，胡瑾、郭瑞婕、崔洪君三名学生党员以诗歌朗诵的形式向党的生日献礼：“携手共进，毅然奔向民族的伟大复兴，请带上我燃烧的红色大声呼喊：我是共产党人，我爱你，中国！”在党史学习教育过程中，结合院史梳理和学科特色，在带队老师的指导下，才华横溢的胡瑾同学结合学科特色，将化学元素融入三行情诗创作，积极抒发对党的感情。“Zn Au Ho T，Kr Cd Kr Sb；La Re Hg Kr， Cu Zn Cu Tc；Zn Tc Cf Ce， Lu Li Pb Au!”（锌金钬氚，氪镉氪锑；镧铼汞氪，铜锌铜锝；锌锝锎铈，镥锂铅金！）（薪尽火传，可歌可涕；难来共克，同心同德；新的开始，勠力前进！）

5. 梳理成果再整理，同济化学发展简史定稿，发布院史墙

在院史梳理的基础上，学院师生经过不断精简锤炼，将学院发展历史按照不同发展时期划分为四个阶段：“初创·方兴未艾”“调整·转型发展”“重建·广育英才”“复兴·追求卓越”，分别查证资料，找寻合适的图片，设计形成院史展示材料，最终定稿形成同济化学发展简史，并将其制作成“院史墙”，在化学馆展出，受到师生广泛好评。

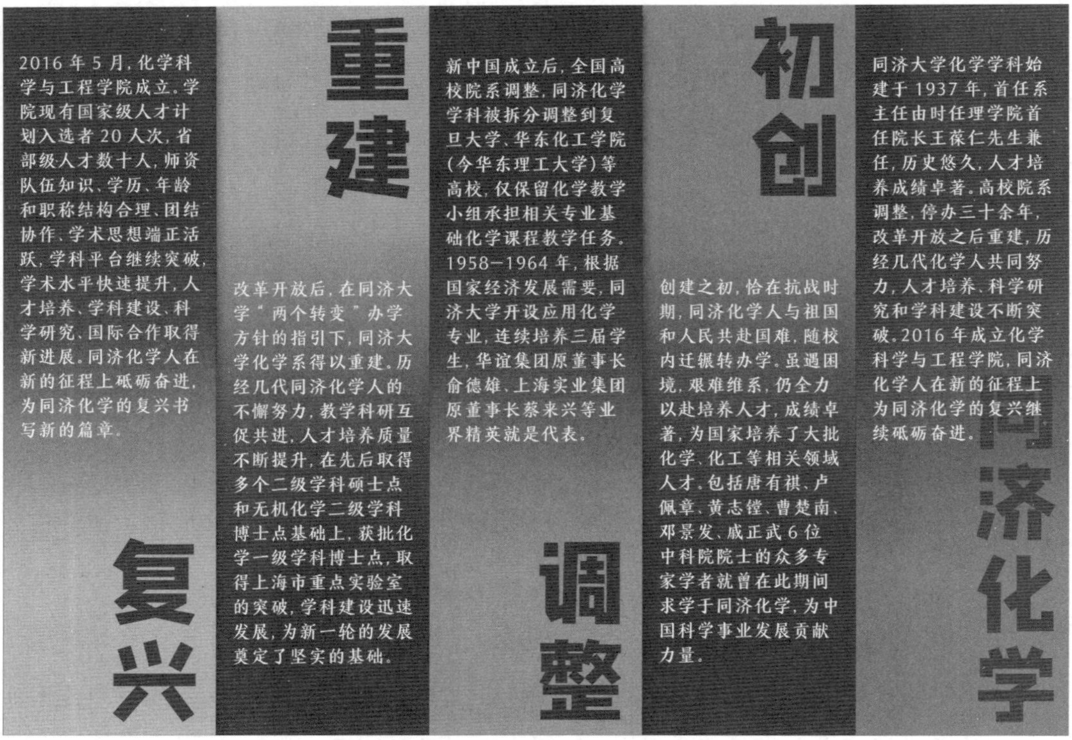

同济化学发展简史展板

三、建设成效

一是党史学习教育达到良好效果。将学院学科发展历史梳理作为党史学习教育的内容，以丰富的学习内容、活跃的学习形式，让师生党史学习教育有抓手、有目标、有动力，同时让教师特别是新进青年教师和学生对学院学科发展历史有了深入了解，从学院学科发展历史中感悟前辈创业艰辛历程与勠力奋斗精神，汲取智慧与力量，党史学习教育达到了良好的效果。

二是“三全育人”工作理念深入人心。将学院学科文化融入党史学习教育，青年教师深度参与其中，带动学生挖掘学院发展历史中的故事，将院史资源和学院学科发展历史上的人物事迹作为构建“三全育人”工作体系的有效载体，使“三全育人”工作理念深入人心，如“盐溶于水”般与日常工作有机融合，以创新的工作思路丰富了思想政治教育工作形式，达到了育人效果，同时也为今后开展师生理论学习实践、提升思想政治教育实效拓展了思路。

三是营造了良好的学科文化氛围。通过青年教师的参与，调动教师的积极性，充分发挥师生智慧和力量，深入挖掘学院发展历史和学科文化脉络，在梳理中学习，在学习中感悟，培养了对学院的深厚感情，培育了对化学学科的浓郁兴趣，在成果展示过程中也能看到师生参与其中、乐在其中，用做科研的方法扎实梳理历史与文化，以主人翁的态度深切体悟学院学科文化底蕴，形成了良好的学科文化氛围，为宣传学院学科文化奠定了基础。

四、工作启示

以学院发展历史和学科文化梳理为抓手，动员师生共同参与，从学习、挖掘、整理和展示等多个环节将学科文化氛围的营造由表及里地沁入人心，是深化教师思政工作的有效途径。学院将继续围绕落实立德树人根本任务，加强顶层谋划，系统思考，将学院学科文化作为重要抓手，统筹学院发展、学科文化、优秀师生展示、课题组文化等方面，不断营造浓郁的以文化人、以文育人的氛围，培育更多师德师风先进教师，培养更多“学术之星”“学术先锋”，以文化的力量支撑师生发展成长。

红歌引领，凝心聚力

政治与国际关系学院

一、案例背景

为进一步推进学院广大教师学党史、知党情、感党恩、跟党走，激励教师在教学科研工作中传承党的优良传统，丰富教师的业余文化生活，加强学院教师的凝聚力，把师德师风建设与提升教师艺术素养结合起来，在推动高质量发展、建功新时代高等教育的实践中贡献力量，政治与国际关系学院在积极组织参与2021年“永远跟党走”师生合唱比赛并获得三等奖的基础上，充分发挥政治学学科优势，以建党百年为重要契机，成立国政教师红歌艺术赏学社，组织学院中青年教师以红歌艺术欣赏和演唱为主题，通过欣赏和学唱红色歌曲，挖掘红色资源，发扬红色传统，传承红色基因，全面展示百年党史中不同阶段优秀革命歌曲的精神风貌，彰显奋进新征程中的蓬勃力量，推动学院教师从红歌艺术欣赏和学唱过程中汲取精神养分，做到“顺于心，杰于行”，推进学院精神文明建设，激励学院教师凝心聚力促发展，建设学院文化崭新阵地。

二、具体做法

2021年9月，学院正式成立国政教师红歌艺术赏学社，组织全院32名中青年教师参加，建立“国政教师红歌艺术赏学社”微信群，为每名教师赠送《中国古代音乐史话》一书，购置了小型音箱设备，通过请教歌学生推荐多首红歌请老师挑选的方式，选定两首中宣部推荐的爱国主义歌曲《万疆》和《国家》让老师学唱，学院认真积极地做好筹备工作，丰富多彩的红歌赏学活动由此展开。

国政教师红歌艺术赏学社成立后，学院积极推动红歌学唱和赏析活动，一个学期内，红歌艺术赏学社采用“请进来”“走出去”相结合的方式，共举办一场红歌艺术赏析讲座、四次由学生主持的红歌《万疆》和《国家》学唱活动、一次前往红色教育基地进行现场演唱的活动、一次红歌赏析午餐会、一次红歌艺术赏学社总结交流会。每次活动都精彩纷呈，让教师在红歌艺术赏学活动中感受到了红歌艺术的魅力，体验到了浓浓的家国情怀，大大增强了团队凝聚力，对促进教师身心健康，丰富校园文化活动，开展精神文明建设及推进行之有效的教师思想政治工作提供了很好的平台。

1. 红歌艺术赏析讲座精彩纷呈

2021年9月28日，国政教师红歌艺术赏学社举办首次活动，邀请来自同济大学艺术与传媒学院声乐教师王伊达开展一场题为“歌声里的中国——百年的中国艺术歌曲”讲座。王伊达老师从百年来中国艺术歌曲的发展史讲起，分早期中国艺术歌曲的形成与完善、抗日战争时期的艺术歌曲、中华人民共和国成立后中国艺术歌曲的蓬勃发展等几大板块，向老师们系统讲述了百年来中国艺术歌曲的发展历史。在讲座过程中，王伊达老师放开歌喉，演唱了《铁蹄下的歌女》《小河淌水》《忆秦娥·娄山关》等著名艺术歌曲，她的歌声时而细腻婉转，时而高亢嘹亮，仿佛天籁之音，在大家的耳畔久久回荡，所有老师都被她的演唱深深感染，现场多次爆发出雷鸣般的掌声。红歌艺术赏学社成员都为能欣赏到王伊达老师一次高质量的音乐艺术讲座和现场演出而感到荣幸，深深地感受到红歌艺术的魅力，大家都希望以后有更多的机会开展内容丰富的红歌欣赏活动，并

国政教师红歌艺术赏学社老师参加红歌艺术欣赏讲座

艺术与传媒学院王伊达老师生动解析中国艺术歌曲并现场放歌

通过欣赏红歌提升爱国爱党的情怀。

2. 红歌学唱活动生动感人

2021 年 10 月 19 日，学院组织国政教师红歌艺术赏学社全体成员，举办了红色歌曲《万疆》教唱活动，邀请校学生合唱团团长欧华轩同学指导老师们学唱。在一个小时的红歌学唱过程中，老师们精神饱满，积极投入，很快学会了整首歌曲，大家用嘹亮的歌声抒发对伟大祖国的热爱，深深感受到歌曲艺术的魅力。部分教师一直自认为五音不全，以前很少唱歌，但在这种轻松自如的环境下，慢慢地放下心结，放开歌喉，纵情演唱，感受到前所未有的歌唱乐趣。教师一致认为，这种文化活动形式非常好，既能够愉悦教师身心，又能促进集体主义精神培育，帮助大家在工作之余感受校园文化活动的乐趣。

2021 年 11 月 2 日，国政教师红歌艺术赏学社成员在欧华轩同学的指导下，开展歌曲《万疆》的第二次排练活动，大家在钢琴伴奏下放声高歌，越唱越有力量。就连学院

国政教师红歌艺术赏学社成员学唱红歌《万疆》

的外籍教师都兴致勃勃地加入了红歌演唱的行列，他说："以往在国外大学中，很少有机会参加这类活动，现在在同济大学感受到浓浓的校园文化氛围，和大家一起放声高歌，心情特别舒畅。"

3. 在红色教育基地纵情放歌

2021 年 11 月 9 日，学院组织国政教师红歌艺术赏学社成员到淞沪抗战纪念馆和吴淞炮台湾湿地公园开展党建和思政教育活动，感受爱国主义精神的熏陶。

在淞沪抗战纪念馆，教师倾听了讲解员的深情讲述，瞻仰大量珍贵的历史图片和影像资料，细观各种抗战英烈留下的文物，大家仿佛回到 20 世纪 30 年代，面对深重的民族危机，在中国共产党倡导建立的抗日民族统一战线的旗帜下，上海人民为"救亡图存"而浴血奋战的峥嵘岁月。一幅幅震撼心灵的历史画卷及其中蕴含的可歌可泣的英雄事迹，都彰显着中国人民在抗日战争及世界反法西斯战争中作出的巨大牺牲和伟大贡献，给大

国政教师红歌艺术赏学社成员参观淞沪抗战纪念馆

家留下了非常深刻的印象。抚今追昔，教师内心充溢着对抗战英雄保家卫国精神的敬意，饱含着对曾经灾难深重的祖国深沉的热爱。

吴淞炮台湾湿地公园是鸦片战争、“一·二八”淞沪抗战、“八一三”淞沪战役、解放上海吴淞战役的战场之一，也是纪念上海苦难与重生之地。在讲解员的带领下，大家感受着吴淞炮台的前世今生，缅怀纪念着无数有名的、无名的为中华民族壮烈牺牲的英雄们，纷纷表示要以自己的实际行动传承自强不息的中华民族精神。

在炮台湾湿地公园的大草坪上，国政教师红歌艺术赏学社成员围坐在一起，再次合唱歌曲《万疆》，大家唱着熟悉的旋律，感受着中华文化的博大精深，抒发着浓浓的爱国主义情怀。红歌演唱活动丰富了教师的业余文化生活，让大家在歌声中增强了凝聚力，体会了家国情怀和文化魅力，展示了教师的精神面貌，为建设更高质量的校园文化作出努力。

国政教师红歌艺术赏学社在吴淞炮台湾湿地公园开展爱国主义教育活动

国政教师红歌艺术赏学社成员在吴淞炮台湾湿地公园合唱歌曲《万疆》

4. 用旋律激发昂扬爱国之情

2021 年 11 月 26 日，国政教师红歌艺术赏学社成员学唱红歌《国家》，邀请艺术与传媒学院大四学生浩欣欣负责教唱。“国是荣誉的屹立，家是幸福的洋溢。国的每一寸土地，家的每一个足迹。国与家连在一起，创造地球的奇迹。”充满了家国情怀的歌词伴着优美的旋律，在会议室久久回荡，教师越唱越响亮，越唱越有感情，表达了内心饱含着的对伟大祖国深深的热爱。在随后举行的红歌赏析午餐会上，浩欣欣同学讲解了红歌演唱技巧，包括发声方法、用气方式等，大家都感到受益匪浅。

5. 总结交流活动意犹未尽

2021 年 12 月 17 日，国政教师红歌艺术赏学社总结交流会上，大家畅所欲言，分享自己参加红歌演唱的收获，大家都感到《万疆》和《国家》两首红歌不但歌词优美、旋律动人，而且饱含浓浓的爱国主义情感，让大家在引吭高歌时体会到作为中国人的自豪与光荣，更加意识到自己身上肩负着教书育人、立德树人的重要责任。总结交流会上，

国政教师红歌艺术赏学社成员举办红歌赏析午餐会

国政教师红歌艺术赏学社成员召开总结交流会

浩欣欣同学唱起《浏阳河》，刘渝梅老师现场表演了中国传统昆曲《牡丹亭》，大家都沉浸在优美的旋律中，颇有意犹未尽的感觉。

三、建设成效

1. 红歌艺术赏学社活动对教师思想引领起到了重要作用

红歌艺术赏学社的活动使教师在繁忙的教学科研之余，有机会通过学唱红歌紧密地联系起来，不仅感受到红歌艺术的魅力，更在红色艺术的熏陶与浸润下感受到时代和国家的主旋律和正能量，从中得到深刻教益。学院教师进一步深刻感受到为党育人、为国育才的崇高使命。

2. 红歌艺术赏学社活动对改善教师的身心健康有重要意义

在繁忙的教学和科研之余，开展红歌欣赏和演唱活动，可以调节教师身心，让大家获得身心放松和艺术感染。同时，红歌演唱是一种具有一定规模的集体活动，可以满足教师课余时间与同事们交流畅谈的需要，不少教师活动期间和活动结束后愉快交谈，笑语盈盈，大大减轻了工作压力，以更好的姿态投入工作和学习。

3. 红歌艺术赏学社活动大大提升教师的凝聚力

国政教师红歌艺术赏学社系列活动的举办，把培养家国情怀与凝聚力工程密切结合，产生了非常明显的效果。以往学院有不少教师有课时来校，没课时就待在家里，久而久之，失去了集体责任感，变得对学院工作漠不关心。红歌艺术赏学社的活动吸引了许多平时不常参与集体活动的教师，大家通过活动，多来学院，多接触学院领导和同事，对学院工作的责任心日益增强，培养了集体主义观念，同时也增进了教职工之间的交流，促使学院凝聚力工程更有抓手，更能有效地推进。

四、工作启示

二级学院开展教职工思想政治教育活动，通常采用一些常规性的做法，如开展政治理论学习、举办学习辅导报告、开展小组学习讨论等，不少教师对此习以为常，感觉传统方式的学习教育活动对大家触动不大，最好能够探索一些具有更强吸引力的教育形式。国政教师红歌艺术赏学社在此背景下应运而生，这是政治与国际关系学院开展教师思想政治教育工作的一次新探索和新尝试，从整体效果来看，对广大教师的教育成效较为明显，大大增强了学院教师的凝聚力，推进了学院文化建设。

通过“红歌引领、凝心聚力——国政教师红歌艺术赏学社”的有效实践，政治与国际关系学院深深地感受到推进教师思想政治工作一定要有好的载体和好的形式。教师思想政治工作需要围绕教师的实际需求，创造良好的教育形式，从而激发教师的热情，使教师思想政治工作更具实效性。通过开展丰富多彩的校园文化活动，寓教于乐，从而在全新的平台上开展教师思想政治教育工作，是学院探索出的更加具有成效的教师思政工作新模式。

党外教师思想政治引领"三微"工作模式

党委统战部

一、案例背景

党的十八大以来，党中央高度重视知识分子在党和国家事业全局中的重要地位和作用，强调党外知识分子工作是统一战线的基础性、战略性工作。高校是党外知识分子工作的传统领域和重要阵地，加强党外知识分子工作，是不断巩固和发展最广泛的爱国统一战线的需要，是提升新型政党制度效能的需要，是夯实我国社会主义现代化建设人才和智力基础的需要。

近年来，在"双一流"建设背景下，高校加快了对高层次人才的引进，其中党外知识分子越来越多地向"双一流"高校聚集，高校党外知识分子工作出现了很多新情况。党外教师特别是归国留学人员普遍面临教研任务重、压力大、空闲时间少的工作现实，以及房价高、子女入学的生活压力大等情况，故而传统的教育方式、活动形式往往存在参与率不高、组织困难等现实情况。但同时，他们又有着适应国情、校情的现实需要和被同伴群体关注、认可的强烈心理需要。在这种现实情况下，守正创新，提高工作质效，深入了解掌握党外教师的思想状况，关心关注党外教师成长发展，增进广大党外教师对中国共产党和中国特色社会主义的政治认同、思想认同、理论认同、情感认同，成为高校提升党外教师思想政治工作实效的重要任务。

党委统战部深入贯彻习近平总书记关于做好新时代党的统一战线工作的重要思想，充分认识党外教师工作在“人才强校，人才强国”战略中的特殊地位和重要作用，结合实际积极探索“三微”工作模式，以更生活化的方式提升党外教师思想政治工作的温度，从而提升党外教师思想政治工作的实效性。

二、具体做法

党委统战部围绕民主党派成员、无党派人士、党外代表人士、党外青年教师、党外高层次人才、党外归国留学人员等多种身份的党外教师，分层分类，以“微视频”“微访谈”“微沙龙”的“三微”方式，了解、关注、帮助、引导党外教师，将思想政治工作融入党外教师日常工作、学习、生活的点滴之中。

1. 以“微视频”记录个人发展

党外教师普遍勤于教学、科研、管理工作，往往埋头于实验室、案例室、工作室，他们的工作状态、教学特色、研究成果往往只在较小的范围内被了解和知悉，由于个人缺乏时间、精力和渠道，他们的教学科研成果很难被周围更多的人了解、关注和认可，特别是年轻教师，其教学科研管理工作都处于起步阶段，更加缺少展示的机会和平台。结合这种现状和特点，统战部充分利用工作日的各种间隙时间，走进党外教师的办公室、实验室、案例室、工作室，以近距离拍摄微视频采访的方式，了解他们工作的环境，记录他们开展工作的情况，展示他们的教学、科研、管理工作成果。视频采访时间一般在10分钟左右，被采访老师不需要做专门的提前准备，只需保持日常工作环境，在镜头前自然地介绍开展工作的主要内容和近期工作进展，展示已经取得的教学、研究成果以及对工作环境、工作团队等的设想和期望。目前，先后拍摄了民主党派主要负责人、党

党派主委微视频

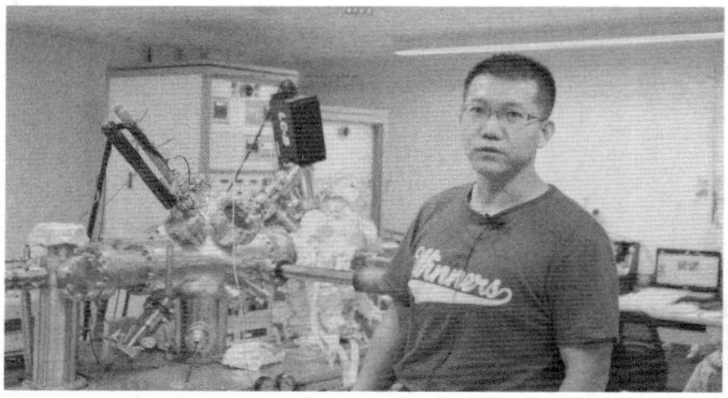

党外青年人才微视频

党外代表人士微视频

外代表人士、党外青年人才近30人的微视频，其中部分采访视频已经初步做成专访视频，给党外教师以宣传其研究领域、展示其个人工作成果的机会。

2. 以“微访谈”关注思想成长

通过对党外教师的各类调研发现，不少党外教师，尤其是海归青年教师，大多作为引进人才直接从国外回到学校工作，很少有机会在不同岗位接受锻炼，缺乏对国情的充分感受和认识。同时，在学习背景、工作生活环境、对外合作交流等诸多因素的影响下，不少海归青年教师内心对中国的政治制度、体制机制、施政理念、主流价值观、优秀传统文化，乃至宗教政策等认同感不强、信赖度不高，缺乏自信和心理归属感，有的还难以适应周围的环境和身边的同事朋友。针对党外海归青年教师中普遍存在的适应国情、校情的现实需要和被同伴群体关注、认可的心理需要，统战部开展了以党外海归青年教师为主要对象的微访谈。鉴于教师教学科研工作量大、时间不固定的情况，统战部利用课间、午间等工作间隙，在党外教师的办公室、实验室、公共教学楼的教师休息室等地，利用喝茶、喝咖啡的间隙，或通过相约在学校食堂共进午餐等形式进行一对一交流，倾听党外教师内心的所思所想，了解他们在学习、工作、生活中遇到的困难，了解他们的思想状况、政治诉求。

党外教师微访谈

3. 以“微沙龙”搭建交流平台

学校党外教师中有大量各学科、各领域专业能力突出的优秀人才，本身就是一个资源库，但他们分散在各个学院、各个学科领域。统战部定期组织举办各类针对不同群体、不同需求的党外教师微沙龙。例如，针对民主党派、统战团体，举办党派团体负责人、秘书长的双月午间沙龙、活动分享沙龙，交流与分享党派、团体工作的经验、做法、个人经历与体会；针对各级人大代表、政协委员、市政府参事等党外代表人士，举办议政建言履职沙龙，交流个人履职经历，研讨议政建言的方向、经验与成效，畅谈对学校综合治理能力提升、学科发展及社会经济发展中各类问题的想法和意见建议；针对党外青年教师，举办教学科研头脑风暴沙龙，交流分享教学、科研上的设想和取得的成果，讨论学科交叉融合的实际运用等。每期沙龙邀请 2~3 名教师作 5~10 分钟的

党外青年人才沙龙

简单交流，同时，结合沙龙的主题和大家关心的内容，分别邀请财务处、科研管理部、本科生院、研究生院、发展规划部等学校相关职能部门负责同志一同参与讨论，提供信息，答疑解惑。微沙龙主要利用午餐时间，以轻松、开放的形式开展，在共进午餐的过程中让更多的党外教师群体参与自由交流和讨论，目前已经陆续开展各类微沙龙20余场。

三、建设成效

1. 以小举措体现大成效

“微视频”采访摒弃了座谈会式的现场交流，节省了党外教师的时间，免去了他们奔波会场、校区的劳累；同时走进他们的工作室、实验室有助于统战部直观地了解他们的工作环境、工作状态、工作需求；“一对一”的采访更是体现了对党外教师的尊重。在尽可能不打扰、不影响党外教师正常教学科研管理工作的情况下，这种“短时关注”和“记录式了解”拉近了党委统战部与党外教师的距离，让党外教师有了更多被了解、被关注、被认可的机会，也对其他党外教师起到了很好的激励和示范作用，得到了党外教师的认可和欢迎。

2. 以小关怀助力大成长

“微访谈”以随时、随地的形式与党外教师开展交流，有效利用了碎片化时间，极少地占用党外教师的教学科研时间；避免了常规集体座谈或正式谈话带来的紧张焦虑氛围和不便、不愿、不敢谈个人真实想法的顾虑，以轻松的环境、放松的形式、真诚的对话让党外教师敞开心扉，畅所欲言他们的所思所想所虑。对于访谈中党外教师提出的实际困难，统战部主动了解情况、积极协调，帮助党外教师共同解决。不少党外教师比起以往只专注于教学科研明显更接地气、更能融入周围群体，多名党外教师主动申请加入中国共产党或民主党派，在组织中发挥了积极的作用。

3. 以小平台构建大格局

“微沙龙”的举办为民主党派、统战团体成员搭建了展示、交流、互学互促的平台，为多学科教师的交流合作搭建了交叉融合的平台；为党外代表人士议政建言搭建了掌握一手资料和信息双向传递的平台。很多党外教师在轻松的交流氛围中产生灵感、碰撞出火花，促进本职工作的交叉融合，微沙龙的持续“发酵”推动了党外教师的自发深入交流和合作，最终产生交叉学科研究成果。例如物理科学与工程学院和环境科学与工程学院两名青年教师在微沙龙的交流中获得了创新思路，在后续的合作中形成全新的交叉方向，完成研究成果并于2022年发表在《细胞报告物理科学》（*Cell Reports Physical Science*）期刊上。

四、工作启示

思想政治工作政治性强、原则性强，但党外教师群体本身的特殊性决定了要做好他们的思想政治工作，光靠遵循思想政治工作一般原则和规律是远远不够的，要摸准、摸透党外教师思想政治工作的特殊规律，主动了解不同党外教师群体的思想问题和实际情况，有的放矢，采取灵活、多样的方式方法，才能真正实现从思想灌输到思想渗透的转变，提升党外教师思想政治工作的实效性。具体要以下做好“四个坚持”。

1. 坚持用好“边角料”资源开展党外教师思想政治工作

不同于党员教师的思想政治教育工作在建立在部门、系、所、教研室之下的党支部日常、定期开展，党外教师的思想政治工作更要注重平衡好思想政治工作本身系统化和工作对象分布分散、时间精力零碎之间的关系，善于挖掘并用好“边角料”资源，采取“短时、随地、碎片化”的工作模式，从细微处入手，以更生活化的方式把党外教师有限的精力和资源用在刀刃上，让思想政治工作真正走入党外教师的心里，从而切实发挥思想政治工作久久为功、绵绵用力的作用。

2. 坚持思想引导与本职工作相融合

教学、科研、管理是高校教师最主要、最基础的工作，党外教师也不例外，他们将绝大部分的时间和精力都用在了日常教学、学术研究和学校管理工作上，因此，对他们开展思想政治工作必须与他们的本职工作紧密融合，在鼓励和引导党外教师参与服务学生、服务学校、服务社会的过程中加强思想政治工作的引领作用。

3. 坚持在解决实际问题中增进思想共识

党外教师无论处于什么岗位，现实生活中或多或少都面临一些难以解决的实际困难和现实压力，这些实际问题不解决，思想上的包袱就卸不下来，困惑就会始终存在，思想政治工作也就不会具有可行性。党外教师的思想政治工作要务虚更要务实，要多做得人心、暖人心、稳人心的小事，切实解决他们在工作、生活、学习中关心的实际问题，帮助他们理顺情绪、化解矛盾，在解决实际问题的过程中增进思想共识，激发内在动力，从而达到思想政治工作的目的。

4. 坚持以感情交流增进思想共识

无论是思想认识的统一，还是政治觉悟的提高，都以感情交流、沟通、融洽为起点，只有感情交流、沟通和融洽，才可能引起思想上的共鸣。做好党外教师思想政治工作不仅要靠把道理讲深、讲透、讲够来加强工作的力度，更要靠感情投入提升工作的温度。要营造轻松愉快的氛围，摆正位置、放下架子，耐心倾听、真心探讨，在充分信任和平等交流中拉近彼此的距离，开启党外教师的内心，思想政治工作才能赢得他们的认同。

“七个一”行动计划
——“同心祝福建党百年”

妇女工作委员会

一、案例背景

2021 年是中国共产党建党 100 周年的重要历史节点。习近平总书记指出，实现党和国家发展的宏伟蓝图，需要包括妇女在内的全体中华儿女共同奋斗。希望广大妇女做伟大事业的建设者、做文明风尚的倡导者、做敢于追梦的奋斗者，在全面建设社会主义现代化国家新征程上，为实现中华民族伟大复兴的中国梦作出新的更大贡献。

为更好团结引领全校广大女教职工以习近平新时代中国特色社会主义思想为指南，凝心聚力，勇毅进取，为同济大学卓越人才培养和推进中国特色世界一流大学建设贡献力量，以优异成绩向党的百年华诞献礼，同济大学妇女工作委员会制定了《同济大学妇女工作迎接建党百年‘七个一’行动计划》，内容包括：一是发出一份温馨慰问，即“三八”国际妇女节慰问信；二是举办一场表彰会议，即“三八”国际妇女节表彰大会；三是制订一个发展规划，即妇女工作“十四五”发展规划；四是开展一项专项行动，即妇女工作校院两级联动机制建设之“迎接建党百年专项行动计划”；五是送上一份诚挚祝福，即女教师、女大学生同心祝福建党百年；六是增添一抹生机绿色，即组织一次绿色环保活动；七是组织一次主题活动，即“七一”前夕组织女教职工庆祝建党百年主题活动。

“七个一”行动计划，吸引各基层单位广大女教职工参与其中，并辐射女大学生。广大同济女教职工通过活动平台，抒发对党的热爱，以赤子之心送上对伟大祖国繁荣昌盛、国泰民安的美好祝愿，进一步提升了爱岗敬业、奉献祖国的决心和动力。

二、具体做法

妇委统筹规划，精心安排，组织协调，按照学校党委迎接建党百年工作的整体部署要求，把握时间节点，陆续推出“七个一”行动计划的各项内容。

1. 发出一份温馨慰问

在“三八”国际劳动妇女节到来之际，妇委通过“同济妇委”公众号，发出“致同济大学全校女教职工、女大学生的三八节慰问信”，表达节日的问候和美好的祝愿，并向各方各界长期以来对同济大学妇女工作给予关心支持致以崇高的敬意和衷心的感谢。

信中表示，过去的一年是极不平凡的一年。在同济大学党委的坚强领导下，学校人才培养硕果累累，各项事业稳步发展。全校女教职工在各自的岗位上兢兢业业、勤勤恳恳，用自己的辛勤劳动和聪明才智，为抗疫防疫贡献了巾帼力量，为学校发展作出了巾帼贡献。

2021 年是“十四五”开局之年，也是中国共产党建党 100 周年。在同济大学“双一流”建设的征程中，学校妇女工作面临着新形势、新任务，有待在新的一年按照学校要求，聚焦内涵建设，多措并举，开拓创新，为学校发展和祖国建设作出新的贡献。

2. 举办一场表彰会议

2021 年 3 月 8 日上午，纪念“三八”国际妇女节 111 周年暨“同心擘画‘十四五’喜迎建党一百年”表彰会举行。大会表彰了获得各级荣誉的先进个人和先进集体，获奖

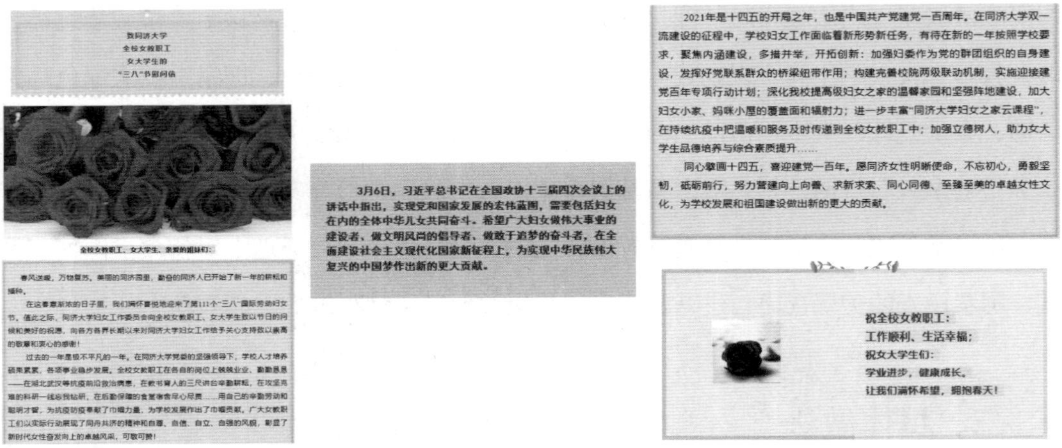

致同济大学
全校女教职工
女大学生的
“三八”节慰问信

全校女教职工、女大学生、亲爱的姐妹们：

春风送暖，万物复苏。美丽的同济园里，勤奋的同济人已开始了新一年的耕耘和播种。

在这春意渐浓的日子里，我们满怀喜悦地迎来了第111个“三八”国际劳动妇女节。值此之际，同济大学妇女工作委员会向全校女教职工、女大学生致以节日的问候和美好的祝愿，向各方各界长期以来对同济大学妇女工作给予关心支持致以崇高的敬意和衷心的感谢！

过去的一年是极不平凡的一年。在同济大学党委的坚强领导下，学校人才培养硕果累累，各项事业稳步发展。全校女教职工在各自的岗位上兢兢业业、勤勤恳恳——在湖北武汉等抗疫前沿救治病患，在教书育人的三尺讲台辛勤耕耘，在攻坚克难的科研一线忘我钻研，在后勤保障的食堂宿舍尽心尽责……用自己的辛勤劳动和聪明才智，为抗疫防疫奉献了巾帼力量，为学校发展作出了巾帼贡献。广大女教职工们以实际行动展现了同舟共济的精神和自尊、自信、自立、自强的风貌，彰显了新时代女性奋发向上的卓越风采，可敬可赞！

3月6日，习近平总书记在全国政协十三届四次会议上的讲话中指出，实现党和国家发展的宏伟蓝图，需要包括妇女在内的全体中华儿女共同奋斗。希望广大妇女做伟大事业的建设者、做文明风尚的倡导者、做敢于追梦的奋斗者，在全面建设社会主义现代化国家新征程上，为实现中华民族伟大复兴的中国梦作出新的更大贡献。

2021年是十四五的开局之年，也是中国共产党建党一百周年。在同济大学双一流建设的征程中，学校妇女工作面临着新形势新任务，有待在新的一年按照学校要求，聚焦内涵建设，多措并举，开拓创新：加强妇委作为党的群团组织的自身建设，发挥好党联系群众的桥梁纽带作用；构建完善校院两级联动机制，实施迎接建党百年专项行动计划；深化我校提高级妇女之家的温馨家园和坚强阵地建设，加大妇女小家、妈咪小屋的覆盖面和辐射力；进一步丰富“同济大学妇女之家云课程”，在持续抗疫中把温暖和服务及时传递到全校女教职工中；加强立德树人，助力女大学生品德培养与综合素质提升……

同心擘画十四五，喜迎建党一百年。愿同济女性明晰使命，不忘初心，勇毅坚韧，砥砺前行，努力营建向上向善、求新求索、同心同德、至臻至美的卓越女性文化，为学校发展和祖国建设做出新的更大的贡献。

祝全校女教职工：
工作顺利、生活幸福；
祝女大学生们：
学业进步，健康成长。
让我们满怀希望，拥抱春天！

一封温馨慰问：“致同济大学全校女教职工、女大学生的三八节慰问信”

一场表彰会：纪念“三八”国际妇女节 111 周年暨“同心擘画‘十四五’ 喜迎建党一百年”表彰会

者代表讲述了她们在平凡的岗位上建功立业、展巾帼风采的感人事迹。学校发展规划部负责人介绍了学校制订“十四五”发展规划和2035年远景目标纲要的有关情况。妇委作了“同济大学妇女工作迎接建党百年‘七个一’行动计划”专项启动报告。以“巾帼心向党，奋斗新征程”为主题的各项“三八”红旗手（集体）先进事迹展在四平路校区教学北楼橱窗展出，鼓励广大师生学习先进，见贤思齐，创先争优。

3. 制订一个发展规划

妇委按照学校“十四五”规划的总体部署和要求，总结我校妇女工作的发展历程，梳理工作现状，进一步明确“十四五”发展的指导思想、发展目标、工作框架和实现路径，制订了《同济大学妇女工作“十四五”发展规划和2035远景目标纲要（征求意见稿）》，从同济大学妇女工作发展的现状与趋势、妇女工作“十四五”发展思路与目标、建设内容与行动计划、实施的保障政策措施四个方面提出“十四五”发展战略，着力推进理想德范引领平台、卓越文化建设平台、美好生活营筑平台、综合素养涵育平台四大妇女工作四大平台建设，实施八项行动计划，努力开创同济大学妇女工作新局面。同时制订了《同济女子学院“十四五”发展规划和2035远景目标纲要（征求意见稿）》，重点推进品德修养培育体系、特色课程建设体系、实践教育拓展体系、卓越文化传播体系四大发展体系建设，落实八大行动计划。并广泛征求意见，完善规划，推进实施。

4. 开展一项专项行动

为了更全面、深入、精准服务全体女教职工、女大学生，带动各单位妇女小家全面增能升级，激励同济女性建功新时代，妇委设立了同济大学妇女工作校院两级联动机制建设之“迎接建党百年专项行动计划”。

经各单位积极申报，共立项12个项目，包括材料科学与工程学院的“材料学院女教师书画社”，海洋与地球科学学院的“建党百年立足岗位作贡献，不让须眉创先争优当先锋”，环境科学与工程学院的“建党华诞百年庆，生态健步行”，机械与能源工程学院的“疏解压力，活力身心，献礼建党100周年——关爱女职工身心健康主题活动”，

一项专项行动：同济大学妇女工作校院两级联动机制建设之“迎接建党百年专项行动计划”

马克思主义学院的“移动课堂——从‘同济红色诗人’到‘同济之魂’”，汽车学院的“女性教师身心健康管理”，软件学院的“‘济忆回响’——师生诵读红色经典微视频”，图书馆的“‘一心向党　手绘团扇’女性成长活动”，土木工程学院的“同心共筑 幸福成长——土木工程学院女教师素养提升系列活动”,新生院的“凝巾帼力,织锦绣图——新生院迎建党百年十米长卷绘制活动”，艺术与传媒学院的“建党百年立体画主题制作及展览活动”，政治与国际关系学院的“书香女性，温婉知性——国政智慧女性品书社”等。妇委在申报、立项、中期交流、结项审核等环节规范化管理、个性化服务，以积极支持和适度引导确保各项目顺利完成，持续提升妇女之家内涵建设，献礼建党百年。

5. 送上一份诚挚祝福

妇委协同女教授联谊会、优秀青年女教师联谊会、女子学院等，依托女性成才坊平台，组织“女教师女大学生同心祝福建党百年活动”，师生同心，送上对中国共产党百

一份诚挚祝福：“女教师女大学生同心祝福建党百年”活动

年华诞的热烈祝贺和诚挚祝福。

活动汇制了短视频，收录了来自土木工程学院何敏娟教授与学生，经济与管理学院罗瑾琏教授与学生，建筑与城市规划学院于一凡教授，测绘与地理信息学院女教师、女大学生代表，附属同济医院女医护工作者和学生代表，设计创意学院女教师、女大学生代表，新生院师生代表等对党、对祖国的衷心祝福，表达了广大同济师生的心声。

6. 增添一抹生机绿色

在庆祝建党百年之际，为留住绿水青山、促进和谐发展、保护地球家园，妇委组织开展“庆祝建党百年——我为绿色低碳生活献计献策”活动，面向全校女教职工、女大学生征集契合绿色低碳生活理念的好建议、好做法，鼓励师生针对校园与社区、兼顾乡

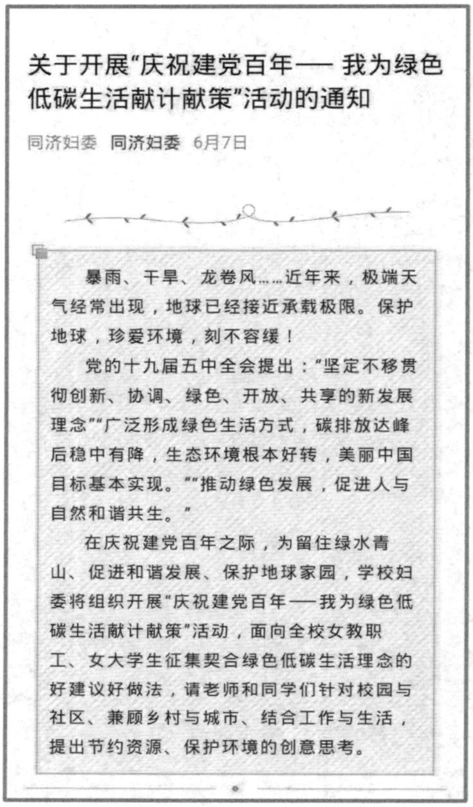

关于开展"庆祝建党百年—— 我为绿色低碳生活献计献策"活动的通知

同济妇委 同济妇委 6月7日

暴雨、干旱、龙卷风……近年来，极端天气经常出现，地球已经接近承载极限。保护地球，珍爱环境，刻不容缓！

党的十九届五中全会提出："坚定不移贯彻创新、协调、绿色、开放、共享的新发展理念""广泛形成绿色生活方式，碳排放达峰后稳中有降，生态环境根本好转，美丽中国目标基本实现。""推动绿色发展，促进人与自然和谐共生。"

在庆祝建党百年之际，为留住绿水青山、促进和谐发展、保护地球家园，学校妇委将组织开展"庆祝建党百年——我为绿色低碳生活献计献策"活动，面向全校女教职工、女大学生征集契合绿色低碳生活理念的好建议好做法，请老师和同学们针对校园与社区、兼顾乡村与城市、结合工作与生活，提出节约资源、保护环境的创意思考。

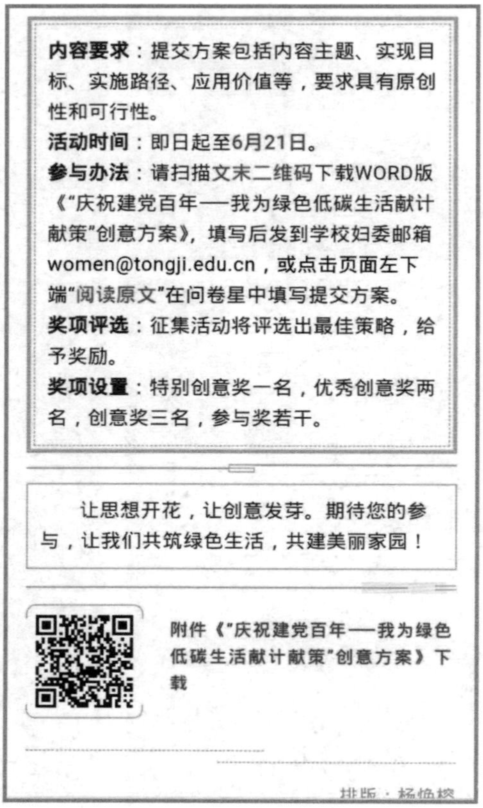

内容要求：提交方案包括内容主题、实现目标、实施路径、应用价值等，要求具有原创性和可行性。

活动时间：即日起至6月21日。

参与办法：请扫描文末二维码下载WORD版《"庆祝建党百年——我为绿色低碳生活献计献策"创意方案》，填写后发到学校妇委邮箱women@tongji.edu.cn，或点击页面左下端"阅读原文"在问卷星中填写提交方案。

奖项评选：征集活动将评选出最佳策略，给予奖励。

奖项设置：特别创意奖一名，优秀创意奖两名，创意奖三名，参与奖若干。

让思想开花，让创意发芽。期待您的参与，让我们共筑绿色生活，共建美丽家园！

附件《"庆祝建党百年——我为绿色低碳生活献计献策"创意方案》下载

一抹生机绿色："庆祝建党百年——我为绿色低碳生活献计献策"活动

村与城市、结合工作与生活，提出节约资源、保护环境的创意思考。

活动通知通过妇委微信公众号发布。最终，机械与能源工程学院教师提出的"低碳创意工坊"方案，探讨将可再生能源技术的应用与校园学习、生活、文化建设与创新创业结合，在体验中践行低碳，在实践中提升低碳品质，获优秀创意奖。继续教育学院教

一次主题活动："同心祝福 百年辉煌"同济大学妇委庆祝建党100周年主题活动

师的“关于同济大学校区卫生间内自动感应冲水设施的改进意见”和新生院济人学堂教师的“书籍漂流”获创意奖，其他建议获参与奖。

7. 组织一次主题活动

2021年6月30日，“同心祝福 百年辉煌”同济大学妇委庆祝建党100周年主题活动举行。会议对妇委围绕“巾帼心向党，奋斗新征程”主题组织实施的“七个一”行动计划给予肯定，希望广大女教师、女大学生用行动回顾党的百年历程和丰功伟绩，从党的历史中汲取智慧和力量，传承红色基因，坚定理想信念，在奋发有为中践行初心使命，永远听党话、跟党走，建功新时代，启航新征程。

全国妇联执委、女教授联谊会会长何敏娟作了题为“延安精神激励我们接续奋斗”的主题报告。活动中还举行“迎接建党百年专项行动计划”分享。图书馆举办了“传承中国文化 手绘大美河山”活动，女教师们通过手绘作品，将传统文化元素融入建党百年主题，“江山如此多娇”“红梅”等主题作品更是抒发了女教师对党的热爱和祝福。软件学院“济忆回响——诵读红色经典大赛”活动依托软件学院的专业优势，通过教工及其子女共同诵读红色经典，深情回顾了党的奋斗史，热情讴歌了党的丰功伟绩，表达了对党的真挚祝福。

“女教师女大学生同心祝福建党百年活动”中播放了祝福活动的视频。新生院师生代表还现场为大家展示了学院师生绘成的迎建党百年的“十米长卷”。该长卷分为“风雨苍黄忆往昔”“今朝巨变涌潮头”“高歌奋进新征程”三个篇章，以党的历史发展为脉络，以上海地标性建筑为代表，画面底色从暗蓝逐步过渡为明黄，代表中国人民在中国共产党的领导下从苦难到希望、光明的变化，画卷以古老的中国长城和在牡丹花丛中的党徽结尾，祝福党生日快乐，祝愿祖国山河锦绣，国泰民安。最后，全体与会党员面向党旗，重温入党誓词。

三、建设成效

在学校党委领导下，在党委教师工作部、校工会等部门的支持下，《同济大学妇女工作迎接建党百年‘七个一’行动计划》顺利完成，取得了较好的成效。

1. 明晰使命，激励担当

《同济大学妇女工作迎接建党百年‘七个一’行动计划》紧紧围绕迎接庆祝建党百年的主题，“七个一”行动与庆祝“七一”数字呼应，系列活动陆续推出，气氛逐步提升，在“七一”达到高峰。基层单位广泛参与，广大女教师积极响应，并辐射学生，师生感悟党的百年光辉历程，同心祝福党的百年华诞，进一步明晰使命，激励担当。

2. 加强顶层规划

按照学校“十四五”发展规划的总体要求，首次制订学校妇女工作发展规划，形成了《同济大学妇女工作“十四五”发展规划和2035远景目标纲要（征求意见稿）》，具有开创性的意义。同时制定《同济女子学院“十四五”发展规划和2035远景目标纲要（征求意见稿）》，推进实施妇女工作规划中关于女性教育和女大学生综合素质涵育平台建设的相关内容。

3. 促进长效机制

设立同济大学妇女工作校院两级联动机制建设之“迎接建党百年专项行动计划”，促进校院两级妇女工作同步推进、资源共享、联动发展，促进完善长效机制，增强工作的连续性和可持续性。基层单位积极参与，结合院系特点，组织了形式多样的活动，丰富了校园文化，活跃了师生的文化生活。

4. 拓展工作平台

在为绿色低碳生活献计献策的活动中，“低碳创意工坊”获优秀创意奖，并付诸实践。

2021年12月22日，在学校举办的“女性·环境·未来——双碳愿景与永续发展”2021上海妇女理论研讨会上，同济大学女教师低碳创意工坊成立揭牌，工坊成为女教师贡献低碳环保创意的新的活动平台。

四、工作启示

《同济大学妇女工作迎接建党百年‘七个一’行动计划》项目的经验和启示有益于促进今后工作的改进提高。

一是要围绕中心工作。妇委作为学校党委联系广大妇女群众的桥梁纽带，担负着全面做好引导、凝聚和服务女性的工作。妇委工作要坚持以习近平新时代中国特色社会主义思想为指导，紧紧围绕学校中心工作，为学校世界一流大学建设作贡献的目标愿景。

二是要坚持立德树人。同济大学以培养引领未来的社会栋梁和专业精英为目标，建设与一流人才成长发展相适应的高水平人才培养体系。妇女工作需要将育人理念融入工作的各个方面和环节，加强女性人才特点和成长规律研究，助力新时代优秀女性人才的培养。

三是要推动重心下移。妇委作为学校的党群部门，要更加注重推动工作重心下移，搭建平台，提供支持，鼓励基层单位结合实际情况和专业文化特色，开展形式多样的活动，并加强各单位之间的交流，鼓励相互借鉴好的经验和做法，促进共同提高。

四是要竭诚服务师生。妇委要把为师生服务放在首要位置，深入了解广大师生的需求和建议，为师生成长发展提供支持、创造条件、排忧解难，努力提升同济女性的成就感和幸福感，鼓励她们努力迈向时代前列，为人才培养、一流大学建设和国家发展作出更大贡献。

用好“读懂中国”成果，助力教师思政工作

关心下一代工作委员会、离退休工作办公室

一、案例背景

中国特色社会主义高校肩负着培养社会主义建设者和接班人的根本使命。加强高校教师思想政治建设，是一项有着重要战略意义和现实意义的任务，不仅关系到党和国家的政策措施能不能落到实处，还关系到高校教师队伍的质量和水平，更关系到高校人才培养的责任和使命，并在很大程度上决定着高校的未来发展。作为首批“全国党建工作示范高校”培育创建单位，同济大学要实现“2030 年进入世界一流大学行列”这一目标，更要以一流的思想政治工作来引领建设。

学校最新发布的《同济大学“十四五”发展规划和 2035 年远景目标纲要》明确提出要“进一步深化统战与群团工作”“关心离退休老同志，通过多种形式发挥好关工委和离退休老同志的作用”。关心下一代工作委员会是以热心关爱下一代工作的离退休老同志为主体、学校有关党政部门负责人参加的群众性工作组织。自 1992 年成立以来，关工委坚守初心，不忘使命，始终坚持将培养造就新一代社会主义建设者和接班人作为

首要工作，充分发挥学校老干部、老战士、老专家、老教师、老模范的优势，积极配合有关职能部门和群团组织开展工作。“一键在手”“两面相对”“三区融合”“四方宣传”“五彩校园”……关工委在多年的工作实践中，精心打造品牌，用心培育阵地，通过组织网络宣传组、报告团，特邀党建组织员等形式，积极助力学校思政教育，已成功打造“院士回母校”“同济的故事”“师生面对面”等精品项目，取得丰硕成果。

二、具体做法

2018 年 3 月，为深入学习贯彻党的十九大精神，落实立德树人的根本任务，教育部关工委决定在北京大学、清华大学、同济大学等 20 所高校中开展“读懂中国”试点活动。从 2019 年起，教育部关工委结合党和国家发展历程的重要节点，每年设定一个主题，在全国高校关工委全面开展“读懂中国”活动。

学校关工委抓住机遇，主动出击，努力将“读懂中国”打造成又一个育人品牌项目：一是充分做好活动的预热宣传，利用好传统媒体和新媒体，达到“参与一个，受益一方”的效果；二是积极动员学校“五老”参与活动，让“五老”通过多种形式讲述自己的亲身经历，发挥他们历史见证者和教科书的作用；三是把活动作为二级学院关工委常态化建设的重要举措，让二级学院动起来、热起来、读起来、懂起来，积极发现典型、宣传典型。

2019—2023 年，在学校各个部门的大力协助下，关工委通过开展征文、微视频制作、师生座谈、实地调研等活动，让“读懂中国”在同济生根发芽，并结出累累硕果。这些成果不仅是学校“五老”的革命经历、建设经历、人生感悟和对青年一代的殷切期盼，也是学校教师思政建设的优秀教材。

2021 年，关工委和离退休工作办公室秉持根植校园、常办常新的理念，继续精雕细琢塑品牌，结合中国共产党成立 100 周年，以开展教师思想政治建设项目为契机，充分发挥“五老”亲历者、见证者、实践者优势，用“春风化雨润无声”式的教育方式将“读懂中国”成果多渠道、多形式注入学校教师思政工作过程中。

1. 征佳作、拍视频，“讲好入党故事，传承红色基因”

在 2021 年“读懂中国”活动中，同济大学关工委根据教育部关工委要求，并结合学校实际，收到近百篇作品，并从中遴选出 5 篇上报教育部关工委；拍摄“读懂中国”视频，邀请学校 6 名离退休老同志——离休干部金成棣、李万平，离退休教师孙章教授、郑时龄院士、郭家良教授及精减回乡教师张万顺，讲入党故事，誓将初心和使命传递给青年党员们。在全国高校作品评选中获评最佳征文 1 篇，最佳微视频 1 个、优秀征文 1 篇、优秀短视频 1 个，学校关工委获优秀组织奖。获奖视频在中国教育电视台一套播出。

2. 写“同济故事”，听学子“话恩师”，讲好百年同济历史

同济大学历史上有很多杰出的人物，他们的故事值得传颂，很多同志曾在同济求学或工作，他们丰富的人生经历和故事是很好的教育素材。关工委专门组织力量编写、出版了《同济的故事》和《同济学子话师恩》，旨在激发当代同济人爱校、治校的共情力，使其树立“今天的事业也是明天的故事”的意识。

《同济的故事》分为百年履痕、群星璀璨、文脉流长 3 个篇章，记录了同济历史上 108 个真实、有趣的故事，时间跨度超过了一个世纪，折射出不同时代背景下同济人代代相传的优良传统和作风。虽然这些故事在学校百余年的历史长河中只是一朵朵小小的浪花，但正是这些浪花汇成了博大精深的同济精神，值得我们珍惜；同时，为了激发当代同济人爱校、治校的正能量，关工委在庆祝建党 100 周年活动、新进教师岗前培训班

“读懂中国”上报视频之一：《使命——轨道交通专家孙章的微党课》

“读懂中国”上报视频之一：《承诺——中国科学院院士郑时龄的心声》

等场合向学校青年教师赠书。2021年，关工委特别组织学生录制了语音版《同济的故事》，通过校园广播、离退办和关工委微信公众号等渠道播出。

从一所师生加起来不足50人的单科性学校，发展为今天综合性、研究型、国际化的世界知名高水平大学，同济一代又一代的教师前赴后继，在教学科研中精益求精，在学生培养中呕心沥血，不忘育人初心，坚守教师本分，聚沙成塔，集腋成裘，共同谱写了学校光辉的历史和傲人的成就。《同济学子话师恩》一书收录了近50名同济学子对教师的回忆，他们从育人、思想和人生等方面，回忆老师的高洁品行，回忆老师的术业专攻，回忆老师的谆谆教诲，字里行间饱含对恩师的感情和敬意。

3.“老少同框，讴歌党魂”，助力学校教师思政工作

“青年一代有理想、有本领、有担当，国家就有前途，民族就有希望。”关工委和离退休工作办公室积极组织、鼓励老同志参加教师工作部等职能部门组织的活动，助力学校教师思政工作和教师培养。

2021年4月9日，受学校教师发展中心邀请，关工委常务副主任金正基做客教师午间沙龙，与青年教师一起，畅谈初心与信心，探寻同济大学的红色轨迹。他从中美关系、中日关系及新冠疫情影响下的国际形势变化分析入手，以“红楼、红船、红墙、红线”为主轴，讲述了什么是党的初心使命，我们为什么要不忘初心、牢记使命；从“创校、办校、护校、名校”的视角回顾了同济大学由医学和工学院发展为一个多元化全方位学科学校的历程，以及学校从专科、本科、多科到研究型“双一流”大学的学科发展史；又从“做学生、教学生、爱学生、靠学生”的角色变化，与青年教师共同探讨了如何做好“三全育人”工作。金老师最后说道：“成为一名好老师，要能主动发现学生的缺点，关注学生的优点和特色。在座的各位要努力成为好老师，为学校建设、祖国建设的发展腾飞培养更多更好的栋梁之才。”

在庆祝建党100周年“老少同框，讴歌党魂”活动上，播放了关工委制作的“读懂中国”视频，还向青年党员代表赠送了由离退休工作办公室（离退休干部党工委）汇编的《老党员寄语新党员》一书。该书创作者是以离休干部为主体的老党员、老干部、老

关工委常务副主任金正基参加教师午间沙龙并签名赠书

“庆祝建党 100 周年——老少同框，讴歌党魂”活动现场

教授，他们通过书法、书信、口述等形式寄语学校广大青年党员，鼓励青年一代坚定理想信念，不负韶华，砥砺前行。

2021 年 10 月 19 日，关工委副主任陈立丰、关工委老教师代表乔建新参加由学校

校党委副书记吴广明（左六）向青年党员赠送《老党员寄语新党员》

关工委副主任陈立丰（左一）、关工委老教师代表乔建新（右一）向教师代表赠送《同济的故事》

教师工作部主办的2021年新进教师岗前培训班开班仪式，并向新进教师代表赠送了《同济的故事》一书，陈立丰还为新进教师代表佩戴了校徽。

三、建设成效

关工委要找准学校工作的需求点，与学校党政成一股绳，从学校思政工作的大局出发，积极思考、研究工作重点和工作方法，让老同志参与教师思政工作的着力点和学校的中心工作高度契合。

2021年以来，关工委积极配合学校党委组织部、宣传部、教师工作部等职能部门，结合重要时间节点，组织、参加了以党的路线方针政策、革命传统、时事教育为主题的报告会和教师沙龙；用讲故事的形式弘扬同济精神，传播学校的优良传统和校风，用丰富的感召力激发教师（特别是青年教师）的爱校、治校共情力。这样既发挥出老同志在传承历史文化方面的强项，尽到了关工委在关心下一代工作中的责任，也做好了服务学校教师思想政治工作。

此外，关工委和离退休工作办公室也始终坚持“面向基层、依靠基层、服务基层”，通过二级关工委组织，凝聚广大老同志的力量，形成一套有效的工作网络：关工委常务组分工明确，成员分别负责党建、报告团、三区融合、网站组等工作，各司其职；各二级学院由党委书记牵头，设立一号老同志、兼职秘书，自上而下，充分发挥离退休老同志及全校教职工力量，全方位做好“三全育人”工作，推动老同志参与学校教师思政工作，努力把学校关工委建设成为关心下一代成长成才的坚强堡垒。

四、工作启示

老干部、老战士、老专家、老教师、老模范是学校的宝贵财富，他们对在职教师特别是青年教师的影响最直接、最有效，起着引领和表率作用。在开展各类活动的过程中，关工委和离退休工作办公室明确配合补充，主动作为；坚持发动基层，搭建平台；突出创造特色，打造品牌，已取得显著成效，同时也得到以下三方面启示。

第一，在教师思政工作中，“银龄力量”值得重视。学校现有离退休教职工近6900人，其中80岁以下人员占七成，副高及以上职称人员占近三成，是一支不可忽视的“银龄力量”。

第二，在教师思政工作中，“银龄宝藏”的潜力还有待深入挖掘。一是可以围绕中心，凝聚力量，积极动员一批热心教师思政工作、经验丰富的教师，有组织、有领导、有计划地开展工作，主动作为，无私奉献，把关工委建设成为关心下一代的坚强堡垒；二是可以树立学习意识，提升水平，通过勤学、常看、多做，有针对性地开展工作；三是可以创新教师思政工作方法，丰富工作载体，充分利用现代网络信息技术，结合年轻教师学习习惯，不断创新工作方法；四是可以通过总结教师思政工作经验，表彰育人典型。通过经验总结、表彰先进，鼓励更多老同志投入教师思政工作。

第三，在教师思政工作中，建设一支能用、敢用的“银龄队伍”还任重道远。由于信息不对称等原因，相当多的“银龄宝藏”资源还有待进一步发掘；让想干事、能干事的老同志加入进来，建成一支让学校放心敢用、关键时刻热心能用的“银龄队伍”，是我们今后努力的方向。

探索以师生“实践共同体”为特征的乡村振兴育人模式

校长办公室、定点帮扶工作办公室

一、案例背景

实施乡村振兴战略，是党的十九大作出的重大决策部署，也是中国特色社会主义进入新时代做好“三农”工作的总抓手。高校作为减贫事业中极具特色的生力军，必须要发挥学科和人才优势，积极谋划、创新模式，打造服务乡村振兴战略的高校样本。

2019 年 1 月，教育部印发《高等学校乡村振兴科技创新行动计划（2018—2022 年）》，引导高校积极参与乡村振兴建设。2021 年 5 月，教育部等四部委印发《关于实现巩固拓展教育脱贫攻坚成果同乡村振兴有效衔接的意见》，明确要求高校积极推进乡村振兴育人工作，把巩固拓展脱贫攻坚成果和乡村振兴作为国情教育和思政课堂的重要内容，鼓励教育系统干部师生积极参与、深度实践，进一步深化立德树人成效，鼓励高校积极探索乡村振兴育人模式，形成一批可复制、可推广的工作成果。

为进一步落实立德树人根本任务，引导高校教师带领学生参与乡村振兴实践，充分开展科研创新服务乡村振兴、“三农”发展现实需要的专业实践，学校定点帮扶办公室通过发布“乡村振兴种子议题”、支撑科技实践团队、建立乡村振兴实践育人项目评价指标等举措，结合云南省云龙县所需遴选优秀的师生团队，探索以师生“实践共同体”为特征的乡村振兴育人模式。

二、具体做法

1. 发布“乡村振兴种子议题”

基于学校在云南省云龙县的工作实践，定点帮扶办公室开展面向云龙县、校内教师的双向征集帮扶议题的工作。面向云龙县，征集“云龙所需、民心所向”的帮扶项目，聚焦云龙经济社会发展迫切需求；面向校内教师，鼓励高校教师投身乡村振兴实践，积极组织开展突出学科特色、用科研创新服务乡村振兴、服务“三农”发展现实需要的专业实践。2021—2023 年，通过收集整理，围绕规划引领、乡土教育、产业升级、人居环境、基础教育五大主题，共收集同济大学“乡村振兴实践种子议题”2 批次共 15 项议题。在议题发布后，通过专家推荐、实践成效评估、学科团队推荐等方式，逐步形成“乡村振兴种子议题”的长效运行机制，为找准“云龙所需、同济所能”筑牢工作基础。

2. 推动以“师生实践共同体”为特征的乡村振兴实践

在组织方式上，为了解决单兵作战、力量分散、服务单一等问题，推动“由一名特聘教授带队 + 多名青年教师骨干 + 若干名骨干学生组成”的科技实践团队。科技实践团队作为师生“实践共同体”的具体组织形式，支撑“三农”问题与多学科的交叉融合，并最终将科研成果带到田间地头。项目通过过程管理、实地考察等形式，推动若干实践项目在云龙县顺利开展，并对部分优秀实践案例进行主题宣传，营造师生积极参与乡村振兴实践的良好氛围。

针对永安村改厕完成率不足 50% 的现状，环境与工程学院周雪飞教授团队持续开展厕所改造入户调查，先后组织 5 名教师带领 20 名学生深入乡村，按照一户一策、精准改厕、卫生安全、资源循环、厕水共治、生态环保、科技兴村、品质引领的设计原则，为永安村民制定改厕和污水协同治理的帮扶策略，改造户厕20余个、设计建造环保公厕2个；由数学学院青年教师彭婧创立的美丽乡愁团队，先后派出6名教师领队、招募30余名学生，引导云龙教师、青少年、返乡大学生成为在地乡土教育的推动者、实践者和主导者。2021年，学校启动“乡土教育水源计划”，将乡土教育“回归”教师主体，支持云龙县10所中小学成功立项15个乡土教育项目；开展5次赋能培训，覆盖全县教师250人次；发放课程盒子工具50个，支持乡土教育课程开展；举办“乡土文化师生共创营”，邀请教师共同参与乡土文化夏令营；以乡村儿童素质教育为切入点，同济规划院启明规划设计所刘晓团队开创“梦想家园课程”，先后组织55名青年规划师和35名学生走进乡村小学，通过将乡土文化学习与公共空间营造相结合，引导村落儿童参与家乡建设。2022年，“梦想家园课程”正式走进云龙小学的美术课堂，同济大学启明青年规划师团队也因在云龙的创新实践荣获“上海市青年五四奖章集体”称号。

3. 建立乡村振兴实践育人项目的评价指标

为加强对实践团队和实践项目的过程管理，项目通过分析“师生实践共同体”的特征，围绕如何评价项目立项准备、如何引导项目设计、如何推动项目实践、如何评价实践成效四个维度，研判提出乡村振兴实践育人项目的6项评价指标，分别是：“师生共同实践”“领域交叉协同”“项目过程管理”“支撑体系保障”“反哺专业实践”“实践反馈评价”。

在师生共同实践维度，强调师生共同参与，要求教师在实践组织中招募至少3名在校学生。组织教师在乡村振兴实践项目中，注重将学科知识运用在乡村建设情境中，启发学生探索具有引领性、示范性的解决方案。在领域交叉协同维度，在实施路径上，鼓励组建跨学科团队，实现多团队在真实情境中的协同帮扶实践。鼓励不同学科教师的跨学科交流、合作，从不同专业教师的交流合作延展至不同专业学生的积极参与。在项目过程管理维度，强调由专业教师带队开展实践考察，在乡村考察中充分了解民生需求，在实地交流中做好实践方案设计。推动专业教师从课程思政的角度开展有规划、有设计的实践育人课程，并从过程管理的角度加强对学生的引导。在支撑体系保障维度，为师生赴云龙实践做好保障工作，做好项目立项支持，通过签订校地帮扶协议，保障项目落实经费和地方政府支持。做好校地联络协调，保障项目调研实施阶段的安全。在反哺专业实践维度，强调引导教师总结凝练乡村振兴实践，以视频、案例等多种形式，总结实践成效，形成专业实践教育素材。在实践反馈评价维度，注重帮扶项目在当地获得的评价和反馈，也强调师生个体在实践中获得的成长体验和认同感。

4. 推动高校组团开展乡村振兴育人实践的探索

在学校牵头成立的高校“城乡规划帮扶联盟”的工作中，积极推广以师生“实践共同体”为特征的乡村振兴育人模式——提出高校的帮扶实践要以培育乡村振兴人才作为第一共识，推动一批“育人为本”的乡村振兴育人实践。学校开展“师生同行”的乡村振兴实践项目、设立支持乡村振兴实践的专项基金等举措，得到了其他 10 所联盟高校的一致认可。

联盟成立以来，学校牵头整合发布首批由联盟高校参与规划的乡村振兴示范村作为实训基地，将“规划引领”乡村振兴的理念、实践和成效，真真切切地输出到更多脱贫地区，扎扎实实地内化在更多即将投身乡建事业的青年师生心中，也为推动高校间师生团队合作、项目交流互换的乡村振兴育人“外循环”奠定了扎实基础。未来的“乡村振兴种子议题”，将面向更多不同高校的师生，服务更广阔脱贫地区的乡村振兴发展，发挥更积极的高校帮扶力量。

三、建设成效

一是引领一批专业教师投身乡村振兴实践，用科研创新服务乡村振兴、服务“三农”发展的现实需要，形成若干解决现实问题、产生良好效益的乡村振兴实践案例。项目立项以来，先后邀请建筑与城市规划学院、土木工程学院、环境科学与工程学院、数学科学学院、设计创意学院等多个学院的师生团队参与实践，在永安村的整体规划、村民议事点建造、入户厕所改造、人行桥梁搭建、村落标识设计、乡土教育等项目中精准施策，完成了一批具有示范意义的实践项目。项目在反哺专业实践教育素材、丰富思政课程内容的同时，也为找准云龙县乡村振兴衔接路径提供支撑。其中，土木工程学院师生团队以“一种轻型装配式人行贝雷桥”专利为依据，在永安村建造了“同安心桥”，有效缩

土木工程学院师生团队以“一种轻型装配式人行贝雷桥”专利为依据，在永安村建造“同安心桥”

建筑与城市规划学院师生为永安村设计村民公共空间——永安之心，营造永安村百姓的精神记忆家园

短步行时间40分钟，为村民带来了便利，项目获2021年上海市“知行杯”特等奖。基于云龙的规划帮扶实践，张尚武教授牵头撰写《美好人居与乡村振兴——基于精准扶贫示范村建设的乡村规划实践课程案例》，该案例被教育部学位与研究生教育发展中心课程案例中心收录。

二是推动若干解决现实问题、产生良好效益的实践项目开展，营造师生积极参与乡村振兴实践的良好氛围。项目推动师生团队在云龙县开展更扎实、更深入的帮扶实践，其中美丽乡愁团队以“深耕乡土教育，培育乡村建设接班人”为题申报全国精准扶贫精准脱贫典型项目；设立“云龙同行实践资助金”，引入30万元用于支持在校师生开展以“师生实践共同体”为特征的乡建活动；依托高校“城乡规划扶贫联盟”，开展“一批基地、两支队伍”专项建设。“一批基地”整合了由高校参与规划的乡村振兴示范村作为实训

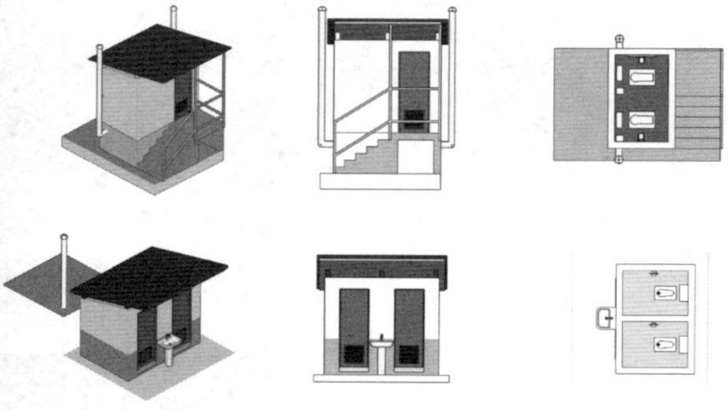

环境科学与工程学院师生赴永安村调研考察，全面开启永安村厕所革命2.0项目的选户和设计实践

美丽乡愁团队师生赴云龙县开展乡土教育实践，以“授人以渔”的方式，助推在地力量参与乡土教育，形成互相促进、多元协同的乡土教育生态圈

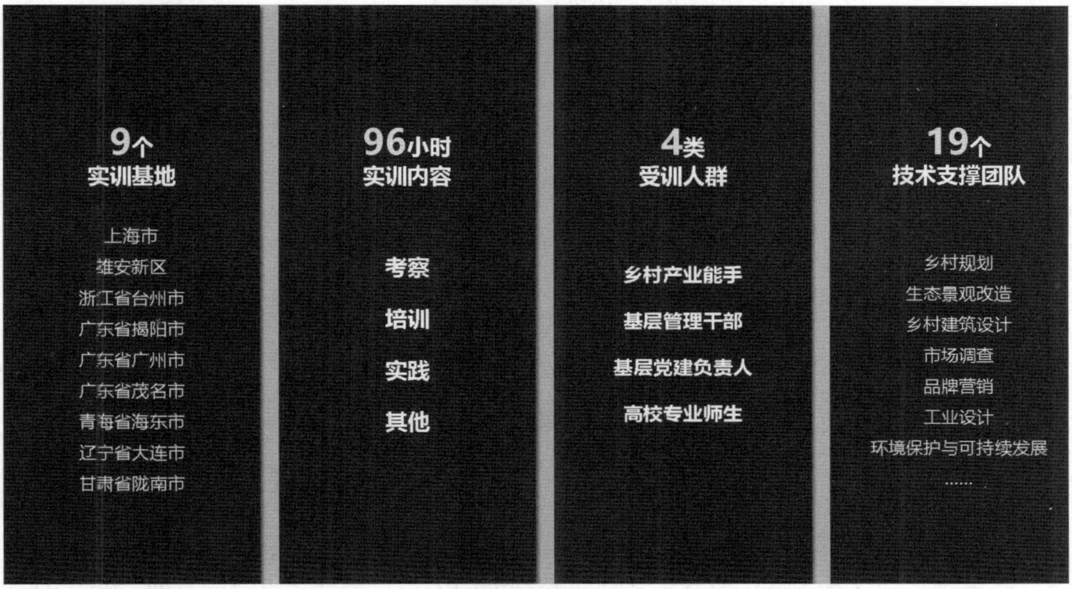

推广师生同行实践经验，推动高校“城乡规划帮扶联盟”11所高校联合发布9个乡村振兴实训基地

基地，“两支队伍”集聚了一支有志于服务乡村建设的规划专家团队、一支具备在脱贫乡村开展专业实践的技术支撑团队。当前，联盟已发布19个技术支撑团队和9个乡村振兴实训基地，地域群、组团式、联盟化的高校精准帮扶模式初见成效，凝聚了一批有志于投身乡村振兴育人实践的专家学者，营造了师生积极参与乡村振兴实践的良好氛围。

四、工作启示

一是勇担重任，开展乡村振兴实践是高校立德树人的重要载体。坚持什么样的实践方向，关乎实践育人的成效。党的十九大报告指出，要“培养担当民族复兴大任的时代新人”。这一重要论断，深刻回答了“培养什么人、如何培养人”的根本问题，也指明了高校服务乡村振兴战略、积极开展乡村振兴实践的必然性。高校要把握时代和国家发展大势，立足我国“三农”发展实际，全面深化教育教学改革，鼓励和支持更多教师结合学科特色开展乡村振兴实践，培育更多青年学子走进农村、关注农民，培养更多知农、爱农的新型人才。

二是守正创新，探索乡村振兴育人模式是脱贫攻坚有效衔接乡村振兴的重要任务。《中共中央关于制定国民经济和社会发展第十四个五年规划和二〇三五年远景目标的建议》把不断巩固拓展脱贫攻坚成果、扎实推进乡村振兴战略列为“十四五”时期经济社会发展的主要目标。人才是实现农业农村现代化的关键所在，高校要在“人才衔接”上发挥作用。乡村振兴是要求更高、范围更广的系统工程，探索乡村振兴育人模式任务艰巨、责任重大。高校要以高站位、宽视野、真行动，紧扣乡村振兴的五个方面，组建协同攻坚力量深入一线，培育一支衔接脱贫攻坚队伍的乡村振兴团队。

三是育人为本，构建乡村振兴“师生实践共同体”是国情教育和课程思政的有效途径。大学是师生的学术共同体，也是师生的实践共同体。构建乡村振兴“师生实践共同体”是开展专业实践教育的鲜活形式，也是开展国情教育和课程思政的有效途径。通过师生共同参与乡村振兴实践，引导教师将思想政治教育元素融入专业实践，潜移默化地对学生的思想意识、行为举止产生影响。共同实践强调主动将理论学习研究服务于改造世界的实践，更强调通过实践在师生心中种下一颗“读懂祖国、建设祖国”的种子。

加强思想政治引领，构建阳光诚信高效采购体系

采购与招标管理办公室

一、案例背景

采购与招标管理办公室（以下简称“采招办”）坚持思想政治建设为引领，以提质增效为重点，明确目标定位，围绕管理制度化、制度流程化、流程信息化、信息公开化、监管常态化，推进党建与业务深度融合，发挥党员先锋模范作用与民主党派协同作用，主动担当作为，坚持在“实”上下功夫，在“专”上求突破，在“深”上见效果，着力聚焦采招温度、精度、速度、力度建设，不断提高采购工作效率和服务质量，努力把采招办建设成为让学校放心、让师生满意的模范管理部门，为助力学校事业高质量发展提供坚强保障。

二、具体做法

1. 加强理论武装，筑牢思想基础

采招办提高思想认识，主动深入学习习近平新时代中国特色社会主义思想，重点将

加强学习党的二十大精神作为首要政治任务。通过集中学习、个人自学、专家辅导、相互研讨等，全面系统学、及时跟进学、联系实际学，不断提高全体成员的理论水平和政治素养，胸怀“国之大者”，找准找实履职尽责的切入点、着力点，切实增强“四个意识”、坚定“四个自信”、做到“两个维护”。经过学习研讨，明确了部门围绕中心、服务大局、促进发展的目标定位；明确了部门“依法依规、公开透明、守正创新、提质增效、防范风险”的工作定位；明确了班子成员要有系统思维，准确识变、科学应变、主动求变，增强工作的主动性和前瞻性；明确了全体成员要树立大采购工作意识与全生命周期采购工作理念；明确了部门要做廉洁从政与服务师生的表率。采招办现有工作人员 10 人，其中党员 4 人，入党积极分子 1 人，民主党派 3 人，在大统一战线的基础上，党员同志主动担当，发挥先锋模范作用，民主党派同志积极建言献策，协同履职，在实践中逐步构建了党建与业务融合的“四个聚焦”工作体系，形成了思政建设引领、围绕中心促业务的良好工作局面。

2. 提高政治站位，落实采购政策

政府采购在国家宏观调控手段中占有举足轻重的地位，对我国经济社会的发展起到极大的促进和调节作用。充分发挥政府采购政策功能，尤其在资源有效配置、民族产业保护、节能环保、绿色发展、中小企业扶持等方面，更体现出国家的政策动向，对维护国家安全，推动经济社会高质量发展，助力构建以国内大循环为主体、国内国际双循环相互促进的新发展格局等具有非常重要的意义。因此，采购工作需要大局意识绝不是一句空话，既要“仰望星空”，也要“脚踏实地”。一方面，我们要时刻关注国家的大政方针，完整准确贯彻新发展理念，紧紧抓住解决不平衡不充分的发展问题，从国家战略的高度思考问题，理解政府采购政策；另一方面，我们要围绕学校的决策部署，统筹规划，协调推进，将学校党委行政明确的工作任务，持之以恒细化为采招工作的“施工图”，促进采招政策落地生根。

采购需求是政府采购全生命周期管理的源头，采购需求管理是落实政府采购政策功能的重要依托，在采购活动全流程中具有承上启下的重要作用。为了保证采购需求管理

落实落细，采招办明确了项目的立项、调研、论证、编制需求文件、拟定采购实施计划、执行采购计划等各环节、各方面职责任务。在编制政府采购需求中，通过确定供应商资格条件、设定评审规则、明确合同条款、细化履约验收方案等措施，逐一落实支持创新、节能环保、绿色发展、中小企业扶持、扶贫采购、乡村振兴等政府采购政策功能。在采购项目执行过程中，采招办积极落实国家关于改善营商环境的要求，更好地服务市场主体，同时加大信息公开力度，营造阳光诚信的环境氛围。

3. 完善制度建设，构建诚信机制

制度建设具有根本性、全局性、稳定性、长期性。采招办班子在思想政治建设引领下，始终增强制度意识，把制度建设摆在党的建设的重要位置，贯穿党的建设始终，贯穿业务工作始终。制度建设要长效，就需要建立高效率的运行机制，包括运行顺畅的动力机制、约束机制、保障机制和评价机制。学校按照“统一领导，归口管理，分级负责，责任到人”的原则建立采购工作管理体系。明确基建与修购工作领导小组是学校采购工作的领导机构；学校采购工作管理部门是经学校授权，代表学校负责采购项目的立项、实施、组织、审核、监督等管理活动的归口部门，包括项目立项归口管理部门、项目实施归口管理部门、采购招标部门、财务管理部门、审计监察部门；项目使用单位是学校采购用户，根据工作需要，提出采购需求并承担采购活动的主体责任；项目经费卡负责人是采购活动的直接责任人。机构的建立和完善，理顺了运行机制，保证了采购招标工作的归口部署和规范执行，主体责任框架更加明晰，提升了管理效能，实现了精细化管理。

采招办坚持国家法规与实际工作相结合，程序规范与方便办事相统一，持续完善工作制度，规范工作程序，优化采购流程，创新采购方式。经梳理，现已建成办法（2 项）—细则（8 项）—流程（38 项）—操作表格（28 项）四个层级的制度规则体系。在国家采购法规允许范围内，参照政府采购相关规定，学校确立了自主实施的采购方式，包括：零星采购、比价、快速磋商、直接采购、单一来源等多种采购方式适应范围及操作规范，有力保障了学校教学科研中心工作。在制度完善基础上，狠抓贯彻落实，严把质量关，保证制度执行到位，推进管理工作规范化。

采购管理制度建设，把采购要求有形化、固定化、规范化，通过制度机制规范教师的思想和行为，在日常的管理工作中做到管到实处、严到份上，发现问题及时纠正，营造诚信的风清气正的氛围，让思想政治建发挥润物细无声的作用。

4. 强化服务意识，营造诚信氛围

（1）加强政策宣贯，提升服务温度

主动送策、上门宣讲，推动采购招标政策从学校的文件落实到各二级单位的具体工作实施，让师生切实感受到采招工作的温度。

2018—2023年，采招办以巡视巡察、专项检查、自查自纠等工作为契机，深入四平路、嘉定校区的多个学院、部门开展政策解读和宣讲，基本达到了二级单位全覆盖。通过现场宣讲和答疑解惑，师生熟悉了规章制度，更了解了具体操作流程，对现场宣贯普遍表示高度认可。采招办定期编制印发《同济大学采购与招标文件汇编》和《同济大学采购工作宣传手册》，汇聚了采购工作中的常见问题和解答，并将政府采购政策与图片相结合，图文并茂，通俗易懂，简洁直观，对师生开展采购起到了很好的指导作用。随着政府采购制度改革的不断深入，采购招标不仅仅是开标、评标、定标的单一活动，其内涵和外延发生了结构性变化，采购活动向前延伸向后延展涉及学校财务、资产、业务归口、

同济大学采购工作宣传手册与采招政策文件汇编

采招办举办全校采购政策宣讲会

实施部门、审计、监察、法务等多个部门，“大采购”概念应运而生。通过建立采购负责人微信群、采购联络员微信群，常态化地宣传上述理念，不断提升和统一全校各单位对“大采购”工作的全局性、整体性认识，这有利于在实践中落实绿色环保、脱贫攻坚、中小企业发展等国家政策。

“凡事预则立，不预则废”“提前一公里，采购不‘招’急”。根据以往采购业务数据统计分析和工作经验，采招办还时常通过邮件和网站公告，对师生进行年度采购任务的预先提醒和提示，提前告知相关注意事项与时间节点，将采购服务的触角延伸至每一个用户身边。

（2）主动对接前置，提升服务精度

主动对接服务对象，及时了解用户需求，有针对性地开展服务，让师生感受到采招工作的精度。

采招办靠前一步，提前与学校相关职能部门沟通，了解项目安排，通过电话、微信、QQ、视频会议、邮件、现场走访和座谈交流等线上线下方式主动对接有迫切采购需求的重点项目单位和项目大户，及时了解各单位采招工作中遇到的实际困难和问题及个性化需求，合理规划采购方案，建立良性沟通机制。在具体推进过程中，采招办在评标定标方法选择、预选方案制定、采购文件编制、标书确认等各个环节给与具体指导，在确保程序规范和满足法定时限要求的前提下，尽可能压缩时间，加快项目进度。“200万元以上设备采购采用单一来源方式需上级部门审批，采招办安排专人负责，加强业务指导并积极与上级部门联系沟通，默默付出了很多很多”“嘉定图书馆暑期工程、医学院沪西校区实验室家具购置时间紧、任务重，采招办按照目标时限倒排工期，合理规划了采招方案，优化了采购周期，十分感谢采招办的辛勤付出，把新冠疫情耽误的时间抢了回来，确保嘉定图书馆、沪西校区医学院实验室能够如期向师生开放”，这些朴实而真挚的评价正是采招办持之以恒为师生做好服务的缩影。

按照“密切协作、提高效率”的原则，采招办逐步构建了“需求预判—跟进联动—上门服务”的工作机制，形成了校院精准化对接、项目化推进的工作模式，不断提高服务精度和水平。

（3）优化业务流程，提升服务速度

以信息化建设为抓手，不断优化业务流程，拓展完善线上服务，让师生感受到采招工作的速度。

2021 年以来，采购管理系统移动版开发上线，实现了与同心云的对接，移动版主要分为审核业务和采购业务两个模块，满足了移动办公的需求。教职员工可在任意地方、任意时刻通过移动端（手机 / 平板）对申购项目进行审核、审批等操作，也可以随时查阅项目的进度情况与审批结果等，让办公更便捷、更自由。2022 年，采招办再对系统进行升级，上线移动端采购业务申请功能，教师可以通过移动端（手机 / 平板）实现采购业务的申请、修改、提交、审核、审批等全流程操作，采招工作的办事效率和便捷性进一步提高。采招办加强同财务处、资产处等部门的协同，借助互联网信息技术，提升采购信息化管理能力，构建校企合作平台，开创新的高校采购工作模式，为高校采购管理工作的有序开展注入新动能和新活力。牵头开发了“同济—京东采购平台”，全面打通采购、财务、资产三个系统，实现预算、采购、报销、管理全流程化，有效缩短了师生在零星采购中耗费的时间，实现了“让数据多跑路、让师生少跑腿”的服务宗旨。同济—京东采购平台优化零星采购程序，减少采购工作量，提高采购质量的显著优越性，以及不断完善平台功能，使得平台（对公）的采购量从 2019 年的 1813 单增加至 2022 年的 7323 单，同比增长 304%，越来越多的师生选择在“同济—京东采购平台”进行零星采购。

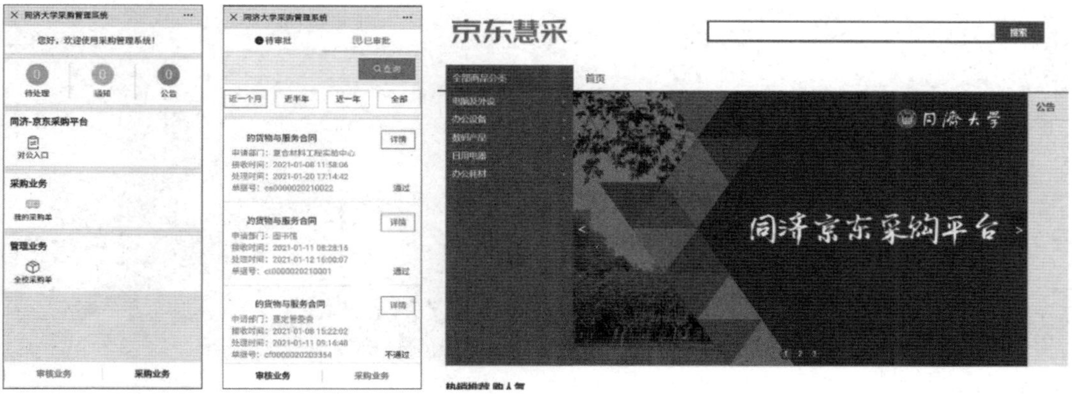

采购管理系统移动版及同济—京东采购平台界面

新冠疫情防控期间，学校各类采招项目时间紧、任务重。采招办不但及时制定了《同济大学关于疫情防控采购便利化的紧急处理流程》，还冲锋在一线，统筹协调了多批次防疫物资采购。“封城封校封不了工作热情，停工停摆停不下服务进程”，采招办应势而动，主动谋划，充分利用现代信息技术手段，依托“易土365平台”组织完成多项远程评审任务，及时跟进各类项目的采购进程，尽全力推进采招工作不停歇、不耽误。在克服困难、推进工作的同时，采招办全体在校工作人员都始终奋斗在学生楼宇管理、送餐、防疫物资发放、核酸检测等校园疫情防控的一线，彰显了部门的优良作风与责任担当。

（4）加强风险防范，提升监管力度

建立完善规章制度，明确职责权限，健全风险防范措施，有针对性地开展警示提醒，让师生感受到采购招标监管的力度。

在学校基建与修购工作领导小组的领导下，采招办统筹协调全校货物、服务、工程类采购招标工作，明确立项决策、招标采购、验收支付、审核监督等各部门工作职责，做到“不缺位、不越位”，形成责权明晰、各司其职、各负其责、相互监督、相互制衡的内控约束机制，构建采购风险“防火墙”。严格部门内部管理，明确岗位职责权限，实行申购、采招、合同、验收等业务审核审批的相互分离和相互监督，确保“责任不缺位”“遇事不推诿”“相互可补台”“差错可追责”。聚焦内控信息化，不断升级采购管理系统，增加采购管理系统违规风险警示功能：通过字段设置的优化提高预判的准确

采招办组织召开招标采购专项检查工作推进会及总结会

度，实现系统自动识别、数据分析、定向发送的功能，点对点进行采购拆分预警，提示采购管理人员可能存在的潜在风险与违规操作，从而加强采购过程中的风险防控。

在学校纪委监察机构的指导下，采招办定期对采招数据进行分析研判，通过点面结合的方式，针对重点对象开展有针对性的监督检查并对相关人员进行约谈，做到警钟长鸣，防患于未然。“采招办所有工作人员既是法规政策的宣传员，又是采购招标的组织员，更是风险防控的警示员。严管就是厚爱，就是保护，及时的警示提醒可以有效避免因对政策不了解等而违反国家和学校相关采购管理规定”，广大师生对此深表认同。

三、建设成效

1. 思政引领助力阳光采购

以创新教师思想政治理论学习模式为突破口，将政治理论学习与业务学习协同、与实践活动相统一、与志愿服务相融合，实现多渠道、多模式的学习机制。在学习方式上变被动学习为主动学习，在学习层次上变浅显研究为深入研究，在内容上变零散为系统，在学习效果上变空泛为充实。面对新形势、新任务、新要求，同济大学采招办把思想政治建设放在更加突出的位置，聚焦“国之大者”，传承红色基因，牢记初心使命，坚持正确政治方向，紧跟政府采购改革步伐，引导采招办全体成员不断提高政治判断力、政治领悟力、政治执行力，巩固拓展思想政治建设成果，持续推动思想政治建设与业务融合发展，同时确保其与采购业务同谋划、同部署、同推进、同考核，着力打造思政引领阳光采购的新模式。

2. 制度建设助力诚信采购

制度建设是规范采购的根本，通过完善系列采购制度，构建诚信采购文化，营造风清气正的采购氛围，科学管理、预警及时、监督有力的采购环境，有助于倡导诚实守信、行为规范、道德高尚的职业准则，帮助教职员工树立正确价值观，促进教职员工坚守道德情操、保持廉洁。

3. 精准服务助力高效采购

聚焦采购服务的温度、精度、速度、力度，着力加强精细化、优质化、便利化、个性化的服务理念，精准掌握学院、教师个性化的采购需求，精准施策帮扶，为教师解决采购工作难题，提升教师满意度。精准的服务潜移默化地践行新风尚、传播正能量，能够起到辐射带动作用。

四、工作启示

高校是意识形态工作的重要前沿阵地，面对复杂的国际局势和国内矛盾，要加强高校教师思想政治工作，进一步坚定高校教师的政治立场，增强其政治敏锐性。

高校教师思想政治工作需要强化理论学习，努力将思想理论贯穿工作的全过程，推动政治理论学习在改进中加强、在创新中提高，进一步增强学习的实效性；需要强化实践引导，通过实践活动引领教师学深悟透，在实践中提升理论感知，加深对理论的理解，从而内化为行动力量；需要营造良好的文化氛围，良好的文化氛围是思想政治工作的重要载体，以正确的价值观、健康的舆论导向、积极的工作心态营造和谐的校园文化氛围，增强教师的观念认同感。

立足新的历史方位，要以习近平新时代中国特色社会主义思想为指导，自觉提高站位，不断强化思想政治引领，坚持“培根铸魂、育人润心”理念，将价值引领与业务工作同步推进，持续创新形式与载体，开拓创新，营造阳光诚信的工作氛围，从而推动部门工作规范高效运转。

在青年中选树标兵

团委

一、案例背景

立德先立师，树人先正己，教师是青年健康成长的指导者和引路人，在培养学生成长成才的过程中，教师队伍自身的立德修身尤为关键，高校教师的思想政治素质和职业道德水平直接影响着学生的思想品德教育和道德修养。2016 年，习近平总书记在全国高校思想政治工作会议上指出："高校要坚持把立德树人作为中心环节，把思想政治工作贯穿教育教学全过程，实现全程育人、全方位育人，努力开创我国高等教育事业发展新局面。"中共中央、国务院、教育部等要求全面加强教师队伍思想政治工作、将师德师风建设要求贯穿教师管理全过程。因此，思想教育工作是高校培养高素质人才的重要路径，师德师风建设是培养社会主义事业合格建设者和可靠接班人的重要抓手，两者关乎世界一流高水平大学的建设，关乎党的新时代教育事业的蓬勃发展，是高校工作的重中之重。基于此，校团委不断开展以"同济青年五四奖章"评选为代表的标兵选树工作，塑造青年典范，宣传优秀事迹，引导青年教师锐意进取，不断进步。

二、具体做法

在学校党委的领导下，校团委积极探索共青团组织引领青年、凝聚青年、服务青年的有效途径和手段。为表彰先进，大力宣传在各条线工作中作出突出贡献的青年集体和青年典型，引导和激励学校广大青年坚定理想信念，锐意进取，开拓奉献，校团委持续开展“同济青年五四奖章”评选活动。在评选工作中，坚持公平公正公开原则，在一定范围内对各单位推荐的先进人选进行公示，广泛听取群众意见，做到事迹真实突出，评价客观准确，具有公信力。组建评审委员会，依照评选条件，严格把关，确保评选出的获奖者具有代表性、典型性、示范性。同时规范评审程序，积极动员、认真部署评选工作，严格按照提名、初评、复评、终评、公示及表彰六大流程开展。推荐人选由各学院、各单位提名和个人自荐提名相结合产生，由校团委常委会审核推荐人资料并初步筛选符

2019 年“同济青年五四奖章”颁奖典礼

合要求的候选人进入复评环节，由评审委员会从政治素质、思想品德、业绩贡献、示范引领等角度对候选人进行复评、终评，最终产生“同济青年五四奖章”建议人选并予以公示和表彰，作为推荐上海市青年五四奖章的预备人选。具体做法如下。

1. 立足师德师风，开展榜样评选

校团委在每年开展的“同济青年五四奖章”评选中立足师德师风，突出基层导向，设置专业技术教师岗、教辅岗、思政岗、管理岗、工勤技能岗等不同评选序列，深入挖掘校内各条线优秀教师的先进事迹，突出正向激励机制，不断发挥优秀教工的榜样作用，激发优秀教工的内生动力，完善了校内以评促学、以优带优的思政工作机制。同时在评选过程中联合组织部、学生处、人事处、本科生院、工会等部门组建评审委员会，着重从师德师风、个人品德、服务大局、建功立业、榜样作用等方面考察候选人事迹，并采取组织推荐和个人自荐相结合的方式，广泛吸收青年教师典型，鼓励青年教师在工作中以立德树人为根本，做教书育人、为人师表的模范，引导广大教师以德立身、以德立学、以德施教，将思想政治工作贯穿工作的全过程。

2023 年“同济青年五四奖章”评审现场

2. 做强媒体矩阵，加强示范引领

校团委通过同济大学新闻网、校团委官方微信公众号（“青春同济”）等媒体对“同济青年五四奖章”获得者个人事迹进行宣传，树立典范。在宣传形式上采用了丰富多样的融媒体手段，联动微信、微博、抖音、哔哩哔哩等平台，通过原创视频、事迹推送、海报展演等方式，着力围绕“同济青年五四奖章”获得者的优秀事迹开展宣传，策划“团聚青音”“传承五四”“青年偶像”等专题，着重宣传获得“同济青年五四奖章”的青年教师在思想引领中勇担使命，在立德树人中孜孜不倦，在教书育人中无私奉献的典型事迹，引导广大同济师生向榜样学习，成长为有理想、有本领、有担当的同济青年，号召广大青年通过接力奋斗为实现中华民族伟大复兴的中国梦贡献力量。

3. 把握时代潮流，助力思政工作

校团委在“同济青年五四奖章”评选过程中注重把握时代脉搏，与国家发展重大战略、国家重大科研项目及时事热点相结合，重点向在基层一线开展教育教学和服务保障工作的教师倾斜，并结合脱贫攻坚战、新冠疫情阻击战等工作，向作出突出贡献的优秀青年倾斜。2020 年，“同济青年五四奖章”评选，增加抗击新型冠状病毒疫情岗位序列，设 5 个名额，共计评选出 15 名 2020 年“同济青年五四奖章”获得者和 15 名 2020 年同济五四优秀青年。获奖者连续多年均包括突破“卡脖子”技术的青年科学家和支援西部地区教育和文化事业发展的教师骨干，以鼓励全校师生在向榜样学习的过程中增强“四个自信”，正确认识时代责任和历史使命。

4. 拓展评选范围，推进思政融合

“同济青年五四奖章”的评选设置了多个序列，获得者中有立德树人、科研报国的青年教师，有恪尽职守、扎实苦干的基层工作者，有关爱学生、无私奉献的一线辅导员，也有德智体美劳全面发展的优秀大学生。通过拓展评选范围，统筹兼顾了教师和学生这两类主体，并在各个条线分别树立了在身边、可学习、能带头的师生榜样。评选及展示全环节注重加强教师的思想政治工作，并将教师思政和开展学生思政的情况作为重要评

“同济青年五四奖章”获奖者黄立鹤老师参加新生院2020级济美学堂智能交通与车辆三班团支部主题团日活动

审依据，充分引导青年教师做有理想信念、有道德情操、有扎实学识、有仁爱之心的好老师，并结合自身岗位和工作性质开展富有特色、卓有成效的学生思政工作，更好地对学生进行政治引导和价值引导，回答好培养什么样的人、如何培养人及为谁培养人这一根本问题。

5. 深化“三全育人”，形成培养闭环

“同济青年五四奖章”获奖者作为重要一环参与“三全育人”过程。校团委优先聘请“同济青年五四奖章”获得者担任青马工程自觉人才计划“殷夫班”班主任及导师，助力校院两级学生骨干培养；针对不同年级组织开展不同主题的“榜样在身边”校园巡讲等活动，全过程服务青年学子成长成才；邀请“同济青年五四奖章”获得者参与各团支部主题团日，通过主题沙龙、读书会、心得分享等形式在主题团日中与支部团员面对面交流，全方位参与育人工作。鼓励“同济青年五四奖章”获得者积极指导并参加大学生实践活动，影响和带动更多同济青年。通过鼓励“同济青年五四奖章”获奖者加入育

人工作，促使更多青年师生与榜样交流、向榜样学习，形成人才培养良性循环，让更多青年师生逐渐成长为中国特色社会主义事业的合格建设者和可靠接班人。

6. 传承五四精神，共谋发展蓝图

校团委在每年的五四青年节师生座谈会上设置“同济青年五四奖章”的颁奖环节，由校领导授予证书，激发获奖者的荣誉感。举办座谈会，一方面，可以引导获奖者进一步认识党的伟大精神谱系和党的青年运动史对青年师生成长成才的重要作用，并总结新时期新的精神内涵；另一方面，为获奖者提供了建言献策的平台，鼓励获奖者结合自身成长和工作经历为学校未来的发展提出青年观点和青春建言。此外，在座谈会上校领导对包括获奖者在内的广大同济青年提出新要求、新期望，为青年师生成长成才指明方向，促进更多青年教师把握时代，向榜样看齐，砥砺奋进，脱颖而出。

三、建设成效

1. 助力健全评价体制建设，引领青年教师价值观

“同济青年五四奖章”的评选及宣传，充分体现了优秀教师的先进品质，使教者重道，为青年教师提供努力目标和方向，调动了教师工作积极性，激发了教师的潜力，驱动、激励青年教师志存高远，勇于逐梦。奖章的评选标准，既没有因评价标准过高而让教师普遍因无法达到而放弃，也没有因评价标准过低而抑制活力的调动和潜力的激发。

2. 助力构建良好的教育生态，促进青年教师成长

“同济青年五四奖章”的评选使校内涌现一批踏实钻研、精心授课、甘于奉献的青年教师群体，通过对获奖人的多维度展示，鼓励和触动广大青年见贤思齐，积极提升自我，学习青年榜样坚定理想信念、勇逐青春梦想，学习青年榜样孜孜不倦学习、努力提升素养，学习青年榜样矢志艰苦奋斗、甘于无私奉献。评选与展示过程营造出校内良好的教育生态，为青年教师的成长提供了指引，助力先进典型人物的培养。

3. 推进教师思政与学生思政的互促融合

“同济青年五四奖章”的评选统筹了育人要素的供给侧和需求侧，奖章获得者包括青年教师、基层工作者、一线辅导员和优秀大学生，凸显了师生共同体相互关联、相互影响的特征。评选及展示全环节最大化激发教师和其他基层工作者在高校思政工作中主动承担更多的育人职能，发挥各自岗位特色的育人优势，鼓励青年教师在坚定理想信念、厚植爱国情怀、加强品德修养、提高专业技能等方面当好学生的引路人，成为塑造学生品格的青年榜样。

四、工作启示

1. 拓宽受众面，叠加传播力

在宣传手段上应以点带面，以宣传身边榜样、树立青年典范为主线，不断延伸工作内容，拓宽宣传渠道，让全体师生成为宣传的受众主体，实现全员育人、全过程育人、全方位育人。围绕中心、服务大局，紧紧依托学校新闻网、官方微信公众号，联动《中国青年报》、微博、抖音、哔哩哔哩等平台，不断创新宣传手段，充分利用原创短视频等新形式、新手段弘扬时代主旋律，传播青年榜样事迹，坚持守正创新，大力加强网络正面宣传，不断扩大宣传的覆盖面，提高知晓率。

2. 规范评价机制，实现以评促学

针对全体高校教育工作者，特别是青年教育工作者建立科学合理的评价体系，树立政治进步、品德高尚、贡献突出的优秀青年典型，有利于青年教育工作者认识到自己的工作，作为社会建设过程中的一个环节，有着不可或缺的价值。让教师形成“教育事业是太阳底下最光荣的事业”的职业荣誉感，以及追求教师作为“人类灵魂工程师”的成就感和满足感。同时，深入挖掘校内各条线优秀教师先进事迹，也有助于为青年教师提供专业研究、教育教学的业务向导和以德立身、以德立学、以德施教的师德坐标。

名师引领，搭建思政意识与思政能力双提升平台

教师发展中心、本科生院

一、案例背景

课程思政是学校落实立德树人根本任务的关键举措，是推进知识传授、能力培养与价值引领相结合的现实路径，是落实意识形态主体责任的有力抓手。学校通过先行先试改革试点，成为上海市课程思政领航高校，2017 年学校获批成为上海市课程思政教育教学改革“整体试点高校”，2017—2019 年学校持续推进课程思政教育教学改革试点项目、示范项目的建设，由专业课程向专业课程链、示范专业、示范学院延伸，由点到线及面层层拓展建设。

为了深入贯彻全国高校思想政治工作会议精神，落实“大思政”格局，努力构建思政理论课程、综合素养课程、专业课程三位一体的思想政治教育课程体系，发挥课堂教学主战场作用，形成各类课程与思想政治理论课同向同行的协同育人效应，2019 年 4 月起，教师发展中心与本科生院联合开展“课程思政名师面对面”系列教师午间沙龙项目，旨在通过项目的持续推进，进一步加深教师对高校开展课程思政教育教学改革内涵

的理解，紧抓教师队伍“主力军”、筑牢课程建设“主战场”、不断提高教师教书育人的水平，提升课程思政建设质量。

二、具体做法

教师午间沙龙是教师发展中心围绕学校“教学科研能力提升”“政治文化素养提高”“学科交叉专业交流”“人文关怀心理辅导”“国际合作视野拓展”五个平台建设举办的教师交流活动项目。活动在每学期教学周开展，利用午餐时间每两周举办一次，教师自愿报名参与交流与学习。活动自2012年启动以来，以温馨和谐的学习氛围，丰富感性的学习内涵，受到了广大教师的欢迎。沙龙活动贴近教师的需求，关注教师的成长，经过多年的建设，教师午间沙龙活动已成为学校教师高度关注和积极参与的活动之一，它既是职能部门听取一线教师意见、收集教师对学校各方面工作建议的平台，又是教师交流经验、相互学习的平台，也是不同学科思想交叉碰撞的平台，教师参与度高、群体覆盖面广。

“课程思政名师面对面”项目充分利用教师午间沙龙的品牌影响力与辐射面，营造课程思政教学改革的良好学习氛围，激发教师参与课程思政教育教学改革的内生动力，提升教师投入课程思政建设、研究、创新的积极性。

沙龙着重邀请在校内外课程思政建设方面走在前列的教师做客沙龙示范交流、指导，发挥名师的示范引领作用，以教师自发自愿报名参加活动为基础，以宽松和谐的同伴学习氛围为基调，通过与名师近距离交流学习，加强学校教师对开展课程思政教育教学改革内涵的理解，帮助教师围绕课程思政建设总目标，梳理学科的育人特色、思政内涵，研究课程思政教学改革的课程内容、方法设计和教学实践，构建专业课程思政教学体系，将思政教育与专业教育有机融合，提升育人实效。

2019年4月29日，第一期“课程思政名师面对面”专题教师午间沙龙启动。建筑与城市规划学院景观学系副系主任王云才教授以“从生态课程链建设看思政知识点的匹配”为主题，就课程目标、育人逻辑、课程模块设计、专业知识点与思政教育知识点的

建筑与城市规划学院王云才教授在“课程思政名师面对面”沙龙作分享

匹配及课程思政案例选择等方面，与参加活动的老师分享了开展课程思政教改的实践经验与心得体会。“思政与课程合一、思政与课程相应、思政与课程制宜”，示范课程针对性强，案例典型生动有说服力，氛围热烈，积极弘扬了潜心教学、立德树人的正能量。

截至 2022 年 10 月，“课程思政名师面对面”系列沙龙活动已开展 15 期（表 1）。为提升活动实施效果，在开展过程中，教师发展中心与本科生院多措并举，以坚持育人导向、坚持全面覆盖、坚持分类推进、加强辐射推广为原则，在活动形式、学习内涵等方面做了多层次的布局。

表 1　　已开展的“课程思政名师面对面”系列沙龙活动

期数	日期	分享人	主题
1	2019 年 4 月 29 日	同济大学建筑与城市规划学院王云才	从生态课程链建设实践看思政知识点的匹配
2	2019 年 5 月 20 日	同济大学马克思主义学院徐蓉	课程思政建设的基本理念
3	2019 年 6 月 13 日	同济大学汽车学院谭丕强	课程思政在车辆工程专业课程中的实践与探索

续表

期数	日期	分享人	主题
4	2019年9月26日	同济大学化学科学与工程学院朱仲良	专业课程教学中互动设计及思政元素探讨
5	2019年10月31日	同济大学交通运输工程学院邹晓磊	依托学科特色，凝练思政内涵
6	2019年12月11日	复旦大学王全瑞	凝练学科文化、将知识传授与思政教育融
7	2020年4月2日	同济大学外国语学院吴建广	切实发挥专业优势，课程思政知行合一
8	2020年4月22日	同济大学经济与管理学院石建勋	课程思政教学和网课建设的一点体会——以经济学专业课、通识课为例
9	2020年5月14日	海中医药大学张黎声	如何将课程思政工作做得更深更细更有效——以“人体解剖学”为例
10	2020年5月28日	上海大学顾骏	课程思政教学创新设计
11	2020年12月30日	同济大学建筑与城市规划学院张松	工科专业教学中的人文素养与课程思政
12	2021年3月29日	华东师范大学周立旻	发挥学科特色，建设课程思政示范课程
13	2021年6月10日	同济大学经济与管理学院阮青松	一流专业建设与课程思政教育改革——以金融学专业课程思政改革为例
14	2021年11月2日	上海外国语大学肖维青	小课堂大思政——外语类课程思政的内涵与建设路经
15	2022年10月13日	同济大学交通运输工程学院吴兵	凝聚共识深入推进课程思政建设

在交流内容方面，既包含课程思政建设的基本原理和理念，又包含课堂教学设计、课程实践、课程创新等内容，贯穿教学过程各环节，涉及工科、理科、文科、医科等各个学科，各学科领域的专家分享了不同专业课程思政建设的基本理念与特色路径。

在示范专家方面，邀请的名师既有顾骏、张黎声等一批在国内高校课程思政领域具有极高知名度的教师，又有学校课程思政一线教学名师、课程思政理论研究专家，在提升课程思政教学视野与思想站位的同时，也使交流学习内容更贴合教师自身的教学实践和学科特色，可移植性强。

在参与人员方面，活动开展把握层次性，定位不同主体的学习需求与要素，分别针对一线骨干教师、新教师、教学院长等分别开展相应专题活动，从各个层面开展交流示范，凝心聚力做好学校课程思政建设。

在举办形式方面，采用沙龙交流、示范授课、研讨会、平台直播、线上与线下相结

通过 ZOOM、学习通等各类直播平台直播“课程思政名师面对面”沙龙及研讨会

合等形式，推动更广大的教师群体充分学习交流，即使在新冠疫情期间，也保障交流活动不间断、不停滞。

在示范辐射方面，主办方对每期沙龙的内容都进行了录制，制作成视频课程，在网站上开设在线学习专栏，让未能现场参加沙龙的教师及不同校区的教师也能参与学习，并将历次沙龙的内容编辑成册供教师翻阅参考。新冠疫情期间，沙龙活动同时对接高校虚拟教研室平台，向其他高校教师同时开放，共同交流备课。通过各种媒体平台让优秀的课程思政教学成果获得更广泛的传播与宣传，尽可能地扩大学习辐射范围，让更多的教师学习受益。

“课程思政名师面对面”专题沙龙手册

将系列沙龙活动制作成网络在线课程供教师经常性学习

教师参加“课程思政名师面对面”系列沙龙活动

三、建设成效

15 期沙龙活动参加教师近 1000 人次，每期沙龙活动都吸引了新的教师群体加入学习，体现沙龙活动具有一定的影响力和辐射面。2019—2023 年，沙龙活动持续推进，在教师群体中形成共识，课程思政建设入脑入心。教学名师与广大教师深入交流挖掘课程思政育人元素与内涵，创新教学方法等课程思政教育教学改革实践经验，展示了新时代高校课程思政教学改革创新的新理念、新经验和新做法，拓宽了教师课程思政建设的思路与视野，提升了教师的政治站位及育人水平，进一步推动了具有同济特色的思政教育体系建设。

除此之外，沙龙活动开展以来，还吸引了广大外校教师通过在线平台参加。“课程思政名师面对面”系列活动积极利用互联网的辐射作用，通过录播、在线直播、线下线上混合等形式，将沙龙交流、示范教学的内容向校外传播。新冠疫情期间，沙龙活动还对接了虚拟教研室活动。学校教师与各兄弟高校的教师共同参加了沙龙交流活动和教研室备课，向外校教师展示了凸显同济特色的课程思政体系，在领航全校课程思政教育教学改革向纵深推进的同时，也对其他高校起到了领航示范作用。

四、工作启示

1. 以喜闻乐见的平台为承载体

教师午间沙龙利用教师午餐的时间，不过多占用工作时间，在就餐的同时交流学习，便于教师合理安排时间，积极参与；教师沙龙的气氛宽松热烈，形式丰富且没有负担和压力，有交流、有谈论、有观摩，教师在和谐轻松的环境中，愉快地交流工作经验，学习积极性高。新冠疫情期间，沙龙以线上线下相结合的形式开展，“停课不停研”“防疫研讨两不误”，充分利用互联网平台的辐射与信息优势，在有效推动学校课程思政建设教学经验分享的同时，向其他高校领航示范了具有同济特色的课程思政建设经验。

2. 以内生动力的激发为出发点

教师午间沙龙是教师自发自愿参与的学习团体。沙龙的主题与形式选取，注重贴近教师内在需求和诉求，教师在这些活动中能获得自己需要的内容，学有所得，学以致用，从而激发教师学习热情和动力，使教师自觉投入课程思政建设的课程改革与学习提升中，切实提升示范引领实效。

3. 以同侪互助的形式为推动力

参加交流的名师，有来自外校的从事课程思政工作的教师，也有来自身边的同事，他们交流的经验源于课堂实践，贴近教师的工作实际，可操作性强，易学习、可移植，起到了较好的示范引领作用。同时，参加沙龙活动的教师，通过共同学习，形成多个学习群体，持续性地互助学习，进一步提升了课程思政教学意识与教学能力。

培养具有一流能力水平的机关青年队伍

机关党委

一、案例背景

学校机关单位紧密围绕学校中心工作，积极改进作风，加强自身建设，提升工作质效，细致服务师生，努力弘扬“同舟共济，追求卓越”的机关奋进文化，为学校事业发展贡献机关力量。

为扎实推进学校治理体系和治理能力现代化建设，进一步促进各职能部处建设研究型、服务型、主动型、创新型、执行高效、作风优良的管理服务队伍，学校开展了一系列作风建设活动。

在此过程中，机关青年是关键群体之一。机关青年学习热情高、奉献精神强，朝气蓬勃、富有激情，做事热忱有干劲，但也存在工作压力较大、经验不够丰富和定位不太明晰等情况。机关团总支作为团结和凝聚机关青年最有力量的组织，以深入推进机关青年成长为切入点，积极发挥机关群团组织功能，及时了解机关青年的实际需求，凝聚、引领、服务机关青年，着力推进机关青年思想政治建设，不断促进机关青年政治素质、业务能力和治理水平内涵式发展。

二、具体做法

1. 用好红色资源，砥砺初心使命

（1）组织党员代表参加“跨越时代的井冈山精神”展览揭幕仪式

现场听取井冈山革命纪念馆刘宇祥馆长的展览讲解，重温党领导人民在危难之时播下革命火种、燃起“星星之火”的峥嵘岁月，深刻领会习近平总书记关于“我们要结合新的时代条件，坚持坚定执着追理想、实事求是闯新路、艰苦奋斗攻难关、依靠群众求胜利，让井冈山精神放射出新的时代光芒”的要求，将学习成果转化为持久奋斗、永久奋斗的奋进动力。

（2）组织机关管理人员赴井冈山开展“追寻红色记忆，凝聚奋进力量”党性教育实践活动

本次培训采取调训方式，来自机关职能部门的近40名青年在“三湾改编”旧址、茅坪八角楼、大井毛泽东旧居、黄洋界哨口等地接受现场教学，重走朱毛红军挑粮小道，访谈井冈山斗争时期老红军后代，学唱井冈山红歌。从现场学习中，进一步立足岗位、践行使命，深化对新时代新形势背景下同济大学机关青年使命责任的认识，激发自身信念信心，成为政治上的明白人。

（3）组织前往中共一大纪念馆开展现场教学活动

通过现场教学引导、实地走访的教学形式，激励机关青年进一步传承红色基因，近距离瞻仰充满红色精神的历史文物，重温红色历程，亲身体会伟大建党精神，感悟奋斗精神，汲取前进力量。

2. 树立模范典型，传承榜样精神

（1）组织同济大学机关五四优秀青年表彰座谈会

2021年，校机关党委对10名荣获“2021年同济大学机关五四优秀青年”荣誉称号

的机关青年进行表彰。机关青年代表分别作题为“忠诚实干、细致入微、严以修身”“有心、用心、尽心 勤勉努力中感悟收获、享受成长”“坚守初心、履职尽责 追求高质量服务嘉定师生”和“眼里有光，心中有火 当好同济的记录者”的主题发言。机关负责同志要求机关青年优秀代表要立“跳起摸高”的工作标准，对照脑中有“事”、眼中有“活”、心中有“数”、手中有“招”的高标准，不断强化大局观念，自觉把自己的工作放到全校工作大局中来思考，通过提高自身标准，严格自身要求，努力成为本部门的行家里手、专业骨干、复合型人才，为广大机关青年起好示范引领作用。

（2）成立“机关青年先锋队”

进一步发挥机关青年先锋队作用，机关党委和机关团总支联合组建“同济大学机关青年先锋队（以下简称先锋队）。先锋队结合“学党史”“强作风”“办实事”开展系列活动，凝心聚力，在党史学习教育中汲取力量，积极履行“十要、十更要”作风公约，努力学习新理论新知识，以饱满的工作热情和昂扬的工作状态，发挥好先锋模范带头作用，积极投身学校发展的各项工作。

3. 拓展培训思路，提升综合素养

（1）常态化面向机关青年开展业务培训

面向全体机关青年开展能力提升培训沙龙。2021 年，开展“关于采招流程及风险防范”“视频会议系统使用”“公文写作与保密意识”等方面的培训。以系列培训沙龙为平台，通过微课、短视频等新媒体方式，由机关党委委员带头，机关青年骨干积极参与，从一件小事谈起，从一个工作技能出发，多维度分享工作经验，推动校院机关青年队伍的交流与互动。同时，机关干部为二级学院做行政工作业务交流培训，进一步加强学校机关与二级学院机关的业务交流，不断提高学校机关青年队伍的总体业务能力。

（2）引导机关青年从中华传统文化中汲取修养力量

以机关青年为主力，组建机关合唱队。通过加强统筹安排，强化日常学习训练，积极参加“永远跟党走”同济大学庆祝建党百年师生大合唱活动，并最终取得了合唱比赛一等奖和“最佳风采奖”专项奖的好成绩。邀请中国杰出民乐教育家、上海民族乐团一

“同心之行”管理队伍能力提升培训沙龙（2021 年）

“同心之行”管理队伍能力提升培训沙龙（2021 年）

级演奏员、终身艺术顾问、中国昆曲古琴研究会专家委员会专家委员、国家级非物质文化遗产项目（古琴艺术）代表性传承人龚一先生作题为“琴学・琴乐之思辨”的专题讲座，勉励机关青年要努力成为中华优秀传统文化的忠实传承者和弘扬者。开展“旗袍百年”展演活动。活动分为“旗袍百年”讲座、旗袍展示与古琴雅集展演、旗袍胸针手工体验三个模块，通过沉浸式展演方式，向广大机关青年展现了中国悠久服饰文化中极为

“旗袍百年”展演活动（2021 年）

绚烂的现象和形式。开展“手作匠心”美育实践沙龙。邀请毕业于英国皇家艺术学院服装设计系、现专注服饰东方美学实践的“礼承”品牌创始人王书函进行美学分享，搭建机关教师交流、沟通、分享的平台，丰富机关青年的美学认知与体验。

三、建设成效

1. 强化机关青年干事创业的浓厚氛围

一是结合党史学习教育，进一步加强了机关青年思想政治教育。充分运用校内外红色资源，以“革命救国”主题为引领路线，组织机关青年“走出去”，体验红色地标，感悟红色历史；号召机关青年探寻红色足迹，感悟革命精神；沉浸式重温党史，分享体会，激发机关青年的爱国情怀。二是依托评优评先，更加坚定机关青年将个人发展融入学校事业发展、高等教育发展和国家地方发展的决心。充分发挥机关前辈影响力，通过分享个人工作心得体会等，激发机关青年以前辈为榜样，不断加强自身修养，提升个人价值，形成正确的价值观；选拔培育机关优秀青年典型，营造出“比学赶超”

的生动局面和浓厚氛围，用同辈榜样的力量，激励机关青年比干劲、比作风、比速度、比成效。

2. 积极探索机关青年队伍建设的有效路径

一是深度融合机关党委和机关团总支工作，统筹机关青年队伍建设。明确机关团总支定期向机关党委汇报机关青年群团组织工作制度，将机关党建工作与团建工作相结合，将机关青年工作与机关建设重点工作相结合、与学校中心工作相结合，进一步系统谋划机关青年队伍建设。二是发挥机关联动协调功能，多方挖掘培育资源。依据各职能部门工作职责特点，定向邀请不同领域的优秀青年工作代表，围绕相应业务主题，以喜闻乐见的形式，线上线下加强培训。联系校内外思想好、业务精、水平高的专业师资队伍，面向机关青年开展专业化培训，为其提供更多与专家沟通交流的平台，进一步提高其综合素养。三是加强校院两级联动，推动学校整体机关人员队伍发展。机关青年走进二级学院，开展业务交流，为提高二级学院行政工作的规范化和专业化水平，提供经验分享；学院结合学科背景，积极向机关青年输送教育资源，进一步拓宽机关青年工作视野和工作思路，校院联动打开学校机关工作新局面，最大化发挥机关青年队伍的支撑作用。

四、工作启示

1. 要系统谋划，夯实机关青年队伍建设

机关青年是机关工作队伍、干部队伍和青年教师队伍的重要组成部分，要将机关青年队伍建设与学校干部队伍建设、人才工作、辅导员队伍建设等工作相结合，统筹谋划、系统设计机关青年队伍建设方案，不断升级，及时总结经验，优化机关青年队伍建设的顶层设计，真正将机关青年队伍建设作为一项重点工作不断深化。

2. 要靶向发力，强化机关青年思想政治教育

勇立潮头加油干，必须以统一思想、凝聚共识为基础。要深度分析同济机关青年的

思想特点和精神状态，在掌握队伍现状和发展潜力的基础上，重点加强对机关青年的思想引领，有针对性地激活机关青年全身心投入事业发展的内生动力，引领机关青年进一步增强政治意识，以更高的标准要求自己，付出更实的行动，提高责任意识，主动谋划，勇于担当，以学校发展为重、以师生满意度为重，推进机关工作持续改进。

3. 要着力打造机关青年培养的同济精品工程

以品牌效应激发机关青年培养的整体活力，结合同济发展历史、机关工作特点和机关青年特征，打造定位明确、深入人心、内涵丰富、辨识度高的精品工程，将广大机关青年培养为促进事业发展的谋划者、改革创新的先行者、服务师生的奉献者、崇高思想品格的践行者和良好社会风尚的引领者。

凝练档案文化精髓，推进教师思想政治建设

档案馆

一、案例背景

为深入学习贯彻习近平新时代中国特色社会主义思想和党的二十大精神，贯彻落实习近平总书记关于教育的重要论述和全国高校思想政治工作会议、全国教育大会精神，学校高度重视新时代教师思政工作的重大决策部署，着眼学校教师思政工作中面临的新情况、新任务、新要求，扎实推进学校教师思政工作质量和水平全面提升。学校档案馆保存着学校百余年发展历程中的大量珍贵史料，它们既是学校发展的历史见证，也是校园文化建设中不可分割的重要组成部分，具有良好的教育价值。根据新时代教师思政工作要求，档案馆以服务学校中心工作为宗旨，积极探索教师思政工作的新思路和新方法，助力教师思政工作的全面推进和不断深入。

二、具体做法

1. 举办专题展览，弘扬同济精神

结合国家重大庆典活动和重大工程建设节点，档案馆积极挖掘馆藏素材，开展资料征集，以举办大型展览的形式展示学校服务祖国建设的辉煌成就，弘扬同济精神，激励在校教师潜心科研、服务社会，充分发挥了档案资源的文化育人功能。

（1）展现学校服务国家发展和党建工作的重要成就

2019 年 9 月 26 日，“与祖国同行 以科教济世——同济大学服务新中国建设 70 年”主题展开幕，展览以 90 余块展板、350 余幅图片展示了中华人民共和国成立后同济大学紧密围绕国家发展、社会进步、民生改善、科技振兴等重大命题为国家建设作出的重大贡献。校党委书记方守恩在开幕讲话中指出：“此次展览也是同济大学‘不忘初心、牢记使命’主题教育的一部分，希望每一名同济师生都能够从展览中深刻体会一代代同济人始终坚持‘教育报国守初心、立德树人担使命’的崇高精神和品格，谨记初心与使命，朝着中国特色世界一流大学的目标砥砺奋进。”主题展展出期间，校内各单位纷纷组织教职工参观，起到了良好的教育宣传效果，主题教育中央指导组也参观了展览，并

“与祖国同行以科教济世——同济大学服务新中国建设 70 年”主题展揭幕仪式现场

校内师生参观“与祖国同行以科教济世——同济大学服务新中国建设70年”主题展

给予高度评价。

2021年6月30日，“夯实根基 引领发展——庆祝中国共产党建党100周年”主题展揭幕。主题展以丰富翔实的档案资料和党建素材，深情回望中国共产党波澜壮阔的百年画卷，全面展示同济大学在党的领导下不断发展壮大的历程。方守恩书记在致辞中指出，作为一所具有百余年办学历史的高等学府，同济大学在党的领导下，形成了“与祖国同行、以科教济世”的优良传统。这一主题展，是党史学习教育内容和形式的一次创新。希望全校师生从主题展中学党史、感党恩、悟党魂，进一步激发干事、创业、治学的激情和动力，用实际行动书写未来的精彩华章，共同推动学校事业发展迈上新台阶。

（2）展示同济人积极向上、报效祖国的精神风貌

2019年10月29日，“圆梦世纪工程 唱响同济桥歌——同济人与港珠澳大桥建设”专题展开幕。专题展以120块展板、420余幅图片、39件（套）实物系统回顾了港珠澳大桥的建设历程，集中展示了包括师生、校友在内的同济人参与港珠澳大桥建设的奋进

“夯实根基　引领发展——庆祝中国共产党建党 100 周年”主题展揭幕仪式现场

校领导及师生参观“夯实根基　引领发展——庆祝中国共产党建党 100 周年”主题展

方守恩书记参观“圆梦世纪工程　唱响同济桥歌——同济人与港珠澳大桥建设”专题展

参与港珠澳大桥建设的土木工程学院教授参观展览并合影留念

之路和精神之光。通过深入挖掘参与港珠澳大桥建设的优秀教师的先进事迹，突出了正向激励作用，树立了党员形象，凝练了同济精神，成为学校主题教育的学习内容和推进“三全育人”的重要载体，并得到了主题教育中央指导组的高度评价。参与大桥建设的土木工程学院、交通运输工程学院教授代表出席开幕式并观展。

2021 年 7 月 1 日，习近平总书记在庆祝中国共产党成立 100 周年大会上庄严宣告，我们在中华大地上全面建成了小康社会。当天下午，“同济世　奔小康——全面建成小康社会中的同济贡献”主题展开幕。展览以 6 个篇章、近百块展板、410 余幅图片，系统回顾了我国在小康社会建设过程中的艰辛探索与伟大实践，全方位展示了同济大学为全面建成小康社会贡献的智慧和力量，彰显了同济师生的家国情怀和爱国奉献精神，以此致敬奋斗的同济人，礼赞伟大的新时代。

2018—2023 年，档案馆还举办了“同行南极　济遇传奇——同济人在南极”专题展、“寻根铸魂　同舟济世——纪念同济大学迁校李庄 80 周年”专题展、“‘立德树人’

“同济世　奔小康——全面建成小康社会中的同济贡献”主题展现场

校领导及师生参观“同济世　奔小康——全面建成小康社会中的同济贡献”主题展

铸根基‘五育并举’谱新篇——纪念同济大学‘劳动建校’70周年”专题展、“跨越时空的井冈山精神”主题展和“延安精神永放光芒”主题展等，强化正向引领，传承红色基因，对广大教师起到了良好的教育和引领作用。

2. 挖掘史料资源，传承优秀文脉

档案馆注重史料挖掘，在对点滴史料进行搜集和汇总的基础上，凝结出同济人在百余年办学历程中自强不息、艰苦奋斗的精神，通过讲述其背后的故事，展示同济百余年历程中弥足珍贵的精彩瞬间，努力向全体教师开展校史教育与宣传，并借助校史馆、档案馆微信公众号，以轻阅读的撰稿方式，“面对面”地将校史知识外化为符合当代师生阅读习惯的生动素材。

（1）开展校史主题推送

2019年6月2日，档案馆（校史馆）举办“校史回眸——历史上的这一周”校史推送启动仪式，至2020年5月27日，已完成52期校史主题推送活动（每周一期），并在2020年6月9日“国际档案日”之际策划推出了集中回顾展示的收官之作。“历史上的这一周”推送主题既有建校初期及抗日战争时期的艰难办学历程，也有同济人服务祖国建设的一幅幅历史画面；既有学校不同学科发展及重要工作领域的分批展示，也有对就业指导、学生思政、校园文化、寒假生活等与学生工作息息相关的分节点阐述，内容涵盖了同济百余年发展中的主要环节，充分展现了同济精神和发展特色，成为校史浓缩与精神提炼的重要载体，引导教师深入学习校史校情，激发教师爱校荣校的热情。

为深入贯彻落实习近平总书记重要指示精神，认真贯彻学校关于深入开展“四史”学习教育的部署要求，档案馆（校史馆）于2020年6月10日启动“校史回眸——同济英烈”校史推送活动，以26名同济英烈的事迹为专题，为师生思政教育提供了绝好的素材。

（2）出版档案专题图书

2019年5月，档案馆编撰的《拾回的记忆——同济大学档案馆馆藏实物汇编》出版发行。此书收录了李国豪、汪品先、阮仪三等30多名曾经和目前仍在同济大学学习、

《拾回的记忆——同济大学档案馆馆藏实物汇编》新书首发式

《济忆——历史上的这一周》新书首发式

生活和工作的师生校友的110多件弥足珍贵的实物档案及实物背后的故事，体现了优秀教师严谨的治学态度，刻苦的钻研精神，引导在校教师致敬前辈、传承精神，厚植爱岗敬业的工作态度，培养严谨求实的科学精神。此外，以“历史上的这一周”推送内容为基本素材的《济忆——历史上的这一周》一书于2022年12月由同济大学出版社出版。

三、建设成效

1. 营造思政氛围，培育师德师风

档案资源具有历史属性和文化属性，能够发挥生动和有效的宣传教育作用，是教师思政教育工作的重要载体。档案馆围绕档案文化建设要求，拓展档案工作渠道，充分发挥档案资源以文育人、以文化人的教育功能，为全体教师营造良好的思政氛围和文化环境，助力推进师德师风建设。在举办展览和推送校史的过程中，档案馆通过对素材的挖掘整理和对学科发展、人才培养、高等教育的成果总结和经验思考，引导教师坚持立德树人根本任务，逐步探索出了一条凝练档案文化精髓、推进教师思政建设的新途径。

2. 凝聚团队智慧，促进全员育人

在展览筹备及校史推送过程中，档案馆发动全馆人员积极参与，努力为年轻馆员参与育人工作搭建平台。通过前期对教授、校友的采访，馆员们被他们敬业的工作态度和无私的奉献精神所感染，受到了教育和洗礼；通过对素材的整理、凝练和担任志愿讲解员，馆员们对做好本职工作、努力服务学校中心工作和开展“三全育人”工作有了更加深刻的认识；通过积极参与推送内容的编撰工作，馆员们对文化育人、以文化人的作用有了更加深刻的体会，也为今后更好地开展“全员、全过程、全方位”育人工作奠定了基础，增强了把思想政治工作贯穿教育全过程的意识。

四、工作启示

1. 挖掘档案资源，形成鲜活教材

档案馆利用资源优势，找准档案工作与思想政治教育的结合点，深入发掘档案史料记载的重大历史事件、重要历史人物，深入挖掘优秀教师的先进事迹，讲好档案背后的故事，通过举办专题展览、汇编馆藏史料、在线推送校史等方式，展现档案中蕴含的民族精神，让档案资源成为教育全体教师的鲜活教材，大力弘扬社会主义核心价值观。

2. 注重精神凝练，拓展育人成效

做好展览筹备和校史推送工作，既要对学校的发展理念、学科建设、人才培养等各方面有充分的了解和认识，还须对展览及推送的主题策划、素材整合、内容编排、精神凝练等有精准的分析、准确的描述和有效的展示，以最大程度地发挥其教育效果。档案馆注重凝练同济精神，诠释同济人“与祖国同行，以科教济世”的坚定信念，给参观者和浏览者以震撼和身临其境的感受，形成强烈共鸣，展览和推送均达到预期效果。

校领导和专家为艺术与传媒学院学院教师作专题学习报告

《国之英豪》演出现场

建筑与城市规划学院第七届“我心目中最可爱老师”评选活动颁奖典礼

航空航天与力学院教工参观中国航发中国自主研发发动机芯

70 年党龄的孙湘君教授与青年教师分享宝贵的生活、科研经历

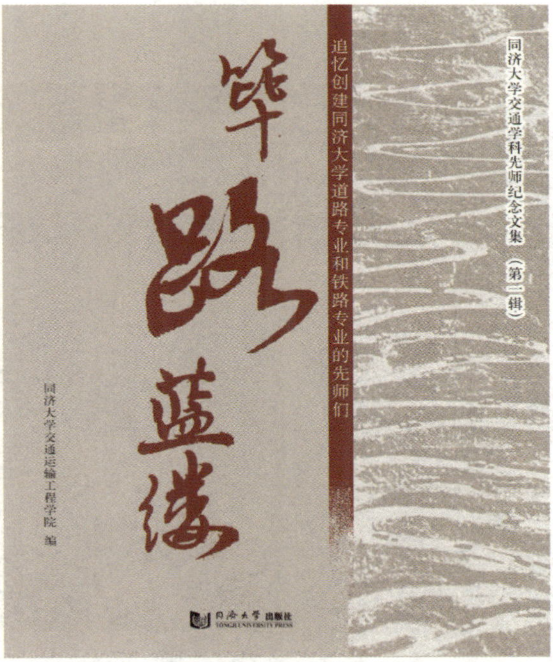

《筚路蓝缕——追忆创建同济大学道路专业和铁路专业的先师们》书影

同济经管师生合唱团录制《书香里》音频

“鼠去牛来，材艺共济”写春联贺新春联谊活动

建筑与城市规划学院师生为永安村设计村民公共空间——永安之心

2019 年“同济青年五四奖章”颁奖典礼

建筑与城市规划学院王云才教授在“课程思政名师面对面”沙龙作分享

校领导及师生参观“夯实根基 引领发展——庆祝中国共产党建党100周年”主题展